우리는 결국 지구를 위한 답을 찾을 것이다

우리는 결국 지구를 위한 답을 찾을 것이다

2021년 06월 17일 초판 01쇄 발행
2021년 11월 15일 초판 03쇄 발행

지은이 김백민

발행인 이규상 편집인 임현숙
편집팀장 김은영 책임편집 강정민 교정교열 이정현
디자인팀 최희민 마케팅팀 이성수 이지수 김별 김능연
경영관리팀 강현덕 김하나 이순복

펴낸곳 (주)백도씨
출판등록 제2012-000170호(2007년 6월 22일)
주소 03044 서울시 종로구 효자로7길 23, 3층(통의동 7-33)
전화 02 3443 0311(편집) 02 3012 0117(마케팅) 팩스 02 3012 3010
이메일 book@100doci.com(편집·원고 투고) valva@100doci.com(유통·사업 제휴)
포스트 post.naver.com/black-fish 블로그 blog.naver.com/black-fish
인스타그램 @blackfish_book

ISBN 978-89-6833-321-7 03300
© 김백민, 2021, Printed in Korea

지구와의 공존을 모색하는 가장 쉬운 기후 수업

우리는 결국 지구를 위한 답을 찾을 것이다

김백민 지음

블랙피쉬
Black Fish

추천의 글

겨울철 이상 한파, 여름철 역대 최장 기간 장마 등 한반도와 전 세계 이상기후 현상의 원인을 쫓아가다 보면, 만나게 되는 곳이 북극이다. 대한민국 최초로 북극과 한반도 기후변화가 긴밀한 관계에 있음을 밝혀낸 저자는 기후를 둘러싼 수많은 의문을 중심으로 지구와 인류가 공존할 수 있는 방법을 제안한다.

_ 강성호 극지연구소 소장

기후는 지구의 탄생과 함께 여러 가지 요인에 의해 끊임없이 변해왔고, 다음 빙하기로 가는 와중에 인류의 간섭에 의해 기후변화의 방향이 바뀌고 있으며, 이로 인해 지구에는 많은 사회 경제적 문제가 발생하고 있다. 이 책은 과거부터 산업화 이전까지의 기후변화 기록을 통해 현재의 온난화가 얼마나 심각한지 일깨워주고, 나아가 날카로운 식견을 바탕으로 해결책을 제시한다.

_ 김성중 극지연구소 대기연구본부장

누구나 아는 이야기와 전문가들만 아는 이야기 사이의 깊은 골짜기에 다리를 놓아줄 책. 기후변화에 대해 한 차원 더 들어가고 싶었던 독자들이 기다려왔던 바로 그 책이 드디어 출간되었다.

_ 김승환 MBC 디지털뉴스제작팀 과학·환경담당 부장

모두가 기후변화를 이야기하지만 정작 기후변화를 체계적으로 설명한 책은 그리 많지 않다. 이 책은 기후변화의 역사와 과학을 명쾌하게 담아냈다. 일방적으로 기후변화의 증거를 나열하는 대신 과학자들의 실수와 과학의 한계까지 아

우리는 결국 지구를 위한 답을 찾을 것이다

올러서, 균형 잡힌 시각을 제공하고 있다. 그래서 더욱 반갑다. 탄소 중립 시대, 이 책을 통해 더 많은 사람들이 지구를 위한 답을 생각해보면 좋겠다.

_ 손석우 서울대학교 지구환경과학부 교수

북극 한파와 장기 폭염, 최장 장마 등 이상기후가 나타날 때마다 망설임 없이 기후학자 김백민 교수님께 전화를 걸게 된다. 지구를 꿰뚫어보는 그가 이제는 대중의 눈높이에서 기후위기의 진실을 알려준다.

_ 신방실 KBS 기상전문기자

주로 사회 문제적 시각에서 이야기되고 있는 지구온난화 현상을 45억 년 지구 역사와 함께 과학적이면서도 명확하게 풀어낸 책. 기후위기의 진실을 올바르게 직시하는 이 책을 읽고 나니 북극곰과도 계속 평화롭게 살아갈 수 있지 않을까 희망해보게 된다.

_ 이상협 한국연구재단 에너지·환경단장

지금의 기후위기에 대응하기 위해서는 과학적인 사실에 근거한 대안 마련이 필수적이다. 세계적 수준의 기후과학 연구를 수행하고 있는 김백민 교수는 과학으로 밝혀진 사실과 현재 과학의 불확실 수준, 그리고 가능한 대응 방안을 재미있고 이해하기 쉽게 이 책에 녹여냈다.

_ 전혜영 한국기상학회장, 연세대학교 대기과학과 교수

이 책은 아득한 옛날부터 일어났던 자연적인 기후변화와 오늘날 인간이 일으키는 기후변화를 이야기한다. 그리고 두 요인 간의 차이를 토대로 인간에 의한 기후변화가 왜 위험한지를 깨우쳐준다. 기후위기에 대하여 우리가 무엇을 알아야 하는지, 왜 대비해야 하는지도 담고 있다. 전문가도, 비전문가도 쉽고 재미있게 읽을 수 있다. 흥미롭고 풍성한 책이다.

_ 조천호 전 국립기상과학원장, 《파란하늘 빨간지구》 저자

시작하며

    우리는 요즘 기후변화에 관한 정보의 홍수 속에서 살고 있습니다. 한 해도 거르지 않고 미국 캘리포니아의 산불, 호주의 대가뭄, 우리나라의 찜통더위 등 이상기후 소식들이 지구촌 곳곳에서 동시다발적으로 이어지고 있어 기후위기에 관련된 뉴스가 이제는 그리 놀랍지도 않을 정도입니다. 이런 뉴스의 말미에는 항상 기후변화와 인간이 배출한 온실기체 이야기가 빠지지 않고 등장하곤 합니다. 대개 인류가 앞으로 계속 이대로 살아간다면 비극적인 종말을 맞이할 것이고, 지금부터 인류가 삶의 방식을 바꾸어야 한다는 말로 끝을 맺습니다. 시중에 나와 있는 많은 기후변화 관련 책들도 마찬가지입니다. 어떻게 하면 앞으로 닥칠 무서운 미래를 실감 나게 전달할까 치열하게 고민하며 인류가 살아온 방식을 바꾸어야 한다는 메시지를 전달하는 데 주안점을 둡니다. 인류가 기후변화의 주범이고 기후변화에 대한 과학적 논쟁은 끝났으니 결단과 행동만 남았다는 강연도 자주 접합니다. 과연 그럴까요? 논쟁은 아직 끝나지 않았습니다. 제가 책을 마무리하고 있는 이 시점에도

우리는 결국 지구를 위한 답을 찾을 것이다

기후위기가 지나치게 과장되고 있음을 이야기하는 책이 베스트셀러에 올라와 있습니다. 또 지구온난화가 사기극이라는 좀 더 과격한 논조를 펼치는 책도 간간이 눈에 띄네요. 사람들은 왜 이렇게 기후변화에 대해 다른 생각을 가지고 있을까요? 혹시 눈을 가리고 코끼리를 더듬거리며 서로 자신의 말이 맞는다고 주장하는 것처럼 행동하고 있는 건 아닐까요? 이렇게 얘기하면 대개 다음과 같은 답이 돌아옵니다.

"이미 97%가 넘는 과학자들이 산업혁명 이후 지구온난화는 인류의 지나친 화석연료 사용 때문에 초래된 일임에 동의하고 있다."

100명 중 97명이 같은 이야기를 한다면 그 말이 맞을 가능성이 높지요. 동의합니다. 그런데 과학은 정치가 아니라 다수결로 무언가를 판단하는 것은 왠지 과학답지 않은 것 같습니다. 그리고 사실 과학자들은 어딘가 조금씩은 삐딱한 구석이 있어야 과학자다워 보이기도 하지요.

그래서 저는 조금 다른 각도에서 기후변화를 바라본 책을 써보고자 마음먹었습니다. 그냥 97%의 과학자들이 믿는 지식을 전달하는 차원이 아니라 3%의 과학자는 왜 다른 생각을 하게 되었는지, 나름 삐딱한 과학자라 자부하는 제가 왜 97%에 속하기로 마음먹었는지 여러분에게 조곤조곤 이야기해드리고 싶었습니다. 그리하여 수없이 많은 기후변화 관련 기사가 매일 쏟아지는 시대에서 인류가 자행하고 있는 화석연료 남용에 따른 기후변화 대실험의 진짜 의미를 파악하는 데 도움을 드리고 싶습니다. 이를 통해 지식으로서 기후 정보를 전달하는 것뿐 아니라 여러분 스스로가 기후위기에 대해 생각하고 위험을 판단하는 능력을 조금이나마 키워드리고자 합니다. 그래야 수많은 기후변화 관련

가짜 뉴스에 속지 않고 곧 시작될 에너지 혁명의 시대를 살아가기 위해 필요한 지혜를 얻을 수 있으리라고 생각합니다.

좀 더 구체적으로 이 책에서는 다음 세 가지 질문에 대한 답을 여러분과 함께 생각해볼 예정입니다.

첫 번째, 인류가 영향을 미치기 전 지구의 기후는 어땠을까요? 인류가 개입하기 전 지구의 기후는 얼마나 큰 폭으로, 또 어느 정도의 속도로 변해왔을까요?

두 번째, 과학자들은 인류가 지구 온도를 얼마나 상승시키고 있는지 정말로 잘 이해하고 있을까요?

세 번째, 최근 조사에 따르면 97% 이상의 과학자들이 산업혁명 이후 급격히 지구가 뜨거워진 데 인류의 책임이 크다는 것에 동의한다고 합니다. 그런데 왜 지구온난화에 대한 논란이 아직도 끊이지 않는 것일까요? 3%의 논리는 정말 비과학적이고 전혀 귀 기울일 필요 없는 이야기일까요? 아니면 중요한 메시지가 있을까요?

저는 이 책에서 이 세 가지 질문에 대한 답을 찾기 위해 여러 자료를 보여드리고, 여러분과 함께 생각해보도록 하겠습니다. 첫 번째 질문의 답을 찾는 과정에서 독자들은 인류에 의한 기후변화의 핵심은 엄청난, 그래서 지구가 감당하기 어려운 변화의 속도에 있음을 알게 되실 겁니다. 두 번째 질문에 대한 답을 찾는 것은 제가 이 책을 쓰고자 한 주요 동기라고 할 수 있습니다. 다시 말해 정말 인류가 배출한 온실기체가 지구 온도를 높일 정도로 영향력이 큰지 수학과 컴퓨터 시뮬레이션의 도움 없이 철저하게 파헤쳐볼 예정입니다. 교과서에 실린 설명대로 대

우리는 결국 지구를 위한 답을 찾을 것이다

기 중 온실기체가 많아지면 마치 비닐하우스에 열이 갇혀 더워지는 것처럼 지구도 더워진다는 틀에 박힌 설명은 도무지 와 닿지 않았습니다. 진짜 원리가 궁금하지 않은가요? 산업혁명 이전 0.028%이던 대기 중 이산화탄소가 현재 0.04%로 늘어났습니다. 고작 0.012% 증가한 게 뭐가 그리 중요할까요? 산업혁명 이후로 지구 온도가 1℃ 증가했다고 합니다. 그게 그렇게 중요할까요? 이미 우리는 겨울에는 영하 10℃의 추위와 여름에는 40℃의 더위에 적응하며 살아가고 있지 않은가요? 고작 1℃ 늘어난 게 대수일까요? 어떤가요? 한발짝만 내디뎌도 기후과학에는 수상한 질문이 수두룩합니다. 지금까지 나온 많은 기후변화 관련 책들이 이 단순하지만 난감한 질문에 대답하지 못했기에 대중은 지구온난화를 피상적으로 이해할 수밖에 없었습니다. 저는 이 책에서 여러분과 함께 지구온난화에 관련된 수상한 진실을 마치 탐정이 된 것처럼 꼼꼼히 파헤쳐보겠습니다. 지구온난화에 대한 실체적 진실들로 완전히 무장한 다음, 마지막 장에서는 지구를 위한 답을 찾기 위해 우리 인류에게 가장 필요한 것이 무엇인지 함께 고민해보도록 하겠습니다. 그럼 함께 수상한 지구 속 다이내믹한 기후변화를 살펴보는 여행부터 시작해볼까요?

차례

제1장.

지금보다 10℃ 더 뜨거운
세상이 있었다

45억 세 지구,
끊임없는 기후변화의 역사

1972년 달을 탐사하기 위해 아폴로 17호가 우주를 비행하던 도중 한 대원이 아름다운 지구의 모습을 카메라에 담았습니다. 이 사진은 블루마블Blue Marble이라는 이름으로 세상에 널리 알려졌고, 곧 많은 사람들의 머릿속에 각인되어 지구 하면 떠오르는 이미지로 자리 잡았습니다.

1-1 사진. 1972년 아폴로 17호 승무원이 달 근처에서 찍은 지구 사진. 이 사진은 '블루마블Blue Marble'이라는 이름으로 유명하다. ⓒ NASA/Apollo 17 crew

먼 옛날 지구의 모습도 사진 속 지구와 비슷했을까요?

1-2 사진. 눈덩이 같은 약 6억 년 전 지구의 모습.

6억여 년 전 지구의 모습을 감상해보겠습니다. 마치 눈덩이같이 모든 햇빛을 튕겨낼 듯 새하얀 눈으로 뒤덮인 행성이 바로 지구의 6억여 년 전 모습입니다. 우리가 살아가는 지구에 이런 순간이 있었다니 경이롭지 않나요?

좀 더 가까운 과거인 약 5,500만 년 전으로 가볼까요? 영원할 것 같던 거대 공룡시대가 급하게 막을 내렸고*, 살아남은 작은 포유류들은 포식자가 사라진 세상에서 마음껏 자유를 누렸습니다. 이 시기 지구의 기후는 온화하다 못해 기온이 지금보다 10℃ 이상 높았으며, 대기 중 이산화탄소의 양도 지금의 400ppm**보다 무려 5~6배 정도 많았습니다.[1] 물론 두말할 것 없이 엄청난 온실효과로 지구는 뜨겁게 달아올랐고 그로 인해 남극과 북극엔 얼음이 사라졌습니다. 공룡이 사라진 시기

● 　공룡의 멸종과 관련하여 현재로서는 약 6,500만 년 전 유카탄반도에 엄청난 분화구를 남긴 운석 충돌이 주요 원인으로 보고되고 있습니다. 그러나 운석 충돌에서 살아남았더라도 곧 추워지는 지구에서 오래 살아남진 못했을 것 같습니다.

●● 　ppm parts per million은 기체의 농도를 나타낼 때 사용하는 단위로, 1ppm은 100만분의 1을 의미합니다. 4장에서 자세히 설명하겠습니다.

에 포유류는 얼음이 사라진 극지방까지 진출하며 지구를 점령해나가기 시작했습니다. 지금은 척박한 얼음 세상인 북극이 그 시절에는 야자수가 울창하고 악어가 수영을 하던 곳이었다니 참으로 아이러니합니다.² 그러나 이는 분명한 사실이고 지구의 기후는 우리가 상상하는 것 이상으로 엄청난 변화를 겪어왔습니다. 약 5,500만 년 전, 따뜻하다 못해 너무 뜨거웠던 세상은 이후 언제 그랬냐는 듯 줄곧 추워졌습니다. 때때로 온도가 잠깐 상승하는 시기가 있었지만 수천만 년 동안 몹시 추워져 거대한 남극대륙이 형성되고 지구는 빙하시대로 접어들었습니다. 지구의 역사를 돌이켜 볼 때 현재 우리 인류는 몹시 추운 시기에 살고 있습니다. 오늘날 극 지역에 가면 얼음을 볼 수 있지만 이는 과거에는 그리 당연한 일이 아니었지요.

굉장히 드라마틱한 변화라고 느껴지지 않나요? 그러나 드라마틱하다고 표현하기에 조금 부적절한 면이 있습니다. 지구의 기후변화 역사는 기껏해야 100년밖에 살지 못하는 인간의 시간 개념으로 볼 때 매우 천천히 진행되었기 때문이지요.

지구는 이미 45억 년을 살아왔습니다. 과학자들은 태양의 수명을 100억~150억 년 정도로 보고 있습니다. 태양이 수명을 다하기 전에 지구도 종말을 맞이한다고 보면 지구는 어느덧 중년의 나이에 접어들었다고 할 수 있습니다. 이렇게 오랜 세월 동안 거대한 소행성이 비 오듯 지구로 쏟아져 불덩이가 된 적도 있고, 눈덩이처럼 변한 적도 있었습니다. 또 끊임없이 움직이는 거대한 땅덩어리들이 부딪치는 곳에서는 어김없이 큰 지진이 일어나고 대형 화산이 폭발하곤 했습니다.

1-3 그림. 어느 화가가 상상으로 그려낸 팔레오센-에오센 시기(약 6,500만 년 전~3,400만 년 전 사이의 시기)에 살았던 원시 동물들의 모습. © Christian Jegou(Science Photo Library)

　과학이 발달하면서 과거 지구의 느릿느릿하지만 드라마틱한 기후변화를 조절하는 요인들이 무엇인지 서서히 밝혀지고 있습니다. 지금부터 여러분에게 옛날 옛적 지구의 기후변화 이야기를 들려드리겠습니다.

태양과 지구의 탄생

태양이 점점 밝아지고 있다는 이야기를 들어본 적 있나요? 지금부터 약 45억 년 전, 우주에 있던 먼지구름들이 중력에 의해 뭉쳐지고 엄청난 압력에 의해 뜨거워지면서 태양이 탄생했습니다. 우주에서 가장 흔한 수소와 헬륨으로 가득 찬 태양의 내부에서는 핵융합이 일어났고, 지금까지 계속 강한 폭발을 일으키고 있습니다. 시간이 지날수록 태양이 점점 더 밝아지고 있는 것입니다.

핵융합 에너지가 생성되는 원리는 아인슈타인이 만든 유명한 질량 에너지 공식인 '$E=mc^2$'로 설명할 수 있습니다. 수소로 가득 찬 태양 내부에서 4개의 수소가 모여 결합하면서 헬륨으로 변합니다. 그때 작은 질량 결손이 생기고 이는 공식에 따라 엄청난 에너지를 분출합니다. 태양에 존재하는 수소가 모두 소진되고 나면 헬륨이 핵융합을 시작합니다. 헬륨 핵융합은 밀어내는 에너지가 매우 커서 이때부터 태양이 크게 부풀어 오릅니다. 하지만 태양이 부풀어 오르면 온도가 떨어지기 때문에 핵융합 반응이 줄어들고 왜소한 백색왜성이 되어 생을 다합니다. 아마도 지구는 크게 부풀어 오른 거대한 태양이 덮치면서 생을 마감하겠

우리는 결국 지구를 위한 답을 찾을 것이다

지요. 과학자들은 이 시기를 약 100억 년 뒤로 예측하고 있습니다. 지금은 태양이 처음 태어났을 때보다 수소 핵융합 반응이 더욱 강해져 태양 빛이 30% 정도 강해졌습니다.[3] 앞으로도 태양 빛은 계속 강해질 것입니다. 물론 인간의 짧은 생을 고려할 때 현재 태양 빛의 세기는 상수로 취급해도 무방하지만요.

지구는 언제 탄생했을까요? 여러 가지 설이 있지만 다수의 과학자들은 태양이 생성되고 오래지 않아 태양에서 떨어져 나온 잔해와 주변의 우주먼지가 중력에 의해 뭉치는 과정에서 지구가 탄생했다고 생각합니다.[4] 대혼돈 시기에 태양에서 세 번째로 가까운 곳에 자리 잡은 지구는 태양에서 너무 가깝지도 않고 너무 멀지도 않아 너무 뜨겁지도 않

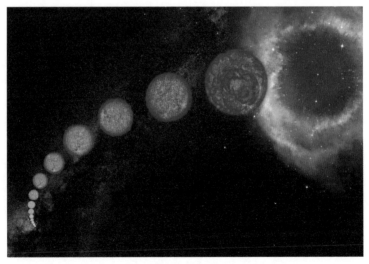

1-4 사진. 태양의 일생. 태양이 일생을 마칠 때는 온도가 급격히 내려가면서 크게 부풀어 올랐다가 줄어들면서 백색왜성으로 변한다. © ESO/S.steinhöfel

고 너무 차갑지도 않은 절묘한 곳에 있게 되었습니다. 지구가 탄생한 초기에는 불안정한 태양에서 떨어져 나온 불덩어리 혜성들이 1년에 약 1,000번 이상 지구와 충돌했고, 그 시절 지구는 지금의 푸른 모습과는 다르게 수천 도가 넘는 뜨거운 불덩어리 그 자체였습니다. 아마도 이 때가 지구 역사에서 가장 뜨거웠을 겁니다. 출렁거리는 푸른 바다 대신 모든 것이 녹아 붉디붉은 마그마의 바다가 존재하던 지구는 상상하기 싫은 무시무시한 모습이었을 것 같습니다. 초기 지구에서 불덩어리를 구성하는 다양한 원소들이 중력에 의해 서서히 분리되어 철 같은 무거운 원소는 지구 중심으로 이동해 핵을 형성했고, 표면에는 수억 년에 걸쳐 지각과 바다가 만들어졌습니다.

지금도 지구 중심부에는 철과 구리, 니켈 등과 같은 중금속 액체 덩어리가 내부에서 뜨겁게 이글거리고 있지만, 표면은 지구가 탄생한 지 수억 년 만에 상당히 빠르게 식어갔습니다. 탄생할 때 4,000℃가 넘던 지구의 온도는 약 5억~6억 년이 지나자 지금과 비슷한 수십 도 수준까지 떨어졌습니다. 이렇게 온도가 급격히 떨어진 건 무엇보다도 지구 표면을 단단하게 감싸고 있는 지각이 형성되었기 때문입니다. 지각은 열 전도율이 매우 낮은 암석으로 구성되어 있습니다. 이 단단한 지각은 행성 내부의 엄청난 열에너지가 밖으로 빠져나오지 못하게 하는 역할을 합니다. 단, 화산이 폭발할 때를 빼고 말입니다. 그 덕분에 지구는 생명이 살 수 있는 너무 뜨겁지 않은 행성이 되었지요.

지각이 형성된 후 바닷속에서 드문드문 나타나기 시작한 대륙들이 약 27억 년 전 한곳으로 뭉치면서 지구에 거대한 단일 대륙이 출현했

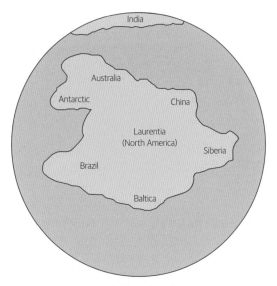

1-5 그림. 27억 년 전 출현한 거대 단일 대륙 케놀랜드의 모습. 현재 지구에 있는 대륙들의 대략적인 위치가 표시되어 있다. Pesonen et al.(2013)을 참고하여 그린 모식도.

습니다. 지질학자들은 이 대륙을 케놀랜드Kenorland라고 명명했습니다.[5] 케놀랜드는 단순한 바윗덩어리 형태였고 내부에는 다양한 산맥이 있었습니다. 27억 년 전 풀도 나무도 존재하지 않는 삭막한 행성이던 지구에는 산소가 거의 없었으며, 대신 이산화탄소, 메탄, 황 화합물 등이 대기를 가득 메우고 있었습니다. 초기 박테리아를 제외하고는 자외선이 너무 강해 육지에서 생물이 살아갈 수 없었기에 지구는 푸른 바다와 황갈색 거대한 대륙만이 끝없이 펼쳐진 아주 고요한 행성이었습니다.

〈1-5 그림〉에 묘사된 27억 년 전 지구의 모습에 의문을 품은 과학자들이 있었습니다. 1972년 칼 세이건과 그의 동료는 과학 저널 〈사이언

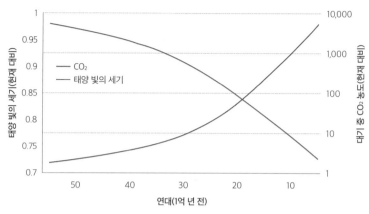

1-6 그래프. '어두운 젊은 태양의 역설'을 해결하기 위해 지구과학자들이 생각해낸 지구 탄생 이후 50억 년 동안의 태양 빛 세기와 대기 중 CO_2 농도의 변화 경향. 출처: Gretashum(wikimedia)

스)에 어두운 젊은 태양의 역설Faint Young Sun Paradox을 제시했습니다.[6] 그들의 계산에 따르면, 그 당시 태양 빛의 세기는 지금보다 20%나 약했기 때문에 지구 온도는 매우 낮았고, 바다가 아닌 얼음으로 뒤덮여 있어야 했습니다. 그러나 지질학적 증거로 보았을 때 분명 27억 년 전 지구는 넓디넓은 바다가 출렁거리는 따뜻한 행성이었음이 분명했습니다. 너무 오래전 일이라 이 역설은 완전히 풀리지 않은 채 남아 있지만, 이를 계기로 과학자들은 온실효과가 지구 온도를 결정하는 데 결정적인 역할을 하고 있음을 확신하게 되었습니다. 아무리 생각해도 약한 태양 빛에서도 지구가 높은 온도를 유지하는 방법은 높은 온실효과를 가정하는 수밖에 없었기 때문입니다.

　세이건 이후 과학자들은 태양 빛의 세기가 크게 달라졌음에도 예나 지금이나 지구에 생명이 넘쳐나는 이유를 태양 빛의 세기와 온실기체

　　　　　　　　　　　　우리는 결국 지구를 위한 답을 찾을 것이다

의 절묘한 균형에서 찾았습니다. 태양 빛이 약했던 과거에는 대기 중 이산화탄소 양이 지금보다 1,000배 이상 많아 온실효과로 지구를 극심한 추위에서 지켜줬고, 태양 빛이 점점 강해지는 시기에는 이산화탄소 양이 줄어들면서 지구가 지나치게 뜨거워지지 않았다는 것입니다●.

　이렇게 절묘하게 태양 빛과 온실효과가 조화를 이루면서 수십억 년간 유지된 것이 과연 우연이었을까요? 우리는 아직 답을 모릅니다. 다만, 태양 빛과 온실효과의 절묘한 균형이 생명의 생존, 더 나아가 인류의 출현에 필요했다는 것은 명백해 보입니다.

●　일부 학자들은 이산화탄소보다 또 다른 온실기체인 수증기와 구름의 역할을 더 강조하기도 합니다.7

눈덩이 시절의 지구 이야기

지각이 형성된 이후 빠르게 떨어진 지구 온도는 약 40억 년간 아주 높았을 때는 약 30℃, 아주 낮았을 때는 영하 15℃ 근처를 오갔습니다. 지구의 온도를 서서히 그러나 끊임없이 큰 폭으로 변화시킨 건 무엇이었을까요? 아직까지 우리는 지구 기후변화의 원리를 모두 이해하지 못하지만, 그동안 진행된 연구에서 공통적으로 얻어낸 핵심은 결국 지구가 흡수하는 태양 빛의 양과 지구 대기권에 존재하는 온실기체의 양이 거시적 관점에서의 지구 온도를 결정한다는 것입니다.

이 책을 읽고 있는 대부분의 사람들은 온실효과에 대해 어느 정도 알고 있을 것입니다. 대기 중에 이산화탄소 같은 온실기체가 늘어나면 지구가 따뜻해진다는 뜻이죠. 태양 빛과 온실기체의 역할이 극명하게 영향을 미친 예는 과거 선캄브리아시대에 지구가 꽁꽁 얼었던 사건입니다. 과연 지구는 왜 꽁꽁 얼어버렸으며, 또 어떻게 얼음이 다시 녹을 수 있었을까요?

지질학자들은 약 6억~8억 년 전(지질학자들이 원생대라고 부르는 기간)에는 지구가 너무 추워서 전체가 얼음에 덮여 있었다고 생각합니다.[8] 어떻게 눈덩이 지구가 되었는지에 대해서는 많은 가설이 존재하는데 그중 중요한 몇 가지를 살펴보겠습니다.

첫 번째는 온실효과의 감소입니다. 이 시기에 처음으로 광합성을 하는 생물체인 시아노박테리아가 출현했습니다. 시아노박테리아의 등장은 지구 역사에서 가장 중요한 일 중 하나이기에 뒤에서 자세히 다루겠습니다. 시아노박테리아가 나타나 광합성을 하면서 지구에는 산소가 풍부해졌고, 반대로 대기 중 이산화탄소는 줄었습니다*. 즉 새롭게 나타난 생물체인 시아노박테리아 때문에 온실효과가 약해지면서 지구 온도가 떨어졌습니다. 또 산소가 늘어나면서 대기가 큰 변화를 겪습니다. 이때까지만 해도 대기 중에 풍부하던 메탄이 산소와 결합해 빠르게 이산화탄소로 바뀌었습니다. 메탄은 이산화탄소보다 28배나 강한 온실기체였기에 이러한 전환은 지구 온도를 크게 낮추는 데 기여했습니다.[9]

온도가 떨어지자 극 지역부터 얼음이 형성되었고, 중위도 지역도 점차 얼음으로 뒤덮이기 시작했습니다. 지구 전체가 눈덩어리로 변한 데는 온실효과뿐만 아니라 이 시기 적도 지역을 덮고 있던 거대한 대륙이 큰 역할을 했습니다. 오늘날과 달리 이 시기 적도 지역에는 거대한 대륙이 존재했는데 광범위한 지역이 눈에 덮이면 햇빛을 반사해 온도 하락을 더욱 부추겼습니다. 가뜩이나 오늘날보다 태양 빛의 강도가 약했는데 그마저도 광범위한 지역에서 일어난 반사 때문에 튕겨 나가니 지구는 급격히 얼음으로 덮여갈 수밖에 없었던 것입니다. 이것이 눈덩이

● 식물은 광합성을 통해 빛과 이산화탄소를 흡수해 몸집을 불리고 부산물로 산소를 배출합니다.

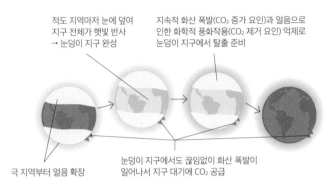

적도 지역마저 눈에 덮여
지구 전체가 햇빛 반사
→ 눈덩이 지구 완성

지속적 화산 폭발(CO_2 증가 요인)과 얼음으로
인한 화학적 풍화작용(CO_2 제거 요인) 억제로
눈덩이 지구에서 탈출 준비

극 지역부터 얼음 확장

눈덩이 지구에서도 끊임없이 화산 폭발이
일어나서 지구 대기에 CO_2 공급

1-7 그림. 눈덩이 지구의 탄생과 소멸에 관한 가설. Walker(2019) 참조.

지구가 형성된 과정입니다.

그렇다면 이번에는 지구가 눈덩이에서 어떻게 탈출할 수 있었는지 살펴볼까요?

온통 얼음으로 뒤덮인 지구는 대부분의 태양 빛을 우주로 반사해버렸기에 지구는 바다가 넘실대는 아름다운 모습으로 돌아오지 못할 수도 있었습니다. 그러나 지구는 이 상태에서 벗어났습니다. 어떻게 그럴 수 있었을까요?

그것은 온통 얼음으로 뒤덮인 지구에서도 화산활동은 끊임없이 일어났기 때문입니다. 얼음이 지구 표면을 덮고 있는 시기에도 지각판이 계속 움직이면서 판과 판이 만나는 경계에서 화산이 끊임없이 폭발했던 것입니다. 화산이 폭발하면서 다량의 온실기체인 이산화탄소가 방출되었고 시간이 지날수록 대기 중 이산화탄소는 급격히 늘어갔습니다. 결국 영원할 것 같던 얼음들이 녹기 시작했습니다. 얼음이 녹자 대

우리는 결국 지구를 위한 답을 찾을 것이다

기 중으로 또 다른 온실기체인 수증기가 공급되었고 이로 인해 거대한 얼음들은 더욱 빠르게 녹아내리기 시작했습니다. 화산활동은 예나 지금이나 대기 중 이산화탄소의 중요한 공급원이었던 것입니다.

그러나 화산활동이 활발히 일어난다고 해서 대기 중 이산화탄소가 무작정 증가하는 것은 아니었습니다. 뒤에서 다시 다루겠지만, 지질학적 시간 규모에서 대기 중 이산화탄소를 효과적으로 줄여준 주된 메커니즘은 바로 암석의 풍화작용*이었습니다. 대기 중 이산화탄소 농도가 높을 때 비가 내리면 그 비는 산성비가 됩니다. 이산화탄소가 빗물에 녹아 탄산으로 변하기 때문입니다. 산성비가 땅에 떨어져 암석을 만나면 암석이 녹아 이온 상태로 변합니다. 이렇게 생성된 탄산염은 바다로 들어가 조개나 다양한 생물의 껍질을 이루거나 바닥에 쌓이지요. 이 과정은 매우 효율적으로 대기 중 이산화탄소를 줄이는 역할을 합니다.[10]

그런데 지구가 온통 눈과 얼음으로 덮이면 강수량이 절대적으로 부족해지고 풍화작용에 필요한 암반조차 찾아볼 수 없게 됩니다. 따라서 대기 중 이산화탄소는 급격히 늘어나게 됩니다. 얼음 밑 어딘가에서 화산 폭발이 일어나면 공급은 있는데 배출이 되지 않아 대기 중 이산화탄소 농도가 급격하게 높아진다는 것이지요. 즉 지속적인 화산 폭발로 증가하는 이산화탄소를 적절히 제거하지 못해 결국 온실기체가 쌓이고, 이로 인한 온실효과로 온도가 높아진 것이 눈덩이 지구에서 탈출하게

● 　풍화작용은 크게 암석이 바람에 의해 깎여나가는 기계적 풍화작용과 산성비 등에 의해 화학적으로 녹아내리는 화학적 풍화작용으로 나누어집니다. 여기서는 화학적 풍화작용을 의미합니다.

한 주요 메커니즘이었습니다. 눈덩이 지구 형성과 소멸을 관통하는 핵심은 딱 두 가지였습니다. 하나는 대기 중 온실기체 양의 조절, 또 하나는 흡수하는 태양 빛 양의 조절이었습니다.

시아노박테리아, 지구를
생명이 넘치는 공간으로 리모델링하다

초기 지구의 대기에는 어떤 가스가 존재했을까요? 45억 년 전 지구의 대기가 궁금하다고 해도 가볼 생각은 안 하는 게 좋습니다. 그곳에서는 아무도 숨을 쉴 수 없으니까요. 지구가 지금처럼 산소가 풍부한 행성이 되기까지는 약 20억 년의 세월이 걸렸고, 그것도 극적인 두 가지 중요한 이벤트를 통해 기적적으로 이루어진 일입니다. 바로 지각의 형성과 시아노박테리아라는 돌연변이 생명체의 출현 때문입니다. 이번에는 잠시 지구의 온도에 관한 이야기에서 벗어나 지구 행성이 어떻게 생명이 넘치는 공간으로 변모하게 되었는지에 대해 알려드리겠습니다.

처음 태양과 비슷한 과정으로 먼지구름으로부터 지구가 형성되었을 때 지구는 여느 행성들과 같이 수소와 헬륨으로 가득 찬 행성이었습니다. 보통 초창기의 행성은 태양으로부터의 거리, 뭉쳐진 형태와 크기, 구성 물질의 분포에 따라 지각이 없고 거대한 가스로 가득 찬 목성형 행성으로 발전할지, 아니면 단단한 지각에 얇은 대기층이 존재하는 지구형 행성으로 발전할지 운명의 갈림길에 놓입니다. 지구의 경우, 단단한 지각이 형성되면서 지구형 행성으로 발전하는 선택을 했습니다. 지구형 행성은 비교적 태양과의 거리가 가까워 수소, 헬륨과 같은 가벼운 물질을 중력이 센 태양에게 뺏기고 비교적 무거운 원소들이 풍부한 행성으로 진화합니다. 앞에서 언급했듯 철과 니켈 같은 아주 무거운 원소들은 지구 중심에 핵을 형성하고, 이들보다 조금 덜 무거운 물질은 맨틀을 구성합니다. 맨틀의 상부는 살짝 녹아 마그마를 형성하고 이것이 화산 폭발로 분출되었다가 식으면서 지각이 만들어집니다. 이 과정에서 지구의 대기는 그전과는 완전히 다른 물질로 구성됩니다.

지구 중심부에 자리 잡은 핵과 마그마는 지각 바깥으로 끊임없이 화산가스를 내뿜으며, 이로 인해 대기는 이산화탄소와 메탄, 수증기를 다량 포함하게 되었습니다. 여기서 중요한 사실은 당시 태양 빛의 세기는 지금보다 훨씬 약했다는 것입니다. 만약 온실기체로 가득 차 있던 지구에 지금처럼 강렬한 태양 빛이 내리쬐었다면 아마도 지구는 버텨내지 못하고 대기 중 수증기를 모두 우주로 날려 보냈을지도 모릅니다. 딱 금성이 그랬습니다. 과거 지구와 비슷했던 금성은 온도가 높아지면서 모든 수증기가 증발해 우주로 날아가는 바람에 풍화작용을 통해 효과적으로 온실효과를 낮춰주는 장치가 고장 났습니다. 과학자들은 이를 탈주 온실효과Runaway Greenhouse Effect라고 부릅니다.[11] 이로 인해 금성은 이산화탄소와 이산화황으로 가득 차 엄청난 온실효과를 일으키면서 지금의 모습으로 변했습니다.

지구는 어땠을까요? 절묘한 타이밍에 지각이 효과적으로 지구 내부의 열을 차단해주었고, 이로 인해 지구 온도가 떨어지면서 수증기가 응

우리는 결국 지구를 위한 답을 찾을 것이다

결하여 엄청난 비가 쏟아지기 시작했습니다. 삭막했던 지구에 바다는 이렇게 등장했습니다. 바다가 생기면서 지구는 더욱 빠르게 식어갔습니다. 대기 중 이산화탄소가 바다에 서서히 녹아들었기 때문입니다. 이로써 대기 중 이산화탄소 농도가 감소하고 불타오르던 지구는 금성과 달리 빠르게 식어갔습니다.

최초의 생명이 언제 탄생했는지는 정확하게 밝혀지지 않았으나 과학자들은 적어도 35억 년 전 심해저 열수구 근

1-8 사진. 심해저 열수구의 모습. © NOAA Photo Library

처에서 최초의 단세포생물이 출현했으리라 짐작합니다.[12] 심해저 열수구는 바닷속에 있는 화산이라고 생각하면 됩니다. 지구의 지각은 하나로 연결된 판이라기보다는 조각조각 나뉜 판으로 이루어져 있습니다. 이 판과 판의 경계는 항상 불안정하고, 틈 사이로 지구 내부에 감춰져 있던 에너지가 조금씩 분출됩니다. 이 불안정한 경계가 바다 밖에서 형성되면 그곳에서 조산과 화산활동이 활발하게 일어나고, 바닷속에 형성되면 심해저 열수구가 되는 것입니다. 심해저 열수구의 구멍으로는

지구 내부에 있는 열과 황화수소, 이산화탄소 등이 빠져나오는데 이를 블랙 스모커Black Smoker라고 합니다.

초기 지구에는 대기나 바다에 산소가 존재하지 않았는데 어떻게 이곳에서 생명이 탄생했을까요? 이 질문을 하기에 앞서 좀 더 근본적인 질문을 해볼까요? 우리가 생명을 유지하는 데는 왜 산소가 필요할까요? 답은 생명 활동을 영위하는 데 필수인 에너지를 얻기 위해서입니다. 대부분의 생명체는 호흡을 통해 산소를 얻고 이 산소로 다양한 유기물을 분해합니다. 이때 에너지가 발생하는데 생명체는 이 에너지로 생명을 유지합니다. 즉 산소를 통한 유기물의 분해가 우리 몸이 에너지를 얻는 과정이라고 할 수 있습니다.

그런데 유기물을 분해하는 데 반드시 산소만 이용해야 할까요? 만약 산소가 아니라 다른 분자로 유기물을 분해할 수 있다면 어떨까요? 초창기 지구의 생물이 그러했습니다. 최초의 생명체인 세균은 산소 대신 효율이 조금 떨어지지만 비슷한 기능을 하는 황산염으로 유기물을 분해하면서 에너지를 얻었습니다. 사실 오늘날에도 산소가 없는 환경에서 살아가는 생명체는 얼마든지 존재합니다. 갯벌이나 늪지대에 사는 생물은 아직도 황산염으로 에너지를 얻어 생활하니까요. 황산염이 필요했기에 자연스럽게 블랙 스모그가 뿜어져 나오는 해저 화산 근처를 생활 장소로 삼았지요. 최초의 생명체는 약 40억 년 전 바다가 만들어지고 얼마 되지 않아 탄생한 걸로 추정되지만, 황산염을 이용한 에너지 획득 방식은 너무 비효율적이어서 복잡하고 다양한 생태계가 출현하기는 힘들었습니다.

우리는 결국 지구를 위한 답을 찾을 것이다

지금부터 약 35억 년 전, 깊은 바닷속에서 오늘날 지구 대부분의 생명체가 숨을 쉴 때 필요한 산소가 생성되었습니다. 바로 돌연변이 박테리아 때문이었습니다.[13] '시아노박테리아'라는 이 박테리아는 지구 역사상 최초로 광합성을 하는 박테리아로, 덕분에 대기에 산소가 대량으로 공급되었습니다. 아마도 이 기적의 생명체가 나타나지 않았다면 지금도 지구 생태계는 폭발적인 진화를 거치지 못한 채 예전 모습 그대로 남아 있었을지 모릅니다. 시아노박테리아의 출현이 우연이었는지 아니면 인류를 빚어내기 위한 신의 책략이었는지 궁금해지는 대목입니다.

　　바다의 산소 공장인 시아노박테리아에서 생성된 산소가 대기 중에 널리 채워지기까지는 또다시 10억 년 이상의 세월이 걸렸습니다. 바닷속에 이온으로 존재하는 철 원자나 분자가 반응성 좋은 산소를 가만히 놔두지 않고 붙잡아 자꾸만 바닥으로 가라앉았기 때문입니다. 우리는 이것을 철 산화물 또는 '녹'이라고도 부릅니다. 지구상 대부분의 유명한 철광산은 이 시기에 형성되었습니다.[14]

　　약 25억 년 전, 바닷속 철 이온이 거의 소진되자 드디어 대기 중 산소가 폭발적으로 증가했습니다. 이 무렵 시아노박테리아의 기세는 대단했습니다. 시아노박테리아가 생산하는 산소는 강력한 살균 작용을 해 다른 박테리아를 죽이는 데 사용되었습니다. 시아노박테리아의 등장으로 원시 바닷속 생태계가 완전히 뒤집히면서 진화가 촉진되었지요. 시아노박테리아에게 바다는 너무 좁았습니다. 생명을 유지하려면 무한한 태양 빛이 필요한데 바다 깊은 곳은 태양 빛이 다다르지 않아 광합성을 할 수 없었기 때문입니다.

그러나 육상 진출은 무시무시한 자외선 때문에 엄두도 못 냈습니다. 이 문제를 해결해준 것이 다름 아닌 오존층이었습니다. 대기에 폭발적으로 증가한 산소 분자 중 일부는 강렬하게 내리쬐는 태양 빛에 포함된 자외선에 충격을 받으면서 쪼개져 산소 원자가 되었고, 이는 곧바로 산소 원자 셋이 뭉쳐 있는 오존을 형성했습니다. 오존은 지상 약 20km 상공에 넓게 포진하면서 태양의 자외선을 차단해주는 방어막 역할을 했고, 그 사이 진화를 거듭하던 시아노박테리아는 단세포동물의 몸속으로 들어가 최초의 식물인 녹조류로 변신했습니다. 드디어 지구에 최초의 식물이 탄생한 것이지요.

다음 목표는 육상 진출이었습니다. 바다는 광합성을 하기 힘든 환경이었기 때문입니다. 지구에 생명이 탄생한 이후 가장 위대한 사건으로 불리는 식물들의 상륙 작전이 시작되었지요. 약 5억 년 전 일입니다.

그렇습니다. 이 위대한 사건이 일어나기까지 40억 년의 시간이 걸렸습니다. 거대한 몸집의 티라노사우루스가 세상을 호령하던 시기가 약 2억 5,000만 년 전임을 생각해보면 새삼 시아노박테리아가 수십억 년간 기울인 노력이 가상하게 느껴지기도 합니다. 과연 시아노박테리아의 출현은 생명 넘치는 지구를 빚어내기 위한 신의 계획이었을까요?

우리는 결국 지구를 위한 답을 찾을 것이다

금성은 왜 죽음의 행성으로 변했나?

○   아래 그림 속 대조적으로 보이는 두 행성은 금성과 지구입니다. 태양계 행성은 수십억 년간 존재해오면서 저마다의 온도 기록을 가지고 있습니다. 사람으로 치면 인생 궤적이라고 할까요? 태양계의 어떤 행성은 안정적인 온도를 유지하다가 갑자기 날아온 혜성과 충돌하며 대기가 날아가는 바람에 뜨거운 행성으로 변하고, 어떤 행성은

1-9 사진. 금성(© NASA/JPL)과 지구의 현재 모습.

지구와 비슷하게 출렁거리는 바다와 구름 덕에 생명 탄생이라는 아름다운 꿈을 꾸다가 점점 더 뜨거워지는 태양 빛을 이기지 못해 바닷물을 다 증발시키고는 죽음의 행성으로 변하기도 했습니다. 바로 우리 지구의 이웃 행성인 금성 이야기입니다.

태양과 가깝고, 행성 크기조차 비슷한 금성과 지구는 오늘날 너무나 다른 모습을 하고 있습니다. 현재 금성의 대기 중 96%를 차지하는 이산화탄소는 어마어마한 온실효과를 내고 있으며, 이로 인해 금성 표면 온도는 500℃에 달합니다. 지나치게 뜨거워서 도저히 생물이 살 수 없는 죽음의 행성입니다. 그런데 과거 금성에 바다가 있었다는 이야기를 들어보았나요?[15]

1-10 그림. 7억 년 전 금성을 표현한 상상도. ⓒ NASA

우리는 결국 지구를 위한 답을 찾을 것이다

십수억 년 전 금성의 아름다운 바닷속에서는 단세포생물이 좀 더 복잡한 생명으로 진화를 거듭하고 있었을지도 모릅니다. 그런데 금성은 끝없이 뜨거워지는 태양 때문에 운명이 바뀝니다. 지구보다 태양에 좀 더 가깝다는 이유로 금성의 넘실대던 바다는 급기야 모두 증발했고, 금성 대기의 강력한 태양풍은 증발한 수증기와 대기를 우주로 날려버렸습니다. 설상가상으로 약 7억 년 전 금성에서는 지각이 불안정해 엄청난 화산 폭발이 일어난 것으로 추정됩니다. 이로 인해 금성 대기의 96%가 이산화탄소로 채워졌습니다. 거대한 온실기체 구름은 금성의 표면 온도를 무려 500℃까지 끌어올렸습니다.

한 가지 기억해야 할 것이 있습니다. 수억 년 전 금성을 뜨겁게 만들기 시작한 건 점점 더 강해진 태양빛 때문이었지만, 현재 금성의 온도가 500℃ 이상으로 유지되는 건 온실효과 때문입니다. 현재의 금성 표면은 화산이 폭발할 때 나온 황산염으로 구성된 구름으로 가득 차 있습니다. 황산염은 햇빛을 잘 반사하기에 태양에서 받아들이는 에너지 중 대부분을 반사시킵니다. 이렇듯 행성의 온도는 내부에서 일어나는 화산 폭발 같은 이벤트와 외부 요인인 태양 빛에 민감하게 반응합니다. 따라서 행성은 태양 빛과 온실기체 조건에 따라 언제든 죽음의 행성으로 돌변할 수 있습니다. 반대로 지구처럼 절묘한 조합이 이뤄진다면 생명이 탄생할 수 있는 조건을 갖춘 행성으로 변할 수도 있었습니다. 핵심은 바다의 존재 여부였습니다.

바다가 존재하는 경우 시간이 지남에 따라 대기 중 대부분의 이산화탄소는 비를 통해 바다에 흡수된 다음 탄산칼슘이나 석회암 형태로 암석에 저장됩니다. 지각판의 움직임은 그 암석을 지구 내부로 끌어들이고, 화산 폭발을 통해 다시 대기로 되돌아가는 순환이 이루어집니다. 지질학자들은 이를 지질학적 시간 규모에서의 탄소 순환으로 명명했습니다. 지구에서 작동하던 탄소 순환은 방 안 온도가 추워지면 작동하고 너무 더워지면 자동으로 꺼져 온도가 극도로 높아지거나 낮아지는 것을 방지하는 온도조절기 같은 역할을 해왔습니다.[16] 화산이 특히 활동적일 때 이산화탄소는 대기에 축적되어 온실효과가 극대화됩니다. 그러나 온실효과가 강해져 온도가 너무 많이 오르면 지구의 온도조절기가 작동합니다. 뜨거워진 바다에서 증발한 수증기가 많은 비가 되어 내리고, 이산화탄소를 머금어 산성화된 비는 바위를 마모시키며 바다로 흘러 들어가 탄산칼슘 재료로 쓰입니다[*]. 조개껍질 혹은 석회암 및 기타 암석의 형태로 탄소를 지각에 가두어 대기를 다시 냉각시키는 것이지요.[17]

과학자들은 아주 오랜 옛날 금성에도 이렇게 자체 온도조절기가 있었다고 생각했습니다.[18] 금성을 탐사하기 위해 보낸 우주 탐사선들이 과거에 존재한 물 분자의 흔적을 발견하기도 했습니다. 한때 금성에도 이러한 온도조절기가 존재했다는 증거지요. 온도가 높아지면 물이 증발하고 대기에서 구름을 형성해 햇빛을 우주로 반사시켰다고 여겨집니다. 지구의 경우처럼 산성비를 매개로 한 화학적 풍화작용이 금성에도 적절히 작동했는지에 대해서는 부정적인 견해를 지닌 과학자가 많

●   앞에서 언급한 화학적 풍화작용입니다.

습니다.[19] 그러기에는 금성의 암석에 풍화의 흔적이 너무 없었기 때문입니다.

금성이 태양에 좀 더 가까이 있었기에 우리보다 먼저 이런 몹쓸 짓을 당했지만 태양은 앞으로도 100억 년 동안 점점 강한 복사에너지를 지구에 쏟아부을 것이 분명합니다. 조금 우울한 얘기지만 언젠가 지구도 금성과 비슷한 경험을 할 것은 자명합니다. 그러나 너무 먼 훗날에 벌어질 일이라 크게 걱정할 필요는 없습니다.

우리가 금성을 보면서 얻을 수 있는 교훈이 한 가지 있습니다. 점점 뜨거워지는 태양을 감당 못해 고장 난 금성의 온도조절기를 잘 살펴보면 지금 인류가 벌이는 일들이 지구의 온도조절기를 다른 방식으로 망가뜨릴 수도 있다는 사실입니다. 바로 땅속에 갇혀 있는 고대의 유기물 덩어리, 이른바 화석연료를 끄집어내 태움으로써 지구 온도를 높이는 것이죠. 지난 45억 년 동안 알려진 어떤 자연 과정보다 빠른 속도로 말입니다. 수십억 년 동안 자연이 느릿느릿 조절해온 대기 중 온실기체 농도를 인간이 스스로 조절하기 시작한 것입니다. 지구로서 당혹스러울 따름이지요.

기후변화 이야기는 결국 지구의 온도* 역사에 대한 이야기입니다. 다시 말해 지구의 온도가 어떻게 변해왔는지, 그리고 무엇이 변화시켜왔는지 파헤치는 이야기라고 할 수 있습니다. 45억 년의 역사를 지닌 지구의 온도가 어떻게 변해왔는지 알아내는 것은 결코 쉬운 일이 아닙니다. 수많은 고기후학자들이 노력한 끝에 과거 지구 기후를 알려주는 흔적이 퍼즐 조각처럼 맞춰지고 있습니다. 특히 5억 년 전쯤부터는 지구가 지나온 흔적이 지각에 다수 남아 있고, 현대 과학은 과거의 아주 미세한 흔적에서도 훌륭한 정보를 얻어낼 수 있을 정도로 발전했습니다. 지구의 나이에 비추어 비교적 최근인 5억 년 전부터 일어난 기후변화에 대해 자세히 살펴보겠습니다.

미국 스미스소니언 국립자연사박물관은 2019년에 공룡과 화석을 주제로 한 전시관을 리모델링한 후 오픈했습니다. 한화로 무려 1,100억 원의 공사비를 들여 새 단장한 이 전시관은 단순히 흥미로운

● 이 책에서 지구의 온도라고 함은 전 지구의 평균 지표 온도(바다와 육지 포함)를 의미합니다.

공룡 화석을 모아둔 곳이 아니라 기나긴 지구의 역사를 핵심 테마로 수많은 화석, 생명과 지구환경의 조화, 그리고 파괴적인 종말에 관련된 기록을 모아두었습니다.

이곳에서 근무하던 고생물학자 스콧 윙과 브라이언 후버 박사는 이 전시관의 기념비적인 재개관을 기념하며 뭔가 특별한 일을 하고 싶었습니다. 고심 끝에 그들은 특별한 공룡 화석을 전시하거나 거대 운석이 충돌하는 사진을 걸어놓는 게 아니라 지난 5억 년 동안 지구의 온도가 얼마나 극단적으로 요동쳤는지 보여주었습니다.[20] 그들은 이를 통해 관람객으로 하여금 화석으로 박제된, 한때는 지구의 주인공이었던 생명체들을 보면서 '이 정도의 온도 변화면 어느 날 갑자기 대멸종을 겪으며 사라졌을 만하구나' 하고 고개를 끄덕이게 하고 싶었습니다.

그러나 수억 년 전 지구 온도를 복원해 하나의 차트로 보여준다는 것은 여간 어려운 일이 아니었습니다. 후버 박사는 많은 과학자들과 함께 고민한 끝에 완전하지는 않지만 지금으로서는 최선이라 할 수 있는 수억 년 동안의 지구 온도를 복원했습니다. 스미스소니언 박물관에서 제시한 지구 온도의 변화 양상을 함께 살펴볼까요? 〈1-11그래프〉를 보세요. 우리가 생각하던 것보다 과거의 기후는 훨씬 더 드라마틱했습니다.

최근 5억 년 동안 지구의 기후는 약 18℃를 기준으로 얼음이 아예 없던 시기(붉은색 선)와 극지방에 얼음이 존재하는 시기(파란색 선)로 크게 나뉩니다. 오늘날을 살고 있는 우리에게는 북극해의 얼음덩어리와 남극대륙의 웅장한 빙하가 너무나 당연한 것이지만 이 그래프에서

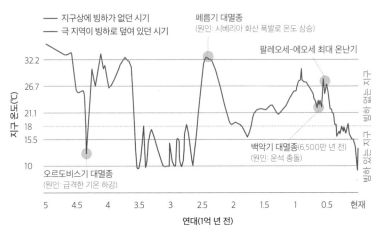

1-11 그래프. 스미스소니언 국립자연사박물관에 새겨진 5억 년 지구 온도 변화의 기록. 세 번의 생물 대멸종 이벤트를 표시했다. 팔레오세-에오세 최대 온난기는 5,500만 년경 발생한 온도 급상승 이벤트를 의미한다. Voosen(2019)에서 수정.

볼 수 있듯 최근 5억 년간 지구는 얼음 없이 지낸 시간이 훨씬 깁니다. 이 긴 시간 온도는 크게 변화되어왔습니다. 약 4억 5,000만 년 전, 지구의 해양 생물이 전멸하다시피 한 사건이 있었습니다. 이를 '오르도비스기 대멸종'이라고 하는데, 그래프에서 보듯 10℃가 훨씬 넘는 기온이 떨어졌습니다. 그 원인은 무엇이었을까요?

스웨덴 룬드 대학교의 핵물리학자 비르거 슈미츠 박사가 이끄는 연구 팀에 따르면 약 4억 6,600만 년 전 화성과 목성 사이에서 소행성이 충돌해 지름 약 150km 크기의 소행성이 부서지면서 운석을 포함한 수많은 우주먼지가 지구로 날아왔고, 이로 인해 지구에 빙하기가 도래한 것으로 추정됩니다.[21]

연구 팀은 평소에도 지구에 떨어지는 우주먼지의 양이 연간 4만 톤

우리는 결국 지구를 위한 답을 찾을 것이다

에 이르지만, 이때는 1,000~1만 배나 늘어난 우주먼지가 대기로 유입되면서 지구가 흡수하는 햇빛의 양을 크게 줄여 기온을 끌어내린 것으로 분석했습니다. 우주먼지 때문에 줄어든 햇빛의 양이 급격한 기온 하강을 초래했으며 이로 인한 빙하 형성과 갑작스러운 해수면 하강으로 얕은 바다에서 서식하던 생물이 대량으로 멸종했다는 것입니다. 그러나 시간이 지나 먼지가 걷히자 다시 예전 온도로 돌아갔습니다.

약 3억 5,000만 년 전부터 2억 5,000만 년까지는 1억 년 넘게 차가운 기후에 머물러 있기도 했습니다.

역사상 가장 규모 큰 멸종 사건으로 기록된 페름기 대멸종은 지금부터 약 2억 5,000만 년 전 공룡이 출현하기 훨씬 전인 페름기 말기에 일어났습니다. 이 시기 지금의 시베리아 지역에서 대형 화산이 잇따라 폭발하면서 지상 생물 70%, 바다 생물 96%가 멸종했습니다. 지구의 지각은 수억 년에 걸쳐 흩어졌다 모이기를 반복해왔는데, 이 당시 형성된 초대륙인 판게아의 두꺼운 지각이 광활하게 펼쳐진 탓에 초대륙 밑 맨틀의 온도가 서서히 상승하며 내부 온도는 더욱 상승했고, 결국 판게아가 형성된 이후 거의 2,000만 년 동안 쌓여온 엄청난 에너지가 지금의 시베리아 지역의 지각을 찢으면서 대규모 화산 폭발이 일어났습니다.[22] 이 지역의 화산 폭발은 무려 약 100만 년 동안 지속되었으며 〈1-12 그림〉에서 보는 바와 같이 '시베리아 트랩'이라는 광범위한 용암지대를 만들어냈습니다. 이때 분출된 엄청난 양의 이산화탄소는 온실효과로 지구 온도를 상승시켰습니다. 이로 인한 급격한 환경 변화가 약 1,000만 년 동안 지속되면서 해양은 산성화되고 생명체 중 다수는 화

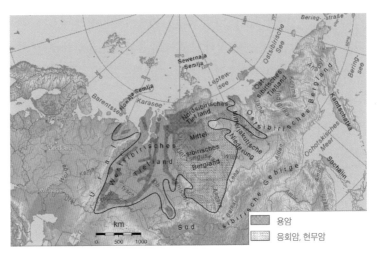

1-12 그림. 굵은 선으로 표시된 지역이 러시아의 시베리아 지방에 위치한 광범위한 현무암질 용암 대지, 시베리아 트랩이다. 면적만 해도 대략 180만 제곱킬로미터로, 한반도 총 면적의 약 8배에 달한다. © Ulamm(wikimedia)

산 폭발로 분출한 황화수소에 중독되거나 산소 부족, 고온의 환경으로 멸종되었습니다. 멸종이 절정에 달했을 때 적도 바다의 온도가 무려 40℃에 이를 만큼 뜨거웠을 것으로 추정되고, 화산 폭발로 산성비가 내려 식물들이 말라 죽었습니다.[23] 또 그로 인해 극지방 곳곳에 냉동 상태로 저장되어 있던 메탄이 분출하면서 온도가 더욱더 높아지는 악순환이 일어났을 것으로 추정합니다.

페름기 대멸종 사건을 끝으로 지구는 중생대로 접어들었고 오랜 시간 매우 따뜻한 기온과 매우 높은 대기 중 이산화탄소 농도를 유지했습니다. 대기 중 고농도로 존재하던 이산화탄소로 인해 식물은 종류가 늘고 크기가 매우 커졌으며 자연스레 키 높은 식물의 잎을 먹기 위해 이

우리는 결국 지구를 위한 답을 찾을 것이다

시대 최상위 포식자인 공룡의 덩치도 덩달아서 커졌습니다. 이렇게 공룡은 지구의 기후가 매우 뜨거웠던 시기인 1억~2억 년 전 최상위 포식자로 지구를 오랜 기간 지배했습니다. 당시 지구의 온도는 지금보다 약 10℃ 이상 높아 무려 25℃를 훌쩍 넘었습니다.[24] 그러나 모든 일에는 끝이 있는 법. 마지막 대멸종은 약 6,500만 년 전에 일어난 백악기 대멸종 사건입니다.

6,500만 년 전, 지구에 소행성이 충돌했습니다. 그 흔적은 북아메리카 남쪽과 남아메리카 위쪽 사이에 존재하는 '칙술루브 푸에르토'라는 이름의 크레이터로 확인할 수 있습니다.[25] 이 크레이터의 직경은 185km 정도이며 깊이는 약 20km에 달한다고 하니 당시 충격이 얼마나 컸는지 짐작할 수 있습니다. 이 충돌로 생긴 먼지와 이 지역에 매장되어 있던 황산가스의 급격한 방출은 태양 빛을 차단해 짧은 기간 빙하기에 맞먹을 정도로 온도가 하강했습니다. 갑작스러운 기온 하강으로 공룡과 익룡이 멸종하고 심지어 몇 번의 대멸종을 거치면서도 살아남았던 암모나이트조차 멸종했습니다. 이로써 파충류의 시대는 저물고 드디어 포유류가 번성하게 됐습니다. 포유류의 시대에도 급격한 기후변화의 위협은 늘 존재했습니다. 가장 극적인 이벤트는 지금으로부터 5,500만 년 전 지구 평균기온이 갑자기 5~6℃ 상승한 것이었습니다.[26] 산업혁명 이후 지구 평균기온 상승 폭이 현재까지 약 1℃에 불과한 것에 비하면 정말 엄청난 기온 상승이죠. 과학자들은 이 시기를 '팔레오세-에오세 최대 온난기'라고 부릅니다. 영어로 Paleocene-Eocene Thermal Maximum, 줄여서 'PETM'이라고 합니다. 갑자기 온도가 폭

발적으로 높아졌다 갑자기 떨어지는 이 특이한 현상은 많은 과학자들의 관심을 끌기에 충분했습니다. 이 시기에는 급격한 온도 상승과 하강으로 또다시 많은 생물이 멸종했습니다.

무엇이 이렇게 급격한 온도 상승을 이끌었을까요? 과학자들은 지층에 새겨진 PETM의 흔적을 추적하다가 이 시기에 메탄 얼음덩어리인 메탄하이드레이트Methane Hydrate가 대규모 폭발을 일으켰음을 밝혀냈습니다.[27] 메탄은 이산화탄소와 같은 온실기체지만 이산화탄소보다 28배나 강한 온실효과를 냅니다. 한번 대기 중으로 방출되면 지구를 매우 빠르게 덥히지만, 이산화탄소보다 불안정해 비교적 빨리 이산화탄소로 바뀌거나 다른 화합물로 전이됩니다. 메탄이 대기 중에 급격히 증가하면 지구 온도는 빠른 속도로 상승합니다. 마치 화약고에 불을 붙인 것처럼 땅속에 매장된 메탄 폭탄이 터지면서 단기간에 뾰족 솟은 첨탑처럼 지구 온도가 상승했습니다. 이 현상은 대략 수만 년 동안 일어났습니다.

PETM 시기의 온도 상승 현상에서 가장 주목해야 할 사실은 바로 빠른 온도 상승 속도입니다. 인류가 화석연료를 적극적으로 사용하기 시작한 최근 약 200년을 제외하고 가장 단시간에 급격하게 온도가 상승한 것이 바로 이 PETM 시기라고 볼 수 있습니다. PETM 시기에 이루어진 5~6℃ 온도 상승은 약 2만 년에 걸쳐 진행되었습니다.[28] 지질학적 시간 규모로 보면 매우 짧고 인간의 수명과 비교하면 매우 긴 시간이라고 할 수 있습니다. 그런데 산업혁명 이후 지구 온도가 약 1℃ 상승하는 데는 200년도 걸리지 않았습니다. PETM 때와 비교하면 실로 어마어마한 속도가 아닐 수 없습니다. 만약 인류가 온도 상승의 주범이

우리는 결국 지구를 위한 답을 찾을 것이다

라면 이 놀라운 메탄 폭탄 이벤트에 비해 무려 20배나 빨리 지구를 덥히고 있는 것입니다.

어떻습니까? 여러분이 생각하던 것보다 지구가 겪은 변화가 무척 드라마틱하지 않습니까? 무엇보다 과거와의 비교로 확실해진 사실은 인류가 그 어떤 시기보다 지구 온도가 급격하게 변화하고 있는 시대에 살고 있다는 것입니다. 이 변화가 인류에 의해 초래되었건 아니건 간에 말입니다. 스미스소니언 박물관에서 제시한 그래프가 말해주듯 온도의 급변은 항상 생물의 대멸종을 가져왔다는 사실을 기억해야 합니다.

제2장.

빙하시대의 수상한 리듬

거대 빙하가 남긴 흔적

깎아지른 두 절벽이 마주 보고 있고 그 사이에 절묘하게 끼여 있는, 어찌 보면 달걀 같기도 한 기괴한 바윗덩어리. 노르웨이에 있는 셰라그 볼텐Kjeragbolten이라는 바위입니다. 세상에서 가장 아찔한 바위, 혹은 끼

2-1 사진. 셰라그볼텐 전경. © Scoundrelgeo(wikimedia)

인 바위라고도 불리는 이 바위에는 어떤 사연이 숨어 있을까요?

　트롤퉁가Trolltunga, 우리말로는 '도깨비의 혀'쯤으로 해석되는 더더욱 기괴한 바위도 있습니다. 사람이 아슬아슬하게 걸터앉은 바위와 그 아래로 유유히 펼쳐지는 거대한 피오르 계곡은 이 세상 경치라고는 믿어지지 않을 만큼 아름다운 장관을 연출합니다. 이렇게 기괴하면서도 아름다운 노르웨이의 자연경관은 어떻게 만들어졌을까요?

　그것은 바로 수백 혹은 수천 미터 두께로 바위를 짓눌러 으깨버리기도 하고, 얼음으로 바위를 들어 올렸다 내동댕이치기도 하면서 수천 킬로미터를 이동시킨 빙하의 소행입니다. 수만 년 동안 빙하는 피오르 협곡을 따라 흐르며 1년에 수 미터 혹은 수십 미터씩 수많은 돌무더기를 바다로 이동시켰습니다. 빙하에 미처 다 휩쓸려 가지 못하고 남아 부서

2-2 사진. 트롤퉁가 전경. © Asgeir Gelgestad(wikimedia)

지고 찢기고 거칠게 연마된 빙퇴석은 북유럽 도처에 이렇게 기괴하고 아름다운 풍광을 빚어냈습니다. 먼 옛날 지구는 왜 그렇게 거대한 빙하로 덮여 있어야 했을까요? 그리고 유럽과 북미를 중심으로 북반구 전역을 덮고 있던 거대한 빙하가 지금은 왜 흔적도 없이 사라졌을까요? 엄청난 비밀이 숨어 있을 것 같지 않나요? 빙하시대의 숨겨진 비밀을 밝혀내려고 노력한 여러 과학자가 있습니다. 이들의 이야기를 만나러 가봅시다.

기나긴 빙하시대로 접어들다

공룡이 활개 치고 얼음이라고는 찾아볼 수 없는 뜨거웠던 중생대(약 2억 5,000만~6,500만 년 전)를 뒤로하고 지구는 서서히 식어가며 이전 시대와는 기후가 전혀 다른 신생대가 시작되었습니다. 그리고 이 차가운 기후 시대에 온갖 포유류와 영장류, 그리고 인류의 탄생이라는 대사건이 일어났습니다.

차가운 기후 시대는 그 이전에도 몇 번 존재했습니다. 온 지구가 눈으로 뒤덮인 스노볼 시기를 포함해서요. 따라서 과거 45억 년 동안 지구의 기후가 얼마나 드라마틱하게 변해왔는지 미리 알고 있었다면 신생대의 차가운 기후는 그리 특별한 일이 아니라고 생각했을 것입니다.

1억 년 전부터 떨어지던 지구의 온도는 다시 상승하다 약 5,500만 년 전 마치 열 폭탄이 터지듯 강렬한 온도 상승 현상을 끝으로 뜨거운 기후 시대는 완전히 막을 내립니다(〈2-3 그래프〉). 이 시기 지구를 지배한 공룡 역시 뜨거운 기후 시대의 종말과 함께 지구에서 사라졌습니다.

신생대의 온도 하강을 좀 더 자세히 살펴보기 위해 스미스소니언 국립자연사박물관에서 제시한 그림의 마지막 약 6,500만 년 구간을 확

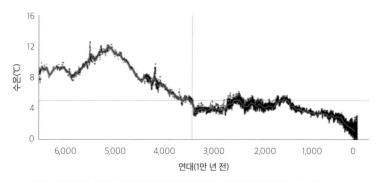

2-3 그래프. 6,500만 년 전부터 현재까지 지구의 깊은 바닷속 수온의 변화를 보여주는 그래프. Zachos et al.(2018)에서 수정.

대해볼까요? 지난 6,500만 년간 깊은 바닷속 수온 변화를 나타낸 〈2-3 그래프〉로부터 지구 온도는 약 5,500만 년 이후로 꾸준히 떨어졌음을 확인할 수 있습니다. 수천만 년 동안 얼음이라고는 찾아볼 수 없던 행성에 드디어 약 4,000만 년 전부터 얼음이 생기기 시작했습니다. 그 이후 냉각 속도가 점차 가속화되더니 드디어 약 3,000만 년 전 남극에 얼음이 나타났습니다.* 얼음은 계속 몸집을 불려 지금은 여의도 63빌딩 (높이 약 250m) 10개를 쌓은 것보다도 훨씬 두꺼운 남극의 거대한 빙상으로 자리 잡았습니다.

지구 온도는 무슨 이유로 이렇게 오랜 기간 떨어졌을까요? 얼음은 어떻게 계속 늘어났을까요? 그리고 이렇게 거대하게 늘어나는 동안 얼음은 지구에 어떤 영향을 주었을까요? 신생대 내내 이어진 온도 하강의 비밀을 살펴보겠습니다.

● 　지질학적 시간 규모에서는 바닷속 온도와 지구 표면의 온도 변화가 거의 유사합니다.

　　　　　　　　　　우리는 결국 지구를 위한 답을 찾을 것이다

남극대륙이 거대한 빙산으로 변한 이유

○ 　　　　9,000만 년 전 남극 모습을 살펴볼까요? 비록 당시 지층
에 매장되어 있던 화석에서 아이디어를 얻어 어느 화가가 재구성한 모
습이지만, 이 당시 남극은 아마존 밀림과 별반 다를 게 없었습니다. 저
멀리 보이는 그림 속 활화산은 매우 평화로운 느낌으로 자욱한 연기를

2-4 그림. 어느 화가가 재현한 약 9,000만 년 전 서남극 모습. ⓒ J. Mckay(Alfred-Wegener-Institut)

내뿜고 있네요. 사실 지금도 남극대륙 밑바닥에는 사나운 마그마가 꿈틀거리며 군데군데 얼음을 비집고 이따금 존재감을 뽐내는 활화산이 있습니다[•].

무엇이 이토록 따뜻했던 남극을 수천 미터의 얼음이 짓누르는 얼음 왕국으로 변하게 했을까요? 자연의 경이로운 힘이 놀라울 따름입니다. 범인은 이번에도 대기 중 이산화탄소 농도의 감소였습니다.

사실 머나먼 과거 대기 중에 존재하던 이산화탄소 농도를 추정하는 것은 쉬운 일이 아닙니다. 이 때문에 대기 중 온실기체 감소에 대한 많은 논란이 있었지만, 최근 저명한 학술지 〈네이처^{Nature}〉에 실린 연구 결과에 따르면 약 5,200만 년 전 지구 대기의 이산화탄소 농도는 현재 농도의 5배가 넘는 2,000ppm 수준이었다고 합니다.[1] 그러다가 남극대륙이 빙하로 뒤덮이기 시작한 약 3,400만 년 전에는 약 1,400ppm으로 떨어졌습니다. 그 후 이산화탄소 농도는 계속 떨어져 빙하시대에는 200~300ppm에 머물렀습니다^{••}.

자, 그렇다면 도대체 5,000만 년이라는 기간 동안 대기 중 이산화탄소가 꾸준히 줄어들 수밖에 없는 이유는 무엇이었을까요? 이에 대해서는 아직도 과학자들 사이에서 논쟁이 벌어지곤 하지만, 그중에서 가장 많은 지지를 받는 것은 윌리엄 루디먼^{William F. Ruddiman, 1943~}이 제안한 '인

● 　몇 년 전 우리나라의 두 번째 남극 과학 기지인 장보고 과학 기지 인근에 있는 멜버른^{Melbourne} 화산에서 25년 만에 가스가 분출되는 바람에 국내 연구진도 매우 분주했습니다.

●● 　단, 산업혁명 이전까지 이야기입니다. 현재 지구의 이산화탄소 농도는 2020년 기준 약 410ppm입니다.

우리는 결국 지구를 위한 답을 찾을 것이다

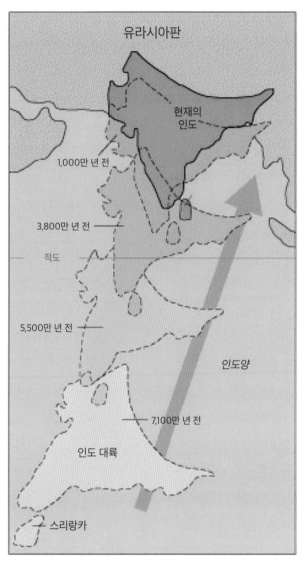

유라시아판

현재의
인도

1,000만 년 전

3,800만 년 전

적도

5,500만 년 전

인도양

7,100만 년 전

인도 대륙

스리랑카

2-5 그림. 지질시대별 인도 대륙의 이동 위치. 신생대 에오세에 본격적으로 두 대륙이 충돌해 히말라야산맥이 생성되었다. 도면 출처:USGS

도-유라시아 충돌 가설'[2]입니다. 수억 년 전 지구는 하나의 거대한 대륙으로 이어져 있었습니다. 지금도 펄펄 끓는 지구 내부에는 엄청난 힘으로 지각을 떠받치고 있는 맨틀이 움직이고, 이로 인해 지구의 겉껍질인 지각판들은 흩어졌다 모이기를 수억 년 주기로 반복하고 있습니다. 가장 가까운 과거에 지각판들이 한데 사이좋게 모여 있던 때는 약 2억 년 전으로 이때 지구에는 초대륙인 판게아가 형성되어 있었습니다. 그러나 이후 지각판들은 제각기 흩어졌습니다. 신생대가 시작되고 나서 수천만 년 동안 지각판들이 활발하게 움직이며 충돌하고 급기야 거대한 산맥을 빚어냈습니다. 히말라야산맥을 비롯해 알프스와 로키 같은 산맥들이 이 시기에 형성되었습니다.

특히 당시 남반구에 있던 인도 대륙은 북쪽으로 이동했고, 다른 판들에 비해 매우 얇았던 인도판은 빠른 속도로 꾸준히 북상하다가 결국 신생대에 접어든 약 5,000만 년 전 테티스해를 찌부러뜨리면서 북쪽의 유라시아판과 충돌했습니다.[3]

그 결과 지구에서 가장 긴, 동서로 2,400km나 늘어진 세계의 지붕 히말라야산맥이 탄생했습니다. 이 산맥을 위성사진으로 보면 얼마나 거대한 충돌이 일어났는지 알 수 있습니다. 이 충돌로 유라시아 대륙 깊숙이 들어온 인도 대륙은 아직도 충돌에 따른 힘으로 유라시아 대륙을 강하게 밀어붙이고 있습니다. 지금도 히말라야산맥이 1년에 1cm씩 높아지는 이유입니다.[4]

도대체 히말라야산맥과 지구 냉각화는 무슨 관련이 있을까요? 그 힌트는 바로 〈2-6 그림〉에 있습니다. 인도의 여름은 매우 후덥지근합니

2-6 그림. 히말라야산맥 인근에서 강한 강수 현상이 발생하는 원리.

다. 여름이 되면 인접한 인도양에서 따뜻하고 매우 습한 공기가 바람을 타고 인도 전역을 덮치기 때문이지요. 바로 인도 몬순Indian Monsoon이라는 현상입니다. 이 습한 공기 덩어리는 중국까지 넘어가지 못하고 히말라야라는 거대한 장벽을 만나 급상승합니다. 갑작스럽게 상승한 공기는 엄청난 양의 비를 뿌립니다. 가지고 있는 모든 수증기를 산 사면에 비로 뿌리고 나서야 고온 건조한 공기 덩어리가 되어 산을 넘습니다.

루디먼은 바로 이 거대한 산맥이 대기 중 이산화탄소를 빨아들이는 진공청소기 같은 역할을 했다고 보았습니다. 거대한 산 사면을 타고 올라가는 공기 덩어리가 구름을 만들어내고 엄청난 양의 비를 뿌릴 수 있다는 데 착안했지요. 이 비는 물에 잘 녹는 이산화탄소를 흡수해 산성비를 산 사면에 뿌렸고, 조산운동으로 잘게 부서진 암석들은 대량의 이산화탄소를 흡수해 굳혀나갔습니다. 즉 대기 중 이산화탄소가 땅속으로 흡수되면서 사라진 것이죠. 이에 따라 대기 중 이산화탄소는 점점 감소하고, 지구는 서서히 식어갔습니다.

루디먼의 생각에는 여러 반론이 존재하지만 학계에서는 대체로 이화학적 풍화작용의 중요성과 산맥 융기의 역할을 받아들이는 분위기입니다.[5] 루디먼은 여기서 한 걸음 더 나아가 이산화탄소가 감소하고 온도가 낮아지면서 산악 지역에 빙하가 형성되면 이 빙하에 의한 침식작용이 강화되고, 이는 더 많은 암석을 화학적 풍화에 노출시켜 이산화탄소 농도를 낮출 수 있다고 주장했습니다.

그렇다면 이 중요한 화학적 풍화작용은 현재에도 작동할까요? 사실 지금도 화학적 풍화는 끊임없이 일어나며 대기 중 이산화탄소를 감소시키고 있습니다. 화학적 풍화작용은 수만 년이 걸려야 겨우 티가 날 정도로 속도가 매우 느려서 우리가 인지하지 못할 뿐이지요. 이 프로세스가 없었다면 지구는 금성같이 이산화탄소로 가득 찬 행성이 되었을지도 모릅니다●.

대기 중 이산화탄소를 급감시킨 대규모 충돌 외에 지구 온도를 떨어

● 　자연의 프로세스는 제각기 시간 개념을 가지고 돌아가고 있습니다. 인간이 산업혁명 이후 매일 뿜어내는 이산화탄소의 양은 엄청납니다. 그러나 하루 단위로 따지면 화학적 풍화작용은 미미합니다. 매우 느린 프로세스지요.

　　　　　　　　　　　　　우리는 결국 지구를 위한 답을 찾을 것이다

뜨린 공범이 있습니다. 바로 얼음입니다. 온도가 내려가 생긴 얼음은 또 다른 기온 하강을 불러일으켰습니다. 어째서일까요?

일단 기온이 떨어지고 지구에 얼음이 생기면서 새하얀 얼음이 전보다 훨씬 많은 태양 빛을 반사했고, 이는 지구가 흡수하는 햇빛 양을 현격히 줄여 지구 온도 하강을 부추겼습니다. 온도가 떨어지면 얼음이 더 생기고, 얼음이 생기면 다시 햇빛을 더 반사하고 온도는 떨어집니다. 이렇게 물고 물리면서 반복되어 급기야 햇빛이 약한 극지방에까지 거대한 얼음이 자리 잡은 것입니다.

이렇게 물고 물리며 처음에는 작았던 변화가 증폭되는 것을 양의 피드백 작용positive feedback이라고 부릅니다●. 이 얼음 반사와 관련된 증폭작용이 온도 하강을 부추겨 오늘날 지구 온도인 약 14℃보다 더 차가워졌습니다. 그 후로도 지구는 줄곧 추워졌고 약 260만 년 전 신생대 4기에 매우 추운 시기인 빙하시대에 접어들었습니다. 남극과는 달리 바다여서 좀처럼 얼지 않을 것 같았던 북극해가 얼고, 아메리카 대륙과 유라시아 대륙에는 거대 빙상이 출현했죠.

그리고 빙하시대 한가운데 태어난 인류의 조상은 혹독한 빙하기를 이겨내고 살아남은 과정에서 점점 더 똑똑한 존재로 거듭났습니다. 애초에 인류는 더위에는 전혀 익숙하지 않은 생명체였던 것입니다.

● 피드백은 우리나라말로 '되먹임'으로 종종 번역됩니다. 양의 피드백 작용은 사실 지구온난화를 설명함에 있어 온실효과만큼 중요한 개념이어서 4장에서 좀 더 자세히 다루겠습니다. 용어가 다소 길고 어려우므로 이 책에서는 '양의 피드백 작용'을 '증폭작용'이라고 명명하겠습니다.

인류, 빙하기의 존재를 알아채다

○　　　　인류는 지구 역사상 상당히 추운 시기에 살고 있지만, 현대 문명이 시작된 이래 우리가 빙하시대에 살고 있다는 사실을 깨달은 건 19세기 중반, 불과 200년 전부터였습니다. 최근에는 지구가 뜨거

2-7 그림. 약 4,000년 전까지 생존했던 털 매머드 복원도. © Thomas Quine(flickr)

　　　　　　　우리는 결국 지구를 위한 답을 찾을 것이다

워짐에 따라 시베리아 지역의 영구동토층*이 빠르게 녹아내려 빙하시대에 살았던 거대한 털 매머드 Wooly Mammoth 화석이 온전한 상태로 종종 발견되고 있고, 이로 인해 사람들 머릿속에 빙하기의 존재가 점점 더 강렬하게 각인되고 있습니다.[6]

2-8 사진. 장 루이 아가시.

19세기에 많은 과학자들이 빙하기의 존재를 눈치채고 발견하는 데 기여했지만, 가장 큰 공헌을 한 사람은 장 루이 아가시 Jean Louis Agassiz, 1807~1873 였습니다.

어릴 때부터 알프스의 날카롭고 거대한 바위들을 보고 자란 아가시는 1837년 처음으로 사람들의 입으로만 전해 내려오던 빙하시대의 존재를 학계에 각인시켰는데, 그의 주장은 큰 논란을 불러왔습니다. 창조론과 진화론이 팽팽하게 대립하던 당시, 그의 빙하 이론이 창조론에서 중요한 역할을 차지하는 노아의 홍수 사건을 부정하는 것처럼 비쳤기

● 위도가 높아 현재 기후에서도 1년 내내 꽝꽝 얼어붙어 있는 땅을 영구동토permafrost라고 합니다. 최근 지구온난화로 영구동토가 녹아내려 많은 수의 매머드 화석이 발견되고 있습니다.

때문입니다. 종교를 부정하려는 의도는 아니었지만 아가시는 과학적 발견을 종교적으로 해석하는 것을 극도로 경계했습니다. 그는 도저히 발견되기 어려울 것 같은 스위스 여러 지역에서 무더기로 쌓여 있는 바위를 보았습니다. 그리고 무언가에 긁히고 연마된 흔적이 역력한 바위가 거대한 빙하가 이 지역을 할퀴고 지나간 흔적이라고 주장했습니다.

아가시는 1840년에 빙하시대를 입증하는 이론을 담은《빙하에 대한 연구Étude Sur les Glaciers》라는 책을 출판했습니다.[7] 인류의 기억에서 사라졌던 빙하시대가 되살아난 순간이었습니다. 그러나 아가시의 이론은 새로운 과학이 탄생할 때 으레 그래왔듯 주류 학자들에게 엄청난 멸시와 지탄을 받았습니다. 그러나 점차 수많은 증거가 그의 연구를 뒷받침해주었고, 아가시는 다윈과 어깨를 나란히 하는 당대 최고의 과학자가 되었습니다.

사실 당시 과학자들에게 아가시의 생각은 매우 파격적으로 여겨질 수밖에 없었습니다. 유럽 과학자들 중에는 거대한 빙상을 본 사람이 거의 없었기 때문입니다. 그린란드가 얼음에 덮여 있다는 사실조차 몰랐습니다. 남극의 거대한 빙상도 1840년 이후에나 겨우 알려졌으니까요. 이러니 유럽 사람들에게 자기가 살고 있는 땅에 수 킬로미터나 되는 빙하가 덮여 있었다는 건 상상하기 어려운 일이었을 것입니다. 그러나 시간이 갈수록 그의 이론은 서서히 받아들여졌습니다.

아가시가 빙하시대의 존재를 선언한 이후, 많은 과학자들이 인류가 살아온 과거 자연환경에 대한 기록을 연구하는 고기후학에 관심을 가졌습니다. 한편 19세기 초 산업혁명으로 철광석과 광물에 대한 수요가 증가하면서 지하자원 탐사에 필요한 지질학 연구가 폭발적으로 이루어졌습니다. 이와 맞물려 전 세계 지질학자들은 북반구 고위도 지역을 광범위하게 덮고 있던 빙하의 모습을 그려보고 빙하 지도를 작성했습니다. 그러나 아이러니하게도 북반구 고위도 지역 곳곳에 흩어져 있는 빙하의 흔적을 찾아내고 빙하 분포 지도를 만들수록 빙하시대가 언제 시작되었고, 얼마나 오랫동안 지속되었는지, 여러 번 반복되었는지 등에 대한 근본적인 의문이 꼬리에 꼬리를 물고 과학자들을 괴롭혔습니다.

19세기 후반 지질학자들은 유럽과 북아메리카에서 빙하 퇴적물과 해안선을 자세히 조사했고, 자신들이 사는 곳에 빙하시대가 한 번이 아니라 여러 번, 즉 더 추운 빙하기와 좀 더 온화한 간빙기로 나타났다는 것을 깨달았습니다. 기온이 낮아지면서 육지의 많은 부분이 얼음으로 뒤덮이는 빙하기와 온난해서 빙하가 극지방으로 후퇴하는 간빙기는 지층에 서로 다른 흔적을 남겼기 때문입니다.

초기 빙하를 연구하는 학자들은 이러한 주기적인 빙하기와 간빙기의 존재에 매우 당혹스러워했습니다. 빙상이 전 세계 대륙의 3분의 1을 뒤덮고 더 커지기 전에 후퇴한 이유는 무엇일까? 어떤 인자가 이렇게 거대한 빙상을 조절했을까? 많은 가설이 난무했습니다. 빙하시대에 대한 인류의 궁금증은 과거 자체를 연구하는 학문을 발달시켰습니다. 그 결과, 결정적인 두 가지 발견을 중심으로 과거 지구의 발자취를 정밀히 복원하는 고기후학이라는 학문으로 발전했습니다.

첫 번째 발견은 수수께끼와도 같은 빙하시대의 리드미컬한 온도 변화가 천체의 움직임에 따른 태양에너지 입사량의 변화에서 비롯되었다는 사실을 밝힌 것입니다. 밀루틴 밀란코비치^{Milutin Milankovitch, 1879~1958}의 천체와 일사량에 대한 이론입니다.[8]

　두 번째는 체사레 에밀리아니^{Cesare Emiliani, 1922~1995}가 바다 밑바닥에 쌓인 동물플랑크톤의 껍데기를 정교하게 분석하면 과거 수만 년 전 바닷물 온도, 더 나아가 빙하의 면적과 지구 온도까지 알아낼 수 있다는 사실을 발견한 것이었습니다.[9] 천체 운동이 빙하기와 간빙기의 리듬을 만들어냈다는 밀란코비치의 과감한 생각을 실제 데이터로 입증해내기 위해서는 당연히 과거 온도 기록이 필요했는데, 에밀리아니가 이를 해냄으로써 고기후학의 획기적인 발전이 시작되었습니다. 이에 대해 하나씩 살펴보겠습니다.

크롤과 밀란코비치가 밝혀낸
기후변화의 리듬

본격적인 빙하시대로 접어들자 지구 온도에 수상한 변화가 생깁니다. 한없이 떨어질 것만 같았던 온도가 더 이상 떨어지지 않고 마치 춤을 추듯 주기적인 강약을 반복하며 출렁거리는 리듬을 타기 시작한 것입니다. 바로 빙하기와 간빙기라는 조금 더 추운 시기와 조금 덜 추운 시기가 교차하면서 나타나는 현상입니다. 이 리드미컬한 변동은 얼음이 존재하지 않던 따뜻한 기후 시대에서는 찾아볼 수 없었습니다. 이는 1900년대의 수많은 과학자들을 매료시켰습니다.

빙하기와 간빙기는 왜 반복되었을까요? 19세기 중반 이후 많은 과학자들이 이 질문의 해답을 알아내기 위해 도전했습니다. 이들 중 제임스 크롤James Croll, 1821~1890은 과학계에 잘 알려지지 않은 의외의 인물이었지만, 지구 기후가 빙하기로 돌변하는 결정적 원인이 지구궤도 변화에 따른 태양에너지 차이라는 생각을 매우 구체적으로 제시했습니다. 그는 지구가 받아들이는 태양에너지의 총량과 분포가 지구 공전궤도나 자전축의 기울기에 따라 미세하게나마 시시각각 변화하는 것을 알아냈습니다. 그리고 이 변화가 수차례 반복되는 빙하기의 리듬을 만들

2-9 그림. 마지막 빙하기의 북반구 거대 빙상의 형상.

어낸다고 생각했습니다. 그러나 크롤의 생각은 쉽게 받아들여지지 않았죠. 결정적으로 그는 계산에 따라 마지막 빙하기가 약 8만 년 전에 시작되었다고 주장했는데 후일 마지막 빙하기가 약 3만 년 전이라는 것이 알려지면서 그의 이론은 완전히 퇴색했습니다.

그렇다면 지구의 온도 변화에 독특한 리듬감을 선사한 것은 무엇일까요? 이 리듬감은 빙하와 어떤 관련이 있었을까요? 크롤의 이론은 20세기에 접어들어 베오그라드 대학 응용수학과 교수 밀란코비치 덕에 재조명되었습니다.

약 2만 년 전 마지막 빙하기에 북반구의 고위도 지역을 덮고 있던 빙하의 모습을 보세요. 이 시기에는 거대한 빙하가 계절에 상관없이 항상 우뚝 솟아 있었습니다. 오늘날의 캐나다와 스칸디나비아를 포함한 북유럽 대부분 지역은 거대한 빙상에 덮여 있었습니다. 빙하기에는 여름 기온 역시 오늘날보다 최소 10℃ 이상 낮았고 해수면은 지금보다 약 100m 낮았던 것으로 알려져 있습니다.[10] 시베리아와 알래스카는 그림에서 볼 수 있듯 빙하로 연결되어 사람들이 왕래했고, 빙하기에 일부가

우리는 결국 지구를 위한 답을 찾을 것이다

유라시아 대륙을 거쳐 아메리카 대륙으로 건너가 문명을 일으켰습니다. 겨울은 9개월 이상 지속되었고 영하 20℃의 혹한이 한 달 가까이 지속되었습니다. 극 지역과 중위도 지역의 온도 차이도 심해 상공의 제트기류와 지상의 바람이 매우 셌습니다. 따라서

2-10 그림. 세르비아의 수학자이자 천문학자 밀란코비치 탄생 125주년 기념 우표.

이 시기 겨울은 추위와 바람 때문에 동물과 인류가 버텨내기에는 너무나 가혹했을 것입니다. 인류는 살기 위해 빙하기에는 남쪽으로 이주하고 간빙기에는 다시 북쪽으로 옮겨 갔음을 알려주는 증거가 다수 발견되었습니다.

밀란코비치는 거대한 빙하가 성장할 수 있었던 이유와 일정 시기가 지나 녹아내리는 근본적 이유를 여름철에 빙하가 받아들이는 태양 빛의 세기에서 찾았습니다.

크롤과 밀란코비치의 생각이 결정적으로 다른 것은 바로 이 부분이었습니다. 크롤은 빙하를 만들어내는 북반구의 겨울철이 얼마나 추운가에 집중한 데 반해 밀란코비치는 북반구 고위도 지역의 빙하를 성장시키거나 쇠퇴시키는 데 가장 중요한 역할을 한 것이 겨울철 일사량이 아닌 여름철 일사량이라고 생각했던 것이었습니다. 빙하가 따가운 여름 햇살을 버텨내고 겨울로 넘어갈 수 있느냐 아니면 싸움에 져서 녹아

내리느냐가 전체적인 빙하의 형상과 부피를 유지하는 데 가장 큰 영향을 미쳤다고 본 것입니다. 밀란코비치는 크롤의 계산을 이어받아 북반구 여름철에 지구가 태양에서 받는 에너지의 시간에 따른 변화를 지구의 공전궤도 및 자전축의 움직임에 대한 수학적 모델링을 기반으로 정교하게 계산했습니다. 결국 그는 1941년 무려 600페이지가 넘는 〈일사량과 빙하기 문제에 관한 근본원리Canon of insolation and the ice-age problem〉라는 논문을 발표하기에 이르렀습니다.[11]

이 계산은 매우 복잡해서 컴퓨터 없이는 도저히 해내기 어려웠지만 그는 초인적인 노력을 기울여 종이와 연필만으로 계산하는 데 성공했습니다. 이 작업을 위해 밀란코비치가 고려한 요소는 이심률Eccentricity, 기울기Tilt, 세차운동Precision 세 가지로 요약할 수 있습니다. 밀란코비치는 30년간 여행을 다닐 때도 숙박 시설의 객실에 책상을 제공해달라고 해서 이 세 요소가 어떻게 북반구 여름철 고위도 지역(65°N)에 내리쬐는 태양 빛의 양일사량을 결정하는지 알아내기 위해 매달렸습니다. 〈2-11 그림〉을 보세요.

먼저 지구는 찌그러진 타원궤도를 그리며 공전하는데 이 찌그러진

이심률　　　　자전축 기울기　　　　세차운동

2-11 그림. 북반구 여름철 일사량을 조절하는 세 가지 천문학적 요인.

　　　　우리는 결국 지구를 위한 답을 찾을 것이다

정도가 지구 주위 다른 행성 간 인력에 의해 10만 년을 주기로 서서히 바뀝니다. 이를 '이심률의 변화'라고 합니다. 즉 공전궤도가 찌그러진 타원에 가까워졌다가 원에 좀 더 가까워지기를 반복한다는 뜻입니다. 이심률이 달라진다고 해도 지구가 1년 동안 태양에서 받는 에너지 양이 크게 달라지지는 않습니다*. 그러나 여름과 겨울에 받는 에너지를 따로 생각하면 차이가 꽤 커집니다. 원에 가까울 때는 여름과 겨울에 받는 에너지가 6% 정도 차이 나는 반면, 이심률이 가장 커서 타원에 가까울 때는 20% 이상 차이가 나는 것으로 알려져 있습니다. 따라서 이심률은 여름철 태양 빛의 양을 조절하는 데 중요한 요소임에는 틀림없습니다.

두 번째는 자전축의 기울기(경사각)입니다. 이는 22.5~24.5° 사이에서 변하는 것으로 알려져 있습니다. 자전축이 더 많이 기울어질수록 북반구 여름철에 받는 태양에너지의 양이 더 많았겠지요. 이는 빙하의 후퇴를 이끄는 중요한 요소입니다.

마지막으로 세차운동이라고 불리는 자전축을 중심으로 한 불안정한 흔들림입니다. 팽이를 생각해보면 쉽게 알 수 있습니다. 이 세차운동의 주기는 약 2만 6,000년이라고 밝혀졌는데, 사실 세차운동 자체로는 북반구 여름철에 받는 태양에너지를 크게 변화시키기 어렵습니다. 그러나 만약 세차운동을 나머지 두 요소들과 같이 고려한다면 이야기는 달

● 　지구 전체에 도달하는 태양복사에너지 연간 총량에 변화를 가져오는 데 이심률의 변화가 그리 크지 않아서 사실 이로 인한 일사량의 연간 총 변화는 약 0.1%에 불과합니다.

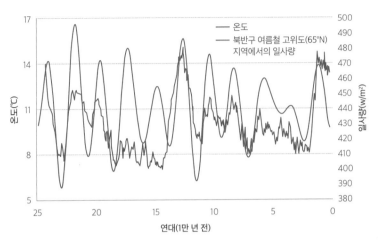

2-12 그래프. 과거 25만 년간 지구 온도(붉은색 실선). 밀란코비치 천체 이론으로 계산한 북위 65°N에서의 태양복사 일사량(파란색 실선). 남극 보스토크 얼음기둥(ice-core)으로부터 복원된 온도 자료 사용(미해양 대기청 제공).

라집니다. 〈2-12 그래프〉는 밀란코비치가 세 가지 요소를 모두 고려하여 계산해낸 북반구 고위도 지역의 일사량과 훨씬 먼 훗날 정교한 고기후 연구를 통해 복원한 지구의 온도 변화 그래프입니다.[12] 이 둘을 같이 살펴보면 밀란코비치의 생각이 멋지게 적중했다는 것을 확인할 수 있습니다. 밀란코비치가 계산해낸 북반구 고위도 지역의 일사량 변화 양상은 과거 지구의 온도 변화와 상당히 일치합니다. 일사량이 증가하면 지구 온도가 상승하고, 일사량이 줄어들면 온도가 하강하는 패턴을 보여 밀란코비치의 생각을 지지하고 있습니다.

　그러나 그래프를 자세히 보면 일사량이 증가한다고 해서 반드시 기온이 상승하지는 않았습니다. 사실 밀란코비치 이론에 따라 계산한 일사량 변화의 총량이 빙하와 지구 온도를 조절하기에는 턱없이 부족한 양이기 때문입니다. 따라서 밀란코비치의 이론은 완벽한 것이 아니라 빙하기와 간빙기를 조절하는 하나의 선행 혹은 필요 조건으로 이해해야 합니다.

안타깝게도 밀란코비치는 자신의 계산이 빙하기와 간빙기를 상당한 수준으로 예측했음을 확인하지 못한 채 세상을 떠났습니다. 밀란코비치의 연구가 진정으로 빛을 본 것은 그가 세상을 떠난 지 한참 후입니다. 그의 이론이 옳다는 심증은 있었지만 결정적으로 수십만 년 전 지구 온도를 복원해내는 기술이 없었기 때문입니다. 과학자들은 어떻게 과거의 지구 온도 기록을 복원하고 밀란코비치의 가설을 입증했을까요? 이를 설명하기 위해 우선 자연을 활용한 온도계 제작 방법에 대해 알려드리겠습니다.

플랑크톤, 바닷속 온도계로 변신하다

우리는 지구의 온도가 어떻게 변화되어왔는지, 그리고 무엇이 지구의 온도를 변화시켰는지 시간을 거슬러 올라가면서 살펴보고 있습니다. 그런데 과학자들은 수억 년 전 지구의 온도를 어떻게 알아냈을까요?

빙하기 논쟁에 불이 붙은 1900년대 초반, 과학자들은 지구의 온도계를 찾기 위해 혈안이 되어 있었습니다. 그 결과 과학자들은 다양한 자연의 온도계를 발견해냈지만 그중에서도 지구의 과거 온도를 알아내는 데 결정적 역할을 한 것은 동물성플랑크톤의 일종인 유공충有孔蟲, Foraminifera입니다. 육지에서 멀리 떨어진 심해의 바닥은 육지와 가까운 시끌벅적한 바다와 달리 해류도 약하고 매우 고요합니다. 저서생물도 살지 않아 해저 바닥에는 퇴적물이 매년 수십 마이크로미터씩 쌓여 그대로 보존됩니다. 이렇게 쌓인 두께 1km 이상의 해저 퇴적물은 과거 5,000만~1억 년간 일어난 기후변화의 비밀을 풀어줄 보물 창고입니다. 그런데 비밀을 풀어줄 결정적 단서는 무엇이었을까요? 1900년대 중반 몇몇 과학자는 드디어 실마리를 잡았습니다. 바로 바닷속 해양 플

우리는 결국 지구를 위한 답을 찾을 것이다

2-13 사진. 동물성플랑크톤의 일종인 유공충의 다양한 등껍질. © Alain COUETTE(wikimedia)

랑크톤이었지요.

유공충은 수면에 둥둥 떠다니는 매우 작은 플랑크톤입니다. 이 플랑크톤은 대기 중 이산화탄소가 비에 씻겨 내려 탄산이온(CO_3^{2-}) 형태로 바다로 흘러 들어오면 바닷물에 녹아 있는 칼슘이온(Ca^{2+})을 이용해 자신의 몸집보다 수십 배나 크고 화려한 탄산칼슘($CaCO_3$)으로 이루어진 석회 껍질을 만들어내는 능력이 있었습니다.

이탈리아 출신의 고기후학자 에밀리아니는 바다 밑바닥에 켜켜이 쌓인 유공충의 껍질인 탄산칼슘을 구성하는 산소 성분에 주목했습니다.

유공충은 바닷물 속 산소를 이용해 탄산질이나 규산질 껍질을 만듬

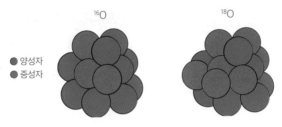

2-14 그림. 산소 동위원소 ^{16}O과 ^{18}O의 비교.

니다. 탄산질이나 규산질 모두 산소를 포함하고 있기 때문입니다. 그런데 왜 산소가 중요한 것이었을까요?

일반적인 산소는 양성자 16개, 중성자 16개, 전자 16개로 구성되어 있습니다. 그런데 대기 중에는 중성자가 18개인 조금 더 무거운 산소가 약 0.1~0.2% 존재한다는 것이 밝혀졌습니다[•]. 당시 과학자들은 바다에서 이 무거운 산소와 가벼운 산소의 비율이 바닷물 온도와 관련 있다는 것을 깨달았습니다. 기온이 높을 때는 열에너지가 충분하기 때문에 가벼운 산소(^{16}O)뿐 아니라 무거운 산소(^{18}O)를 포함한 물 분자가 활발하게 증발하지만, 기온이 낮아지면 바닷물에서 가벼운 물 분자가 압도적으로 많이 증발하기 때문입니다.

시카고 대학교 핵과학연구소의 해럴드 유리[Harold Urey, 1893~1981] 연구 팀은 이를 이용해 과거의 수온 변화를 측정하는 방법을 연구했습니다. 문제는 바닷물에 포함된 산소가 어딘가에 붙잡혀 바다 밑바닥에 쌓여야

●   이렇게 원자번호가 같아서 거의 동일한 물질로 취급되지만 원자량이 다른 원소를 동위원소 (Isotope)라고 합니다(83페이지 참고).

우리는 결국 지구를 위한 답을 찾을 것이다

2-15 그래프. 수온과 조개껍질에 포함된 산소 동위원소비의 관계. 수온이 떨어질수록 조개껍질에 포함된 산소의 동위원소비가 일정한 비율로 커진다. 산소 동위원소비는 가벼운 산소에 대한 무거운 산소의 비로 이 값이 크다는 것은 무거운 산소가 많다는 뜻이다. McCrea(1950)을 수정.

과거 연구에 활용할 수 있다는 점이었습니다. 생각을 거듭하던 그들은 조개껍질을 구성하는 탄산칼슘에 포함된 산소를 이용하면 어떨까 하는 아이디어를 떠올렸습니다. 수온이 높아지면 증발이 많아질 거라 생각한 그들은 조개껍질에 들어 있는 무거운 산소가 수온에 따라 어떻게 변하는지 조사하던 중 놀라운 결과를 얻었습니다.

바로 〈2-15 그래프〉에서처럼 수온이 떨어질수록 조개껍질에 포함된 무거운 산소가 일정한 속도로 늘어난다는 것이었습니다. 또 그 비율이 거의 정확하게 온도에 비례한다는 중요한 사실도 알아냈습니다.[13] 자연에 숨어 있는 고수온계가 탄생한 순간이었죠. 이탈리아 북부 도시 볼로냐에서 박사 학위를 갓 취득하고 유리의 연구실에 들어온 에밀리아니는 유리에게 조개껍질과 같은 성분으로 이루어져 있고 전 세계 바다에 서식하는 미세한 동물성플랑크톤인 유공충을 연구해보고 싶다고 제안했습니다. 유리의 허락을 받은 그는 1950년대 초, 스웨덴 해군 전함 알바트로스호가 채취한 해저 퇴적물 시료를 분석하는 데 도전했습니다. 그는 실험실에서 해저 바닥에 시대별로 차곡차곡 쌓인 진흙 덩어리를 얇게 펼쳐놓고 크기가 1mm도 되지 않는 작은 유공충 껍데기를 하나하나 찾아 해저 퇴적물 기둥의 깊이별로 산소 동위원소 비율의 변화를 살폈습니다. 그 결과, 지난 수십만 년 동안 바닷물 온도가 현재보다 6℃나 낮았던 시기가 여러 번 있었음을 밝혀냈습니다.[14]

더군다나 에밀리아니가 밝혀낸 과거 온도 변동은 밀란코비치가 제시한 일사량에 따른 지구 온도의 변화 커브와 흡사했습니다. 에밀리아니는 너무 기뻐 밀란코비치에게 그가 옳았음을 알리는 편지를 써 보냈지만 답장은 없었고 얼마 후 밀란코비치는 세상을 떠났습니다. 밀란코비치는 자신이 평생을 바쳐 연구한 천체 운동과 지구 온도의 비밀을 입증했다는 내용이 쓰인 편지를 확인했을까요?

에밀리아니의 발견은 꼼꼼히 따져보면 조금 석연치 않은 구석이 있었습니다. ^{16}O가 결합된 가벼운 물 분자가 따뜻해질수록 바다에서 더 많이 증발하는 것은 사실이지만, 어차피 증발한 수증기가 비가 되어 강물에 섞여 바다로 돌아오면 결국 바닷물 속 ^{16}O는 원상 회복되기 때문입니다. 에밀리아니의 논문이 출판된 후 이를 의아하게 여긴 영국 케임브리지 대학교의 니컬러스 J. 섀클턴Sir Nicholas J. Shackleton, 1937~2006은 유공충 껍데기의 산소 동위원소비에 당시 바다의 수온뿐만 아니라 대륙 빙하의 크기 변화에 대한 정보 또한 반영되어 있다는 것을 밝혀냈습니다.[15]

바다에서 증발된 물 분자에는 가벼운 산소인 ^{16}O가 많은데 이들이

우리는 결국 지구를 위한 답을 찾을 것이다

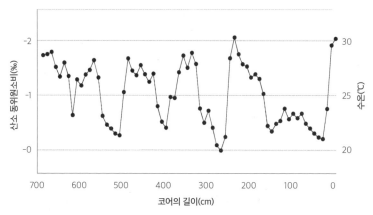

2-16 그래프. 에밀리아니가 카리브해 시추코어에 포함된 유공충 껍질로 밝혀낸 수온 그래프. 코어의 길이가 큰 값일수록 더 과거를 의미한다. Emiliani(1955)를 수정.

눈이 되어 극 지역에 빙하가 형성되는 경우에는 다시 바다로 돌아오지 못해 바닷물에는 무거운 산소 ^{18}O를 포함한 물 분자의 비율이 높아진다는 점에 착안한 것입니다. 섀클턴은 수온 변화가 거의 없는 심해에 사는 유공충의 껍데기를 분석해도 여전히 산소 동위원소비가 연대에 따라 다른 것을 보고 유공충 껍질을 대륙 빙하의 확장과 수축을 알려주는 지시자로 사용할 수 있다고 결론 내렸습니다.

한편 바닷속에 층층이 쌓인 유공충 껍질이 과거 온도에 대한 비밀을 풀어주긴 하지만 에밀리아니의 발견만으로는 정확한 연대를 측정하기 어려웠습니다. 이때 에밀리아니와 섀클턴의 연구를 지원하던 유리는 방사성 동위원소를 통한 연대 측정법을 개발합니다.[16] 이 연대 측정법은 지층의 절대적 나이를 알려주는 데 큰 역할을 했습니다. 빙하기-간빙기를 새롭게 이해할 수 있는 계기가 마련되는 순간이었습니다.

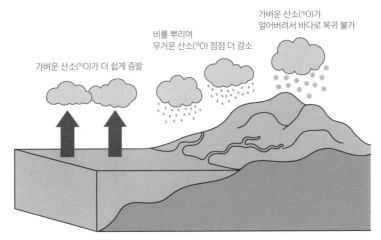

가벼운 산소(^{16}O)가
얼어버려서 바다로 복귀 불가

비를 뿌리며
무거운 산소(^{18}O) 점점 더 감소

가벼운 산소(^{16}O)가 더 쉽게 증발

2-17 그림. 증발과 강수를 통한 산소 동위원소의 순환. 기온이 떨어져 빙하가 형성되는 경우에는 가벼운 산소(^{16}O)를 포함한 물이 바다로 복귀하지 못하고 일부 얼어 빙하가 되기 때문에 바다에 포함된 가벼운 산소의 양은 줄어든다. 이는 바다의 산소 동위원소비를 높인다.

 고기후학이라는 학문, 정말 매력적이지 않습니까? 바다 밑바닥 진흙 더미에 수십만 년 동안 묻혀 있기만 하던 1mm도 안 되는 생물의 등껍질에서 거대한 지구 빙하의 역사를 읽어내다니 말입니다. 에밀리아니와 섀클턴의 연구 이후로 해저 퇴적물 연구는 계속되었고 바다 깊숙한 곳에서 뽑아 올린 퇴적물 코어를 이용해 더 먼 과거 지구 기후의 비밀을 풀기 위해 오늘도 고기후학자들은 연구에 몰두하고 있습니다.

우리는 결국 지구를 위한 답을 찾을 것이다

방사성 탄소 연대 측정법으로 얼음의 나이를 밝히다

앞에서 무거운 산소와 가벼운 산소에 대해 이야기했습니다. 이렇게 같은 산소라도 질량이 다른 산소가 존재하는데 이를 산소 동위원소라고 합니다. 동위원소는 화학적으로는 동일한 성질을 띠지만 질량은 다른 독특한 원소입니다. 화학적 성질은 원소 주위를 도는 전자의 개수가 좌우하는데, 동위원소는 이 전자의 개수가 항상 동일합니다. 즉 동위원소들은 화학적으로는 동일한 원소라고 볼 수 있습니다. 다른 것은 중성자의 개수입니다. 중성자도 질량이 있으므로 중성자의 개수에 따라 질량이 달라지는 것입니다. 수소의 동위원소를 한번 살펴볼까요? 수소는 그림과 같은 세 가지 형태로 존재할 수 있습니

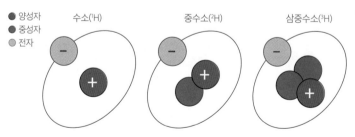

2-18 그림. 수소의 동위원소. 수소기호 H 앞에 달린 위 첨자는 양성자와 중성자의 합을 의미한다.

다. 확률적으로 가장 많은 것은 양성자 하나, 전자 하나로 구성된 수소(^{1}H)입니다.

에밀리아니가 산소 동위원소를 이용해 과거 빙하기의 존재를 밝혔듯 고기후를 연구하는 데는 동위원소가 결정적인 역할을 했습니다. 고기후학자들이 중요하게 생각하는 또 하나의 동위원소는 탄소 동위원소입니다. 이들이 탄소 동위원소를 어떻게 활용했는지 한번 알아볼까요?

방사성 탄소 연대 측정법은 1947년 미국의 화학자 윌러드 리비^{Willard} ^{Libby}가 개발한 연대 측정법입니다. 사실 동위원소는 두 종류로 나뉩니다. 시간이 지나도 남아 있는 안정 동위원소와 불안정해서 시간이 지나면 방사능을 방출하면서 다른 물질로 바뀌는 방사성 동위원소입니

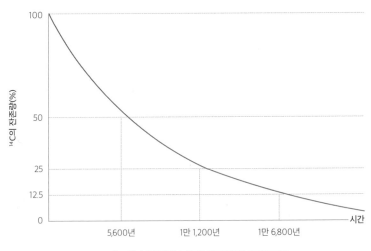

2-19 그래프. 방사성 동위원소 ^{14}C의 시간에 따른 붕괴 그래프.

다. 탄소는 ^{12}C와 ^{13}C, ^{14}C 세 가지 동위원소를 지닙니다. 탄소의 원자번호(=양성자 수)는 6이므로 각각 질량수(양성자 수+중성자 수)가 12, 13, 14입니다. 이 세 가지 탄소 중 ^{14}C가 바로 방사성 동위원소라서 시간이 지나면 자연적으로 방사능을 내뿜으며 안정한 질소(^{14}N)로 바뀌게 됩니다.

모든 동식물, 즉 살아 있는 유기체는 이 세 가지 유형의 탄소를 항상 일정한 비율로 유지합니다. 광합성이나 호흡 또는 먹이사슬을 통해 이산화탄소를 교환하며 항상 평형을 유지하기 때문입니다. 그런데 생물체가 죽는 순간부터 이 비율은 깨지기 시작합니다. 안정한 ^{12}C와 ^{13}C는 그대로 체내에 남아 있지만, 방사성 탄소인 ^{14}C는 오랜 시간에 걸쳐 일정한 속도로 붕괴되기 때문입니다.

예를 들어 생물체가 살아 있을 때 ^{14}C가 100개 있었다면 죽은 지 5,730년이 지나면 50개가 되고, 다시 5,730년이 흐른 뒤에는 그 절반인 25개가 됩니다. ^{14}C가 붕괴되는 속도는 항상 일정하므로, 유기체의 유물에 남아 있는 ^{14}C 대 ^{12}C, ^{13}C의 비율을 정확히 측정하면 그 생물체가 언제 죽었는지 알 수 있어 연대 측정에 결정적인 정보를 주는 것입니다.

얼음에 박제된 공기 방울이 말해주는 과거

○　　　유공충을 이용한 심해퇴적물 코어가 과거 빙하시대의 리듬을 밝혀내는 데 큰 공헌을 했지만, 유공충의 경우 바닷물의 온도 변화를 알려주었을 뿐이라서 고기후학자들에게는 빙하기의 대기 온도를 밝혀줄 새로운 자연의 온도계가 필요했습니다.

이번에도 무거운 산소가 중요했습니다. 에밀리아니가 유공충 연구로 고기후학 연구를 진전시키던 바로 그 시기, 덴마크 코펜하겐 대학교의 빌리 단스고르Willi Dansgaard는 빗물에 포함된 무거운 산소에 대한 연구에 집중했습니다. 그는 세계 각 지역에서 빗물과 눈을 채집해 빗물에 포함된 무거운 산소와 가벼운 산소의 비율을 살펴보았습니다. 그 결과, 고위도 지역에 내리는 눈에 포함된 무거운 산소와 가벼운 산소의 상대적 비율이 지상 기온과 깊은 관련이 있다는 것을 알아냈습니다. 기온이 높은 해에는 눈의 질량이 컸고 기온이 낮은 해에는 상대적으로 작았습니다. 그러나 그 차이는 정말 미묘해서 질량분석기가 산소 질량의 차이를 0.00002% 정도 수준에서 구분해내야 온도계로 활용할 수 있었습니다. 포기하지 않고 이 작은 차이를 끈기 있게 구분해낸 순간 자연은

　　　　우리는 결국 지구를 위한 답을 찾을 것이다

또 한 번 우리에게 온도계를 선물한 것입니다.[17]

단스고르의 설명은 단순 명료했습니다. 기온이 높은 해는 낮은 해보다 바다나 강에서 무거운 산소(^{18}O)를 포함한 물(H_2O)이 대기 중으로 더 쉽게 많이 증발하기 때문에 이것이 다시 비로 내릴 때 채집한 빗물이 더 무거워야 한다는 것이었습니다. 여기까지는 기존 과학자들이 충분히 예상할 수 있는 사실이었습니다. 단스고르는 여기서 한 발 더 나아가 얼음덩어리를 통해 과거의 기온을 알아내는 방법을 고안했습니다. 추운 극 지역에는 눈이 꽁꽁 얼어붙어 매년 차곡차곡 쌓이므로 빙하를 얇게 썰어 그 안에 갇힌 공기 방울을 분석한다면 과거 지구의 기온 변화를 알아낼 수 있을 것이라는 생각이었습니다. 마치 에밀리아니가 유공충 껍질에 박제된 무거운 산소로 비밀을 풀어낸 것처럼 단스고르는 얼음에 꼼짝없이 잡혀버린 산소에 집중한 것입니다.

그의 생각은 적중했습니다. 그린란드에서 시추한 얼음 기둥 샘플로 산소 동위원소비를 측정한 결과, 단스고르는 해저 퇴적물에서처럼 빙하기와 간빙기를 오가며 변화해온 과거 기후 변동이 빙하에도 그대로 나타난다는 사실을 알아냈습니다. 단스고르의 연구에 고무된 고기후학자들은 과거 기후를 알아내고자 열정을 다했고, 이는 미국과 유럽을 중심으로 누가 가장 긴 빙하 코어를 얻어내느냐 하는 경쟁으로 이어졌

● 사실 이 작은 차이를 구분해내는 데는 1900년대 중반 정밀한 질량분석기 아이디어를 처음 제시한 미네소타 대학교의 앨프리드 O.니어Alfred O. Nier, 1911~1994의 역할이 컸습니다. 질량이 다른 이온화된(전자를 강제로 부착해 극성을 띠게 만든) 분자가 자기장을 통과하면 휘는 정도가 다른 것을 이용해 질량을 정밀하게 측정하는 방법을 고안해냈습니다.

2-20 사진. 우리나라 남극 장보고 기지 주변에서 연구원들이 기후변화를 연구하기 위해 빙하 시추봉을 남극 빙하에 깊숙이 박아 넣고 있는 모습. © 극지연구소

2-21 사진. 극지연구소 연구원이 2008년 그린란드 빙하 시추 국제 프로그램에서 빙하 코어(얼음 기둥)를 시추한 후 찍은 사진. © 극지연구소

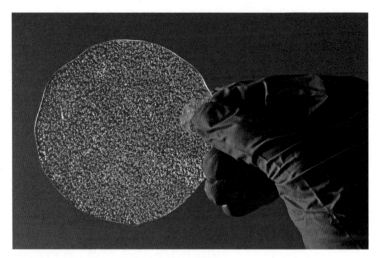
2-22 사진. 얇게 자른 빙하 코어의 단면. © Science Photo Library

습니다. 빙하 코어를 얻는 과정은 체온계를 겨드랑이에 꽂아 체온을 재는 것과 유사합니다.

가늘고 길며 속이 비어 마치 거대한 빨대 같은 모양을 한 빙하 코어 장비를 두꺼운 얼음 깊숙이 꽂아 얼음 기둥을 얻어냅니다. 그리고 얼음 기둥을 통째로 연구실로 가져와 냉동실에 보관하다가 사진과 같이 매우 얇게 잘라 녹인 후 발생하는 공기를 정밀기계로 포집해 분석해냅니다. 얇은 판으로 잘라낸 얼음을 자세히 들여다보면 미세한 공기 방울이 갇혀 있는 것을 알 수 있습니다. 즉 과거의 공기 방울을 분석해 기온을 알아내는 것입니다.

과학자들은 현재 지구에서 가장 두꺼운 얼음이 존재하는 그린란드와 남극으로 향했습니다. 2000년대 전후로 그린란드와 남극의 보스토

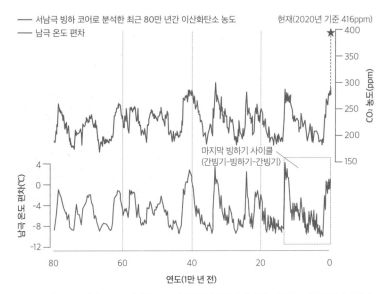

2-23 그래프. 온도 편차는 1960년에서 1990년까지의 기간 동안 정의되는 평균값으로부터의 차이를 의미한다. 박스 구간은 13만 년 전 간빙기와 이어진 마지막 빙하기, 그리고 약 1만 2,000년 전부터 시작된 마지막 간빙기(현재)로 구성된 가장 최근 빙하기 사이클의 구간을 의미한다. 남극 보스토크 얼음기둥으로부터 복원된 온도와 이산화탄소 자료 사용(미해양대기청 제공).

크 기지 등에서 길이가 무려 3km 넘는 빙하 코어를 시추했습니다. 빙하 속 얼음은 그 당시 공기를 그대로 품고 있었기에 시추한 빙하 코어로 과거 대기의 성분과 기체 농도를 알아낼 수 있었습니다. 이는 대단한 성과로 에밀리아니의 발견과는 또 다른 의미가 있었습니다. 스위스 베른 대학교의 한스 외셔Hans Oescher 연구 팀은 1982년 그린란드의 캠프 센추리, 남극의 버드 기지와 돔C에서 채취한 3개의 빙하 코어에 갇힌 공기를 분석한 결과, 마지막 간빙기의 이산화탄소 농도는 280ppm으로 마지막 빙하기의 이산화탄소 농도인 200ppm보다 80ppm 높았다

우리는 결국 지구를 위한 답을 찾을 것이다

는 것을 알아냈습니다.[18] 처음으로 빙하시대에 온실기체가 어떤 역할을 했는지 알 수 있는 소중한 자료를 얻어낸 것이었습니다.

이제 과학자들이 알아낸 과거 빙하기 시대의 온도 변화와 대기 중 이산화탄소 농도의 변화를 자세히 살펴볼까요?

빙하를 이용해 과거를 알아내기 위해서는 가능한 두꺼운 얼음을 찾아내야 합니다. 남극은 평균 두께 1.5km의 얼음으로 덮여 있고, 가장 두꺼운 곳은 5km에 이릅니다. 과학자들은 남극으로 향했고, 남극의 가장 두꺼운 얼음에서 얻어낸 빙하 코어로 약 80만 년 전까지의 기록을 복원했습니다.

앞에서 빙하시대는 260만 년 전부터 시작되었다고 설명했습니다*. 그런데 빙하시대에서도 빙하기와 간빙기가 비교적 명확하게, 약 10만 년 주기로 매우 추운 시기와 덜 추운 시기를 왔다 갔다 한 것은 최근 약 100만 년의 짧은 기간뿐입니다. 5억 년에 비해서는 너무 짧은 구간이라 1장의 〈1-11 그래프〉에서는 이 10만 년 주기의 현상이 아예 표현되어 있지 않습니다. 이 구간을 자세히 확대해서 살펴본 〈2-23 그래프〉를 보면 의심의 여지없이 빙하시대의 이산화탄소(푸른색)는 온도(붉은색)와 유사하게 변동하는 것을 알 수 있습니다. 빙하기에 이산화탄소 농도는 현재의 간빙기보다 훨씬 낮았습니다. 빙하시대에도 온실기체가 중요한 역할을 한다는 사실을 확인하는 순간이었습니다. 그런데 이때 인류는 화석연료를 전혀 사용하지 않았습니다. 그림에서 대빙

● 260만 년 전부터 현재까지를 더 세밀하게 구별해서 신생대 제4기라고 부르기도 합니다.

하기는 10만 년을 주기로 하고, 그때마다 이산화탄소 농도가 180ppm 수준으로 급격히 떨어졌습니다. 그리고 빙하기가 끝나면 이산화탄소 농도는 280ppm 수준으로 높아졌습니다. 약 100ppm 차이가 났던 것입니다. 무엇이 빙하시대의 온실기체를 조절했을까요? 사실 이 문제에 대해 과학자들은 아직까지 뚜렷한 결론을 내리지 못하고 있습니다. 그렇지만 최근 얻은 여러 연구 결과를 통해 10만 년 주기로 찾아온 대빙하기의 여러 사례에서 기본적으로 대기 중 이산화탄소 양을 조절한 것은 온도임을 확인했습니다. 즉 온도가 먼저라는 이야기입니다.

이산화탄소는 물에 잘 녹습니다. 먼저 온도가 떨어지면 대기 중 이산화탄소가 바다에 훨씬 더 많이 녹아듭니다. 이 원리는 일상생활에서도 쉽게 접할 수 있는데, 뚜껑을 딴 사이다를 실온에 보관한 경우와 냉장고에 보관한 경우 어떤 쪽이 더 맛있는지 생각해보면 금방 이해가 될 겁니다. 탄산음료의 탄산은 이산화탄소를 물에 녹인 것으로 온도가 낮을수록 더 많은 탄산이 물에 녹아들어 더욱 청량감 있는 사이다가 되는 원리지요. 빙하기에 차가워진 바다가 대기 중 이산화탄소를 훨씬 많이 흡수해 대기에 남아 있는 이산화탄소 양이 줄어든 것입니다.

빙하기에 이산화탄소 양이 감소된 것이 온도 하강 때문만은 아니라는 연구 결과들도 있습니다. 최근 한국 기초과학연구원에서 수행한 고기후 연구에서는 빙하기에 남극 빙하가 넓게 확장되면 이산화탄소가 남극해 바닥에 더 많이 갇히게 되어 대기 중으로 빠져나올 수 없어 대기 중 이산화탄소 양을 크게 감소시킬 수 있음을 밝혔습니다.[19]

지금까지 설명한 모든 과정을 한데 이어 붙여보면 지구가 어떻게 빙하기로 접어들었는지 설명이 가능합니다. 먼저 천체운동의 변화로 인해 북반구 고위도 지역에서 일사량이 감소해 온도가 떨어집니다. 급기야 얼음이 생기고 빙산이 생겨나면 햇빛을 더 많이 반사하면서 지구 온도가 더 떨어지고, 남극의 빙하로까지 확장됩니다. 북반구 해빙$^{sea-ice}$보다 넓게 확장된 남극의 해빙이 마개처럼 바다를 덮어 이산화탄소가 바다에 갇히면 대기 중 이산화탄소 농도가 더 떨어집니다. 그러면 바닷물 온도도 떨어지면서 수증기의 증발이 적어지고, 온실효과는 더욱 감소해 지구의 온도는 더 떨어집니다. 물론 여러 논란도 있고 설명이 불충분한 점도 있지만 충분히 그럴듯한 얘기지요?

해양의 컨베이어 벨트로
급격한 기후변화를 설명하다

○ 　　기후변화의 원리는 단순합니다. 다시 한번 말하자면, 지구가 받아들이는 햇빛의 양과 대기 중 온실기체의 양이 전부라고 해도 과언이 아닙니다. 그러나 늘 그렇듯 대원리는 단순하지만 이 원리에 따라 지구에서 다양한 형태의 온도 변화가 나타났습니다. 태양의 밝기가 달라진다든지, 화산이 폭발해 이산화탄소가 대기에 유입된다든지, 대륙끼리 충돌해 생긴 산맥이 공기 흐름을 상승시켜 비를 뿌려 이산화탄소가 씻겨나간다든지 등 다양한 형태로 기후를 바꾸고 지구의 온도를 변화시켰던 것입니다. 빙하시대에는 특히 지구 온도, 온실기체 양, 햇빛 양이 서로 복잡하게 얽혀 영향을 주고받으면서 신기한 리듬을 만들어냈습니다.

빙하시대의 리듬을 자세히 살펴보면 빙하기에서 간빙기로 접어들 때는 비교적 짧은 수천 년 정도에 전이가 일어났다는 것을 알 수 있습니다. 특히 비교적 온화한 간빙기의 경우 머무르는 시기가 비교적 짧아 약 1만 년의 간빙기 이후에는 다시 빙하기로 접어들고 수만 년 이상 빙하기에 머무릅니다. 빙하기가 끝없이 지속될 것 같다가 갑자기 남극의 온도가 10℃ 가까이 올라가면서 간빙기로 접어듭니다*. 이러한 급격한 온도 상승**에 대해 과학자들 간에 이견이 있지만 한 가지는 분명했습니다. 급격한 온도 변화는 밀란코비치가 주목한 일사량의 변화만으로는 설명되지 않는다는 것이었습니다. 그러기에는 천체의 움직임은 너무 서서히, 그리고 부드럽게 변화했기 때문입니다. 또다시 많은 과학자를 사로잡는 흥미로운 문제가 등장한 것이었습니다. 이 문제에 대한 해답의 실마리를 제공한 사람은 월리스 S. 브로커Wallace S. Broecker, 1931~2019입니다.

1980년대 중반에 브로커는 자신과 다른 사람들의 연구를 바탕으로 세계 해양 순환의 장대한 그림을 합성했습니다. 그는 이를 '그레이트 오션 컨베이어'라고 불렀습니다. 간단히 말해 남태평양에서 인도양으로 흐르는 따뜻하고 얕은 물의 광대한 강으로 아프리카를 둥글게 하고 대서양을 통해 북쪽으로 향합니다. 북극의 차가운 물에 닿으면 물이 식어 북유럽 근처에서 가라앉습니다. 거기에서 심연을 통과해 태평양으로 돌아와 따뜻해지고, 상승하고, 사이클을 다시 시작합니다. 브로커는 이 거대한 바닷속 흐름으로 인해 한 곳에서 다른 곳으로 방대한 양의 열이 이동하여 지구 기후를 조절할 수 있다고 주장했습니다.[20] 마치 혈액이 몸 여기저기를 순환하듯 지구 곳곳을 흐르는 거대한 강과 같은

- 한 가지 주의할 점은 앞의 〈2-23 그래프〉에서 우리가 보고 있는 것은 남극의 온도이기 때문에 전 지구 평균온도는 그래프상 온도 변화 폭의 절반 정도라고 생각하면 됩니다.
- ●● 그렇다고 해도 과학자들은 이 시기 급격하게 온도가 상승하는 데 수천 년 정도 걸렸을 것으로 추정합니다.

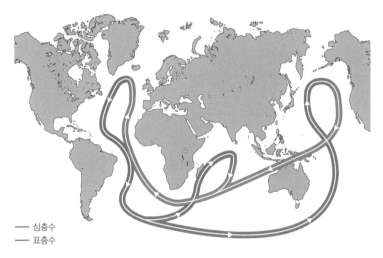

— 심층수
— 표층수

2-24 그림. 해양 컨베이어 벨트 모식도.

흐름이 존재한다고 생각했던 것입니다. 이 흐름은 따뜻한 적도 지역의 물을 극 지역으로 옮겨주는 열펌프와 같아서 이것이 고장 나면 순환이 되지 않아 적도 지역은 더 뜨거워지고 극 지역은 더욱 추워지는 현상이 일어난다고 보았습니다.

브로커는 컨베이어가 갑자기 작동하고 멈추면서 급격한 기후변화를 불러올 수 있다는 기발한 아이디어를 내놓았습니다. 해양 열 순환의 변화가 기후를 바꿀 수 있다고 브로커 이전에 많은 과학자가 주장한 바 있습니다. 그러나 기존 과학자들은 이러한 변화에 수천 년이 걸릴 것이라고 주장한 반면, 브로커는 수십 년간 이어진 해양 변화에서 급격한 기후변화가 초래될 수 있다고 주장한 것입니다. 그 증거로 그는 약 1만 2,000년 전 유럽과 다른 지역의 기후가 온화해졌다 급격하게 빙하기로 돌아갔다는 사실을 지적했습니다. 온난화로 북미 빙상이 일부 붕괴되어 컨베이어 위로 소금물보다 무척 가벼운 담수가 한꺼번에 쏟아져 들어왔고 이로 인해 물이 가라앉지 않아 벨트가 작동을 멈췄다는 것이 브로커의 주장이었습니다. 그는 현대 인류가 '통제되지 않은 실험'과도 같은 화석연료를 사용함으로써 이와 유사한 급격한 기후변화를 초래할 수 있다고 경고했습니다. 브로커는 현 상황을 "기후 시스템은 화난 짐승이고 우리는 그것을 막대기로 찌르고 있다"라고 표현했습니다. 브로커의 주장은 2004년 개봉한 영화 〈투모로우〉에 녹아들었습니다. 영화에서는 그의 아이디어가 다소 과장되게 표현되긴 했지만요.

기후학자들은 오늘날 기후변화 속도가 얼마나 빠른지를 두고 여전히 논쟁을 벌이고 있습니다.

인류, 추위와 싸우며 점점 더 똑똑해지다 🌐

○   빙하시대를 지배한 자연의 원리를 살펴보면 자연이 정교한 기계처럼 작동하는 듯한 느낌을 받습니다. 시계 톱니바퀴처럼 정교하게 작동하는 자연의 기계적 움직임에 인류는 전혀 개입하지 않고 여러 번의 빙하기와 간빙기를 거쳐왔습니다.

인류가 출현한 시기는 확실히 밝혀지지 않았으나 적어도 '직립 인간'이라는 뜻인 호모에렉투스가 200만 년 전쯤 나타났으니 인류의 진화 과정은 기나긴 빙하시대에서 살아남기 위한 추위와 싸운 과정이었다고 해도 과언이 아닙니다. 원시인류가 탄생한 이래 인류는 적어도 열 번이 넘는 큰 기후변화를 겪었습니다.

다음 장에서 자세히 이야기하겠지만, 지구 온도는 산업혁명 이래로 1℃ 상승했습니다. 그에 따라 알프스의 빙하가 빠르게 녹아내리고 북극의 얼음이 반 이상 사라졌습니다. 그리고 전 세계가 기록적인 폭염과 가뭄 등 극단적인 이상기후를 겪고 있습니다. 지구 온도 1℃ 상승의 위력이 이 정도인데, 지구 평균온도가 지금보다 5℃나 낮았던 세상은 어땠을까요? 상상만 해도 끔찍합니다.

우리는 결국 지구를 위한 답을 찾을 것이다

그러나 놀랍게도 인류는 이러한 시기를 10번이나 잘 넘겨왔습니다. 끈질긴 생명력이 아닐 수 없습니다. 그러고는 비로소 현생인류인 호모 사피엔스가 약 20만~15만 년 전에 열대기후인 아프리카에서 빠르게 퍼져나갔고, 약 10만 년 전부터 시작된 마지막 빙하기에는 전 세계로 삶의 터전을 넓혀 지구를 지배하기에 이르렀습니다.[21]

인류는 빙하기를 극복할 때마다 더 똑똑해졌습니다. 그리고 마침내 더 이상 추위에 치명타를 입지 않을 정도로 지능이 발달해 도구와 옷, 불을 능숙하게 다루며 혹한을 이겨냈습니다. 역설적이지만 인류는 충격적인 기후변화를 이겨내면서 마지막 빙하기가 막을 내릴 무렵 역사상 최고의 혁신으로 손꼽히는 농업혁명을 이루어냈습니다. 그리고 화석연료에 기반한 산업혁명에 성공해 폭발적인 속도로 문명을 발전시켜나가고 있습니다.

주류 인류학자들은 인류가 빠른 속도로 진화하고 특히 뇌가 커지면서 도구와 언어를 사용하게 된 것이 바로 혹독한 환경 때문이라고 얘기합니다. 이렇게 혹독한 시련의 드라마를 써왔지만 우리는 여러 번의 빙하기와 간빙기를 거치면서 단련되고 진화해왔다는 사실을 까마득하게 잊고 지내고 있습니다. 그리고 수백만 년 동안 이어져온 정교한 기계장치 같은 빙하시대의 수상한 리듬에 불협화음을 만들어내고 있습니다. 인류문명을 비약적으로 발전시킨 화석연료 사용이 지구를 무섭게 덥히기 시작한 것입니다. 현재 추세대로 화석연료를 계속 사용한다면 머지 않은 미래에 지구는 지금까지의 규칙적인 리듬으로 연주되던 빙하시대라는 음악을 끝내고 얼음이 존재하지 않던 지구 상태로 다시 돌아

갈지도 모릅니다. 6,000만 년 전 남극의 얼음이 존재하지 않고 거대한
육식공룡이 살던 시대로 말입니다.

우리는 결국 지구를 위한 답을 찾을 것이다

제3장.

인류, 지구에 무슨 짓을 하고 있는 걸까?

우리는 지구에
무슨 짓을 하고 있을까?

지금까지 살펴본 지구 기후변화의 역사, 어떻습니까? 대부분의 독자는 상상을 초월할 정도로 드라마틱한 기후변화의 역사에 조금 놀랐으리라 생각합니다. '과거에는 저렇게 온도 변화 폭이 심했는데 지구 온도가 몇 도 올라가는 게 무슨 문제가 있겠어?' 하고 생각할 수 있습니다. 그런데 여기서 기억해야 할 중요한 사실은 이러한 변화무쌍한 지구 기후변화 중 대부분은 인간이 전혀 겪어보지 못했다는 점입니다. 인류는 지구의 기후가 큰 변화 없이 안정된 최근 약 1만 년 정도의 시기에 찬란한 문명을 꽃피웠습니다.

마지막 빙하기의 기나긴 추위가 지나가고 약 2만 년 전부터 기온이 상승해 간빙기가 시작되었지요. 그런데 이번 간빙기는 지난 간빙기와는 달랐습니다. 이상하리만치 안정되고 따뜻한 기후가 오래 지속된 것입니다. 이 기간 지구의 평균온도는 작은 폭으로 출렁거렸고, 인류의 삶에 큰 영향을 미치는 해수면 역시 매우 안정적이어서 아주 조금씩 상승했습니다. 최근 약 100만 년 동안 일어난 롤러코스터 같은 급격한 온도 변동을 감안할 때 이는 정말 기이하다고 하지 않을 수 없습니다. 마치 지금껏 10번이 넘는 빙하기를 거치며 혹독한 자연환경과 싸워온 인

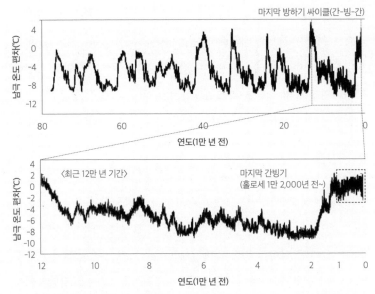

3-1 그래프. 마지막 빙하기 사이클에 해당하는 최근 12만 년간의 온도 변화. 남극 보스토크 얼음기둥으로부터 복원된 온도 자료 사용(미해양대기청 제공).

류를 위해 지구 혹은 신이 축복을 내려준 게 아닐까 싶을 정도입니다. 너무 이상한 나머지 상상력과 아이디어가 풍부한 루디먼 같은 과학자는 이렇게 오랜 기간 따뜻한 간빙기가 지속된 것이 자연의 작품이 아니라 인류의 개입 때문이라는 대담한 가설을 세웠습니다. 약 8,000년 전 인류 문명에 농경을 도입한 이후 지구 토양의 많은 면적이 논으로 바뀌었고, 축축하고 양분이 많은 땅에서 활발히 활동하는 토양미생물이 메탄을 대기 중으로 쏟아냈습니다. 루디먼은 인류가 농경 생활을 시작하면서 급증한 메탄에 주목했습니다.[1]

루디먼의 가설이 사실인지 여부에 대해서는 과학자들의 의견이 분분합니다. 다만 루디먼의 가설에는 한 가지 큰 문제가 있는데, 바로 농업으로 인한 온실기체 배출량이 산업혁명 이후 산업 활동으로 인한 온실기체 배출량에 비해 너무 적다는 것입니다.[2] 사실 루디먼의 가설이 맞는다면 인류의 능력을 과소평가한 것이 됩니다. 농경 활동만으로도 인류는 빙하기 진입을 막을 정도로 막강한 힘을 갖고 있었다는 것이 되기 때문입니다.

어찌 되었건 인류는 이 축복받은 안정적 기후를 최대한 활용해 농사를 짓고 해안가에 도시를 건설하고 고도의 문명사회에 걸맞게 생산성과 효율이 더 높은 에너지원을 찾았습니다. 그래서 손을 댄 것이 화석연료였습니다. 땅속과 바다 밑바닥에는 고농도로 농축된 에너지가 수억 년 동안 잠자고 있었습니다. 인류는 문명을 초고속으로 발달시키기 위해 금단의 에너지원인 화석연료에 손을 댄 것입니다. 화석연료는 사실 운동선수들이 사용하면 안 되는 스테로이드 같은 존재인데, 인류는 이를 활용해 엄청난 속도로 문명을 발달시켰습니다. 현대 문명을 유지하려면 점점 더 많은 에너지가 필요하고, 살기 좋은 세상에서 폭발적으로 수가 늘어난 사람들은 부유해지면서 더 많은 에너지가 필요한 삶을 살게 되었습니다.

문제는 인간이 에너지를 사용할수록 부산물인 온실기체는 지구가 현재 온도를 유지하기 위해 반드시 우주로 발산해야 할 에너지를 붙잡아 지구의 온도를 점점 더 높이는데, 인류가 이 사실을 깨달은 것은 그리 오래되지 않았다는 사실입니다. 모든 것은 산업혁명이 시작되고 난 지 불과 200년 만에 벌어진 일입니다. 인류는 도대체 지구에서 무슨 짓을 벌이고 있는 걸까요?

인류는 과거 지구를 지배한 생물들과는 매우 다릅니다. 자연에 없던 것을 창조하거나, 자연을 자신들의 삶에 맞게 파괴하고 변형합니다. 이를 다른 말로 '문명'이라고 부릅니다. 건물이나 도로, 다리 같은 인프라라는 물론 농장이나 광산처럼 사람의 손길을 거쳐 변형된 자연, 쓰다 버리거나 수명이 다한 폐기물, 농작물이나 가축 등 살아 있는 것들이 모두 문명의 산물이거나 부산물입니다.

인간이 창조한 이런 인공물을 모두 합쳐놓으면 얼마나 무거울까요? 영국 레스터 대학교 연구진이 이런 별난 계산을 해본 결과, 인간이 만들어낸 인공물의 총량은 30조 톤에 이르는 것으로 추정됩니다.[3] 고도로 발달한 인류 문명은 엄청난 인구수의 증가를 가져왔습니다. 지금 인구수는 앞서 지구상에 존재한 모든 대형 육상 척추동물 수를 합친 것보다 2배 이상 많습니다.[4] 산업혁명 이전과 비교했을 때 인구수가 10배나 불어났습니다. 단 200년 만에 말입니다. 문제는 고도로 발달한 인류 문명이 만들어낸 인공물이 대부분 자연으로 돌아가지 않고 오랜 기간 잔류물이나 폐기물로 지구 어딘가에 흉물스럽게 남아 있다는 것입니다. 폐타이어의 산이나 쓰레기 산처럼 말입니다. 인간이 모여 사는 곳이라면 어김없이 존재하는 거대한 쓰레기 매립지는 혹시 우리 인류가 멸종하더라도 인류의 존재를 증명할 것입니다. 땅 밑에서 수천 년 아니 수만 년이 지나도 썩지 않는 플라스틱 더미로 말이지요.

개인의 부를 축적하는 데 혈안이 된 인류는 문명의 아이콘인 우뚝 솟은 빌딩과 마천루를 뽐내는 도시가 얼마나 많은 양의 썩지 않는 쓰레

3-2 사진. 아시아 최대 규모의 쓰레기 산이 되어버린 인도네시아 수도 자카르타 인근 반타르 게방(Bantar Gebang) 쓰레기 매립지. © 22Kartika(wikimedia)

기 더미를 만들어내고 지구를 병들게 하는지 고민하는 데는 몹시 인색합니다.

　이런 의미에서 인류의 발길이 닿은 곳이면 어디에든 존재하는 인공 부산물은 새로운 지질학적 개념인 인류세Anthropocene를 정의하는 데 안성맞춤입니다.[5] 1만 년 전 농경문화로 시작된 홀로세와는 다른 플라스틱 지층이 생겨날 정도니까요. 실제로 인류의 시대, 즉 인류세를 지질학적 관점에서 도입해야 한다고 주장하는 학자들이 있는데, 이들은 인류세를 대표하는 물질로 방사성물질, 대기 중 이산화탄소, 플라스틱, 콘크

리트 등을 꼽습니다. 한 해 무려 600억 마리가 소비되는 치킨에서 나오는 뼈를 인류세의 최대 지질학적 특징으로 꼽는 사람들도 있습니다. 인류세에 우리가 변화시키고 있는 것에 대해 좀 더 자세히 살펴볼까요?

춥지도 덥지도 않은 딱 좋은 세상

○ 　　골디락스의 미지근한 수프 이야기를 들어본 적이 있나요? 〈골디락스와 곰 세 마리〉라는 유명한 영국 전래 동화에 나오는 이야기입니다.

"숲속에서 길을 잃고 헤매던 금발 소녀 골디락스는 빈 오두막을 발견합니다. 사실 이 오두막은 잠시 외출한 곰 세 마리가 살던 집이었지요. 오두막 안 식탁 위에는 방금 끓여서 매우 뜨거운 아빠 곰의 수프, 식어서 차가워진 엄마 곰의 수프, 뜨겁지도 차갑지도 않아 먹기에 적당한 아기 곰의 수프가 있었습니다. 몹시 배가 고팠던 골디락스는 자신에게 꼭 맞는 아기 곰의 의자에 앉아 아기 곰의 수프를 먹은 후, 아기 곰의 침대에 누워 잠에 빠져듭니다."

UCLA의 수석 경제학자 데이비드 슐먼David Shulman은 경기 침체를 우려할 만큼 냉각되지도 않고 그렇다고 과열되지도 않은 딱 좋은 경제 상황을 빗대어 골디락스 경제라는 표현을 썼으며, 이는 미국인 사이에서 일상생활에서도 적당한 상황을 표현할 때 많이 쓰였습니다.[6] 길고 긴 지구의 역사를 들여다보면 지금 우리가 누리고 있는 안락하고 안정된

우리는 결국 지구를 위한 답을 찾을 것이다

기후를 설명하는 용어로 골디락스보다 정확한 것은 없습니다.

앞에서도 언급했듯 10억 년 전 온 세상은 얼음에 덮여 태양 에너지를 모두 반사했으며, 6,500만 년 전에는 대기 중 이산화탄소가 지금보다 6~7배나 더 많았습니다. 이때는 극지방에도 열대우림이 펼쳐졌으며, 대기 중 지나치게 많은 이산화탄소를 식물이 과잉 섭취하는 바람에 나무의 키가 커져 공룡도 덩달아 덩치가 커졌다는 설도 있습니다. 확실히 사람이 살기엔 너무 과하죠?

좀 더 가까운 과거를 살펴보면 약 10만 년 동안 인류는 수십 번의 빙하기와 간빙기를 거쳤습니다. 현재 우리가 살고 있는 이 골디락스의 시기는 지질학적으로 홀로세*라고 불립니다. 사실 인류는 약 1만 년 전에 끝난 마지막 빙하기 이후 45억 년 지구 역사를 비추어 볼 때 더없이 포근하고 안정적인 기후에서 살고 있었습니다.

이러한 따뜻한 기후 덕에 인류의 4대 문명인 메소포타미아 문명, 이집트 문명, 인더스 문명, 황허 문명이 발달했습니다. 이들 고대 문명의 공통점은 모두 큰 강 주변에서 발달했다는 것입니다. 흥미로운 사실은 이 모든 문명이 마치 약속이나 한 듯 약 6,000~7,000년 전부터 급격히 발달하기 시작했다는 점입니다. 이 시기는 마지막 빙하기 이후 해수면 상승이 멈춘 시기와 정확히 일치합니다. 어찌 보면 당연한 것이 아무리 비옥한 강 하구의 땅이라도 해수면이 상승해 범람한다면 오랫동

● 　홀로세Holocene는 약 1만 년 전부터 현재까지의 지질시대를 말합니다. 충적세沖積世 또는 현세現世라고도 부릅니다. 지질시대의 마지막 시대 구분입니다.

안 정착할 수 없을 테니까요. 여기에서 해수면을 더 이상 상승시키지 않음으로써 인류 문명 발달에 미친 대자연의 지대한 영향력을 엿볼 수 있습니다.

여기까지가 과학자들이 보편적으로 생각하는 골디락스 지구 이론입니다. 인류가 혹독한 마지막 빙하기를 이겨낸 후 지금까지 서서히 따뜻해지고 살기 좋아진 기후 덕에 찬란한 문명을 이루어낸 것으로 보는 것이죠. 이렇게 안정적인 기후는 해수면의 변동을 최소화했는데, 이 말은 바닷가의 해안선이 안정적으로 유지된다는 뜻이지요. 이것은 인류의 삶을 크게 변화시켰습니다. 인류는 원래 식량이 풍부한 해안가에서 사는 것을 좋아했지만 잦은 범람과 해일 때문에 늘 이곳저곳으로 옮겨 다녀야 하는 신세였지요. 그런데 안정적인 기후로 1만 년에 가까운 세월 동안 해안선이 변하지 않아 한곳에 정착해 농경 생활을 할 수 있게 된 것입니다. 무려 1만 년 동안이나 말이지요. 이는 인류에게 최고의 축복이었습니다.

루디먼의 말처럼 놀랍게도 인류가 농업혁명을 통해 지구가 빙하기로 진입하는 것을 스스로 막아왔는지 아니면 인간과는 무관하게 이상하리만치 오래 지속된 따뜻한 기후가 농경 기술을 선물해준 건지 알 수 없습니다. 그렇지만 우리 조상들은 비로소 수렵 생활에서 벗어나 농경 생활과 함께 한곳에 정착하고, 세대를 거쳐 지혜와 지식을 전수해 찬란한 문명을 꽃피웠습니다. 이전 간빙기에서는 따뜻한 시기가 너무 짧아 척박한 자연환경을 극복하느라 문명을 꽃피울 여유가 없었겠지요. 맹수들 틈바구니에서 하루하루 버티는 것 자체가 대단한 일이었던 시대니까요. 드디어 마지막 간빙기가 되어서야 인류에게 축복과도 같은 골디락스 기후가 찾아왔고, 이렇듯 우월한 존재로 성장해왔습니다. 산업혁명이 시작되기 이전까지 이야기입니다.

인류, 화석연료에 눈뜨다

인류는 대자연에 화답하듯 홀로세의 온화한 기후 속에서 석기시대, 철기시대를 거치며 문자를 발명하고 찬란한 문명을 꽃피웠습니다. 대부분의 시기를 인간의 근육, 동물의 근육, 나무나 작물을 태우는 기본적 형태의 에너지에 의존해 매우 느리게 문명을 발전시켜오던 인류는 어느 날 갑자기 깊은 땅속에 버려져 있는 석탄과 석유가 자연이 빚어낸 최고의 에너지원이라는 사실을 깨달았습니다.

석탄은 쉽게 말해 오래전 거대한 숲이 세월이 지나 땅속에서 화석화되면서 탄소 덩어리로 변한 것이지요. 그렇다면 숲은 어떻게 거대한 탄소 덩어리를 축적했을까요? 바로 햇빛과 물을 이용한 식물의 광합성 때문입니다. 태양에너지의 힘으로 대기 중 이산화탄소를 붙잡아 흡수해 자신의 몸집을 차근차근 불렸지요. 그러므로 따지고 보면 이 거대한 석탄층은 화석화된 햇빛과 같습니다. 따라서 석탄은 자연이 지구를 덥히는 가장 중요한 태양에너지를 효율적으로 농축해 땅속에 저장해놓은 것이나 다름없지요. 루이스 다트넬의 《오리진》에도 "석탄은 햇빛이 화석화한 것이다"라는 말이 나옵니다.[7] 인류가 이 에너지를 사용하면

우리는 결국 지구를 위한 답을 찾을 것이다

반대로 농축된 카본 덩어리가 환원되어 대기 중 이산화탄소로 돌아가는 것은 당연한 이치입니다.

석탄을 사용하면서 발전 속도에 가속이 붙은 인류 문명을 폭풍처럼 단숨에 성장시킨 건 바로 증기기관이었습니다. 아무리 석탄이 효율 높은 에너지원이라고 해도 인류가 이것을 인간과 가축의 숫자를 늘리고 근육의 힘을 키우는 등 원초적 생산력을 높이는 데만 사용했다면 한계가 있었겠지요. 인류는 석탄의 에너지 효율을 극대화하는 기계장치를 개발했습니다. 바로 증기기관입니다. 증기기관은 석탄을 태울 때 나오는 열에너지를 운동에너지로 전환해 일을 할 수 있는 기계였습니다. 그러나 여기서 끝이 아닙니다. 우리가 잘 알고 있는 증기기관의 아버지 제임스 와트는 기존 증기기관의 열효율을 획기적으로 개선해 최초로 대중화된 증기기관을 발명하고 특허를 획득했습니다. 사실 제임스 와트가 증기기관을 개발한 것은 탄광의 배수 문제를 해결하기 위해서였지요. 석탄이 목재 대신 주 에너지원으로 자리 잡아가던 때, 영국에는 큰 문제가 생겼습니다. 석탄을 캐기 위해 땅을 점점 깊이 파 내려가는 과정에서 광산에는 어김없이 지하수가 침투했는데요. 이때 차오르는 물을 퍼내고 채취한 석탄을 지상으로 수송하는 수단이 마땅치 않았던 것입니다. 제임스 와트가 만든 증기기관은 이 문제를 단번에 해결해 주었습니다.

그때부터 기술은 폭발적인 발전을 거듭합니다. 증기기관으로 더 많은 석탄을 채굴하면서 제련소에서 더 많은 철을 생산할 수 있었고, 이로 인해 더 많은 증기기관이 탄생했으며, 다시 더 많은 석탄을 채굴할 수 있었습니다.

인류의 전례없이 강력한 에너지 공급원이 완성된 순간입니다. 인류는 발밑에 숨겨져 있던 석탄을 발견해 이 멋진 신세계를 건설한 것입니다. 그러고는 스스로 지구의 운명을 바꿀 수 있는 우월한 존재가 되어 이 아름다운 행성의 지배자가 되었습니다.

환경에 적응하며 살아남기 급급했던 인류가 지구의 운명을 좌지우지할 만한 존재가 된 것은 깊은 땅속에 비밀스럽게 봉인되었던 화석연료의 사용법을 알아낸 후부터였습니다. 화석연료 사용에 기반한 인류의 산업혁명은 인류세의 서막이었습니다. 이때까지만 해도 인류는 화석연료가 인류에게 많은 부를 가져다주는 대신 부르주아와 노동계급의 출현을 비롯한 사회 갈등, 불평등의 심화, 그리고 대기질 악화를 불러올 것이라 생각하지 못했습니다. 사실 1900년대 중반까지만 해도 대부분의 사람들은 산업혁명과 기술 진보가 지구에 큰 영향을 미치리라고는 상상하지도 못했습니다. 인류의 힘을 과소평가했던 것이지요. 시민들은 공장에서 피어오르는 연기를 보면서 단지 일자리가 증가하겠다는 생각으로 즐거워했습니다.

제2차 세계대전이 끝나고 산업국가들의 경제가 급성장하면서 사람들의 기대 수명이 늘어났습니다. 변화가 시작되었고 인식이 바뀌기 시작했습니다. 빈곤에 대한 걱정이 줄어들고 건강에 대한 우려가 증가했지요. 의사와 과학자도 대기오염의 위험성을 대중에게 각인시켰습니다. 1953년 런던을 뒤덮은 스모그는 대기오염이 불과 며칠 만에 수천 명의 목숨을 앗아 가며 인간이 스스로 바꾸어놓은 대기가 치명적인 위협으로 되돌아올 수 있다는 걸 깨닫게 했습니다.[8] 인류는 화석연료가 자연이 선물한 골디락스의 균형을 파괴할 수도 있는 엄청난 존재라는 사실을 서서히 깨달았습니다.

인류세의 시작

    2000년 2월 멕시코에서 열린 지구환경 관련 학회에서 파울 크뤼첸^{Paul J. Crützen, 1933-2021}•은 다음과 같이 말했습니다. "산업혁명 이후 우리는 이제 인류세••에 살고 있음을 선언합니다."[9] 인류세란 인류를 뜻하는 'anthropos'와 시대를 뜻하는 'cene'의 합성어로, 인류가 빚어낸 지질시대에 살고 있음을 선언한 역사적 순간입니다. 산업혁명이 시작되었을 때만 해도 인류에게 기후는 적응해야만 하는 대상이지 바꿀 수 있는 대상은 아니었습니다. 이후 인간은 사용하기 편리하고 효율이 좋은 에너지원인 화석연료를 발견하면서 지구의 나이에 비하면 찰나의 순간에 엄청난 기계문명을 이룩했습니다. 인구는 급격히 증가했고 지구의 기후는 빠르게 바뀌었습니다. 상상도 할 수 없는 일이 현실이 된 것이지요.

●   오존층 파괴가 프레온가스 때문임을 처음으로 밝혀 노벨상을 수상했습니다.

●●   인류세는 파울 크뤼첸이 2000년에 홀로세(현세) 중 인류가 지구환경에 큰 영향을 미친 시점부터 분리해서 명명하자고 제안한 지질시대입니다. 정확한 시점은 합의되지 않았지만 대기의 변화를 기준으로 할 경우 산업혁명이 그 시점이 됩니다.

인류가 인류세로 진입하는 과정에서 일어난 중요한 사건을 10배속으로 살펴볼까요? 인류의 삶을 송두리째 바꿔놓은 산업혁명은 18세기 말 영국에서 시작되었습니다. 화석연료라는 효율 높은 에너지와 증기기관이라는 새로운 기계 동력의 결합은 인류가 결코 상상할 수 없었던 생산력의 증가를 불러왔고, 이는 16세기 이후 영국을 중심으로 한 유럽에서 산업혁명과는 무관하게 태동하던 자본주의에 기름을 부었습니다. 이후 인류는 기하급수적인 부를 축적하면서 기계문명을 더욱 정교화해나갔습니다.

한편 가난하지만 생산과 소비를 겸했던 대다수의 농민은 석탄을 캐는 인력이 더 많이 필요해지면서 광부가 되었고, 이때부터 세상은 노동자와 사용자 계급으로 이분화되었습니다. 이에 반기를 든 사람들을 대변하는 사회주의 사상이 생겨나 극단적인 대치가 이어지며 혼란이 빠르게 번져갔습니다. 결국 20세기 초반에 세계대전이 인류의 역사를 잠식합니다. 수많은 전투기와 탱크가 화석연료로 움직인 걸 생각하면 세계대전 역시 화석연료에서 시작된 것이나 마찬가지라 할 수 있습니다.

제2차 세계대전이 끝나고 사람들이 미래에 대해 비관적으로 생각한 것과 달리 세계는 놀랍도록 빠르게 안정을 찾아갔습니다. 인류가 화석연료의 힘을 세상을 파괴하는 데 쓰는 게 아니라 윤택하게 만드는 데 활용했기 때문입니다. 화석연료가 기계를 점점 더 효율적으로 작동하도록 했고 퍼스널 컴퓨터, 인터넷, 휴대폰 등 인류의 삶을 획기적으로 발전시킨 수많은 문명의 이기가 탄생했습니다. 결국 더욱 살기 좋아진 세상에서 인구수는 빠르게 증가했습니다. 사실 많은 문헌에서 산업혁명 이후 이루어진 변화 속도를 다소 과장되게 묘사하는 경향이 있습니다. 산업혁명이 시작된 유럽 대륙에서도 1850년까지는 그 영향이 몇몇 지역에만 국한되어 있었습니다. 이 시기 유럽 이외 지역의 산업화는 미국을 제외하면 거의 진행되지 못했습니다. 20세기에 들어서도 독일에서조차 인구의 3분의 1은 농부였으며, 동유럽과 남유럽 대부분의 지역은 실질적으로 산업과 무관했습니다.[10]

산업화의 물결이 가속화된 것은 제2차 세계대전이 끝난 직후였습니다. 화석연료를 통해 얻은 강력한 힘으로 역사상 가장 많은 인류의 목숨을 빼앗고, 가장 많은 파괴를 자행한 끔찍한 대전쟁은 1945년 8월 6일 히로시마 시민 15만 명의 목숨을 단숨에 앗아 간 버섯구름을 끝으로 막을 내렸습니다. 이후 세계는 냉전 시대에 돌입했습니다. 서로의 힘이 얼마나 파괴적인지 잘 알고 있던 미국과 소련은 핵보유국이 하나둘 늘어가는 데 위협을 느껴 1963년 핵실험 금지 조약을 체결했고, 이를 계기로 인류는 절묘한 균형을 맞추며 역사상 가장 평화로운 시기에 돌입합니다. 바로 진정한 인류세가 시작된 것이지요.

산업혁명 이후 지구의 연평균온도 변화 추이 그래프를 보면 지구의 온도가 가파르게 상승하기 시작한 것은 그리 오래되지 않았다는 사실을 알 수 있습니다. 지구온난화 하면 산업혁명 이후 지구가 끊임없이 뜨거워진 현상이라고 알고 있는 사람이 많을 것입니다. 그러나 그렇지 않습니다. 이 부분이 인간이 만들어내는 지구의 기후변화를 이해하는 데 정말로 중요합니다. 온도 상승이 뚜렷하게 감지되는 것은 1960년대 후반 들어서입니다. 그림에서 보면 명확하게 알 수 있지요? 그 이전 구간

우리는 결국 지구를 위한 답을 찾을 것이다

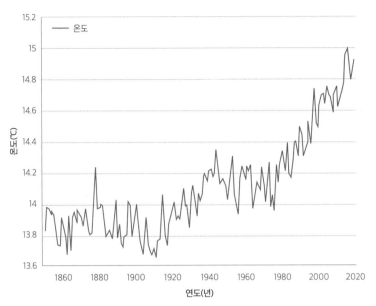

3-3 그래프. 산업혁명 이후 지구의 연평균온도 변화 추이(1850~2019년). 출처: NASA

에서는 오히려 산업혁명이 시작된 1800년대 후반에 온도가 떨어지다가 1900년 초반에 온도가 크게 상승했습니다. 그 이후 1940년대부터 다시 온도가 정체되었네요. 분명한 것은 제2차 세계대전 이후 지구 온도가 급상승했다는 점입니다. 이것이 우연의 일치일까요? 가장 평화로운 시기에 가장 무서운 위험이 다가오는 법이지요. 지금부터 인류세의 실상을 소개하겠습니다.

대가속

세계적인 심리 인지학자 스티븐 핑커 교수는 2011년 저서 《우리 본성의 선한 천사 : 인간은 폭력성과 어떻게 싸워왔는가》에서 지금이 바로 인류 역사상 가장 평화로운 시기임을 다양한 자료 분석을 통해 주장한 바 있습니다.[11] 앞에서도 언급했듯 제2차 세계대전이 끝난 후 핵무기 사용에 대한 두려움으로 국가 간 전쟁이 줄어들었고, 공산주의 정권이 붕괴한 다음 새로운 평화 시대로 돌입했다고 봤습니다. 대기중 이산화탄소의 농도가 급증한 것은 바로 이때부터였습니다. 인류는 화석연료의 매력에 빠져 점점 더 많은 화석연료를 뽑아냈습니다. 이 시기 화석연료를 가장 많이 배출한 나라는 미국과 유럽이었습니다.

기후학자들마다 다른 의견을 내고 있지만 1950년대 혹은 1960년대 중반 이후를 인류세의 시작으로 보는 견해가 많습니다.[12]

루이스와 마슬린은 논문에서 1963년 핵실험 금지 조약을 맺은 이듬해인 1964년을 가장 타당한 인류세의 원년 후보로[13] 갑자기 무슨 뜬금없는 얘기냐고 생각할지 모르지만, 지질시대를 나누기 위해서는 지층에 반드시 뚜렷한 기록이 남아야 하는데, 그들은 제2차 세계대전 이후

우리는 결국 지구를 위한 답을 찾을 것이다

3-4 그래프. 핵실험 이전 ¹⁴C(탄소의 방사성 동위원소) 수준을 100%로 두었을 때의 대기 중 ¹⁴C 농도 변화. 핵실험 금지 조약이 체결된 1963년 이후 급격히 농도가 감소했다. Lewis and Maslin(2005)에서 수정.

열강을 중심으로 벌어진 무분별한 핵실험으로 생성된 방사능 물질인 방사성 탄소의 갑작스런 증가와 극적인 핵실험 금지 조약으로 인한 급격한 감소가 지층에 남긴 흔적이 인류만이 지구에 남길 수 있는 것으로 보았습니다.

그림에서 1963년 방사능 물질이 만들어내는 산봉우리 같은 강렬한 흔적(파란색 선)이 보이나요? 그리고 핵에 대한 공포가 사라진 1963년 이후, 드디어 인류는 두 차례의 세계대전을 거치며 축적한 수많은 과학 지식과 창의성을 폭발시키며 이전 시대 인류와는 차원이 다른 하이테크 문명을 건설합니다. 그야말로 모든 면에서 차원이 다른 인류로 거듭난 것입니다. 문명을 건설하는 데는 엄청난 에너지가 필요했고 인류는 이를 화석연료에서 충당했습니다. 화석연료를 무분별하게 사용한 결과 50년도 안 되는 기간에 대기권의 온실기체 양을 300ppm에서 400ppm으로 엄청나게 늘리고 말았습니다. 몇몇 선각자는 대기권의 온실기체 증가가 초래할 암울한 미래에 대해 훨씬 이전부터 알고 있었지만, 인류가 이를 본격적으로 걱정하기 시작한 것은 30년이 훌쩍 지난 1990년대 후반부터였습니다.

사실 기후변화에만 지나치게 집중하면 인류세의 진정한 의미를 놓칠 수 있습니다. 인류세는 단순히 우리가 지구의 기후를 바꾸어놓았기 때문에 명명된 것이 아닙니다. 인류세에 인류는 여러분이 무엇을 상상하든 그 이상으로 지구를 바꿔놓고 있습니다. 좋은 방향이든 나쁜 방향이든 속도가 지나치게 빠르고 규모 또한 지나치게 크다는 게 인류세의 두드러진 특징입니다. 인류가 지구에 무슨 짓을 하고 있는지 지금부터 함께 살펴보겠습니다.

윌 스테판Will Steffen, 1947~은 동료들과 함께 대가속Great Acceleration이라는 프로젝트를 시작했습니다.[14] 그들의 목적은 인류세의 시작을 확인하는 인류 문명의 다양한 양상을 시각화하는 것이었습니다. 그들은 파울 크뤼첸이 2000년에 인류가 홀로세를 지나 새로운 지질학적 시대인 인류세에 접어들었다고 선언한 데 영감을 얻었습니다. 파울 크뤼첸은 인류세가 시작된 것은 증기기관을 발명하고 산업혁명을 시작한 18세기 말 무렵이라고 추정했고, 윌 스테판은 파울 크뤼첸의 가설을 입증하기 위해

우리는 결국 지구를 위한 답을 찾을 것이다

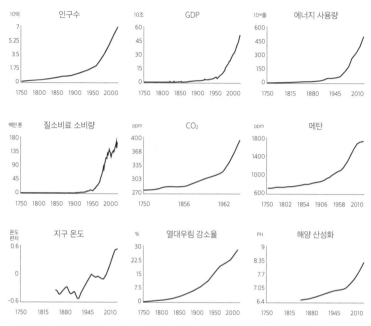

3-5 그래프. 인류세를 특징짓는 대가속 그래프들. X축은 모두 '연도'다. Steffen(2015)에서 수정.

산업혁명 이후 인류가 지구에 남긴 점진적인 발자취를 찾아 정리해나 갔습니다. 그들은 전 세계에서 데이터를 모으고 이를 그래프로 나타내 는 작업을 하던 중 모든 그래프에서 공통적으로 발견한 특징에 경악을 금치 못했습니다. 그것은 인간 활동의 자취가 1950년을 전후해 폭발적 으로 증가했다는 것입니다. 놀라운 점은 어떤 자료를 골라도 동일한 양 상을 보였다는 것입니다. 윌 스테판과 연구진은 이 결과를 논문으로 출 판한 이후 '대가속 그래프'라 명명했고, 이 그래프는 인류세를 특징짓 는 아이콘으로 자리 잡았습니다. 그래프를 한번 살펴볼까요?

그래프의 개수가 너무 많아 혼란스러울 수도 있지만, 찬찬히 들여다보면 곧 인류가 이뤄낸 인공적인 모든 것과 인류가 자연에 남긴 모든 흔적이 놀라운 일관성을 보이며 1950년을 기점으로 폭발적으로 증가하는 것을 확인할 수 있습니다. 각각의 네모 칸에서 치솟는 지표는 서로 독립적인 현상이 아닙니다. 모든 요인이 얽히고설키면서 폭발적인 증가세를 부추기고 있습니다. 예를 들어볼까요? 대가속 그래프에는 GDP 증가도 포함되어 있습니다. 전 세계의 부가 축적될수록 인류는 더 많은 일을 하고자 했으며, 이에 따라 더욱 많은 양의 에너지가 필요했음은 두말할 필요 없겠지요. 결국 부가 증가하면서 더 많은 온실기체를 사용했습니다.

부의 축적과 더불어 도시인구가 급증하고 교통과 에너지, 육류 소비도 크게 증가했습니다. 오늘날 인류가 식량 생산 과정에서 매년 대기권으로 배출하는 이산화탄소의 양은 전체 배출량의 약 30%에 이릅니다. 특히 식량 자원 중 가축, 그중에서도 소고기를 생산할 때 어마어마한 양의 온실기체가 발생합니다. 화석연료에 기반한 문명이었기에 윤택한 생활 이면에는 이산화탄소를 포함한 온실기체의 증가가 필연적으로 따라왔던 것입니다.

1950년대 이후 이산화탄소 배출량이 급증했다는 점과 산업혁명 이후 대부분의 지구 온도 상승이 1970년대에 이루어졌다는 점은 인류가 지구온난화의 범인임을 암시합니다. 1950년대 이전 연간 온실기체 배출량은 전 세계를 통틀어 약 5억 톤에 못 미쳤습니다.[15] 연간 약 300억 톤인 지금과 비교하면 60분의 1 수준밖에 안 되지요. 무엇보다도 가장 놀라운 것은 인구의 증가 경향과 대기 중 이산화탄소 농도가 완전히 일치한다는 점입니다.

대가속 그래프 중 인류가 초래한 급격한 기후변화를 직접 설명하는 몇 가지 흥미로운 상호작용에 대해 살펴보겠습니다. 주목해야 할 요소는 비료 소비량과 인구 증가, 그리고 대기 중 이산화탄소 양의 급증과 지구 표면 온도 증가입니다.

독일의 화학자 프리츠 하버Fritz Haber, 1868~1934는 공기 중에 흔한 질소를 고온·고압 환경에서 촉매를 사용해 수소와 반응시켜 암모니아를 인공적으로 대량생산하는 혁신 기술인 질소 고정법을 발명하고, 카를 보슈Carl Bosch, 1874~1940와 함께 대량생산법까지 개발했습니다.[16] 암모니아로 합성 비료를 대량생산하면서 식량 생산량이 비약적으로 늘어났습니다. 공기를 비료, 빵으로 바꾸는 혁신적인 '과학기술 연금술'을 완성한 공로로 하버는 1918년 노벨 화학상을 받았습니다.

전 세계에 하버-보슈법을 이용한 질소 고정 인공 비료가 본격적으로 보급된 것은 제2차 세계대전이 끝난 후인 1950년대였습니다. 인공 비료는 인류의 식량 생산력을 기존과는 비교도 안 되게 발전시켰습니다. 아무리 산업혁명으로 기술이 발전했다 해도 급증하는 인구를 식량 생산이 따라가지 못했다면 폭발적인 인구 증가는 불가능했겠지요. 만약 질소비료가 없었다면 현재 인류 중 절반가량은 극심한 기아에 허덕일 수밖에 없을 것입니다. 그의 발명이 얼마나 중요했는지 가늠이 되나요? 질소비료를 사용함으로써 인구가 증가하고 인구 증가는 다시 질소비료 사용을 부추기고 이는 다시 인구 증가를 불러일으키는, 인구-질소비료 증폭작용이 시작된 것입니다. 이렇게 기하급수적으로 급증하는 현상의 이면에는 두 가지 이상의 요인이 물고 물리면서 서로를 증폭시키는 메커니즘이 존재한다는 것을 과학자들은 수많은 경험을 통해 알고 있습니다.

그중에서도 저는 오늘날 우리를 괴롭히는 지구온난화 문제의 직접적인 원인을 바로 이 인구-질소비료 증폭작용이 불러온 인구수의 급격한 증가로 봅니다. 개체 수 증가에 따른 먹잇감이나 식량 부족 현상은 지극히 비선형적인 지구 생태계가 안정성을 유지하는 데 반드시 필요한 고유의 안정화 작용 negative feedback 입니다. 초래된 변화 혹은 충격에 대처해 다시 새로운 균형점을 찾는 안정화 작용이 없으면 생태계는 유지될 수 없고, 역으로 말하면 그런 과정이 존재하기 때문에 생태계가 유지됩니다. 지구 역사상 가장 강력한 산업혁명으로 인한 기술혁명을 기반으로 처음 식량에 대한 걱정이 사라진 시대, 그리고 핵에 대한 공포가 사라지고 평화가 보장된 상태는 인구수의 큰 증가를 불러일으켰고, 촉발된 인구-질소비료 증폭작용은 자연이 컨트롤할 수 없는 양상으로 흘러갔습니다. 대가속 그래프에 숨은 의미입니다.

이렇듯 모든 것이 가속되는 시기에 반대로 크게 줄어든 것이 있습니다. 자연재해에 따른 전 세계 사망자 수입니다. 놀라운 것은 〈3-6 그래프〉가 보여주는 것이 사망자 비율이 아니라 전체 사망자 수라는 점입니다. 1950년대 이후 인구가 그렇게 폭증하는데도 전체 사망자 수는 급격히 줄고 있습니다. 지구온난화로 자연재해가 증가한다는 말을 들어보셨나요? 뜨거워지는 지구에서 폭염, 가뭄, 산불 등 종류와 지역에 따라 상당한 편차는 있지만 대체로 자연재해가 증가하는 경향을 보입니다. 그러나 자연재해로 인한 사망자 수는 확실히 줄고 있습니다. 여러 과학 데이터가 이를 입증합니다. 과학의 발전 덕에 인간은 더 이상 자연 앞에 무기력한 존재가 아니라는 사실을 밝혀주지요.

이제 우리가 가장 관심 있는 지구의 온도 상승 그래프를 살펴볼까요? 대가속 그래프 중에서도 지구의 온도는 다른 커브들과는 상당히 다른 독특한 양상을 보입니다. 바로 큰 변동성입니다. 이를 자세히 살펴보기 위해 대가속 그래프에서 이산화탄소와 지구 온도만 하나의 그래프에 겹쳐 그려보겠습니다. 〈3-7 그래프〉를 보세요.

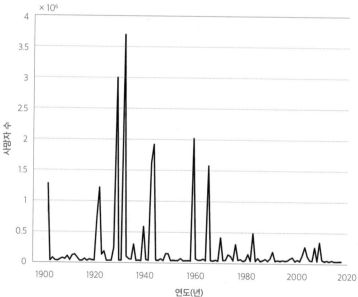

3-6 그래프. 자연재해로 인한 사망자 수. 지진, 홍수, 태풍, 폭염, 가뭄 등 모든 자연재해를 포함함. 출처: Our World in Data.

산업혁명 이후 지구의 온도(붉은 선)는 전반적으로 대기 중 이산화탄소 농도(푸른 선) 증가와 함께 꾸준히 상승하며 특히 1970년대부터 기온 상승이 두드러지는 것을 알 수 있는데, 1960년대부터 상승 폭이 확대된 이산화탄소 커브보다 10년 정도 뒤 급격하게 상승합니다. 기온 커브가 보여주는 또 하나의 특징은 밋밋한 이산화탄소 커브와는 달리 변동성이 상당히 크다는 것입니다. 예를 들면 1900년대 초반에 높은 온도 상승 구간이 있고 1950년대부터 1970년대 초반까지는 큰 온도 하락 구간이 있습니다. 이 온도 하락 구간에서는 지구가 빙하기로 전환되는 것이 아닌가 하는 우려가 많았습니다. 특히 온도 하락이 극에 달한 1970년대 초반에는 〈뉴스위크〉나 뉴욕타임스 같은 주요 언론에서 연일 빙하기 도래를 우려하는 기사를 냈습니다.[17]

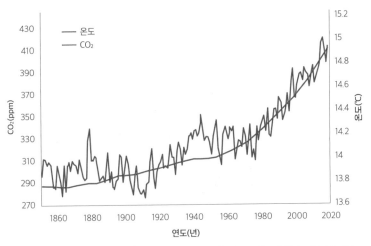

3-7 그래프. 산업혁명 이후부터 현재까지 지구 온도와 이산화탄소 농도 그래프. 출처: Our World in Data.

우리는 결국 지구를 위한 답을 찾을 것이다

"빙하시대가 왔다."-1975년 4월 28일 자 〈뉴스위크〉

"빙하시대의 도래를 걱정하며."-1969년 2월 23일 자 뉴욕타임스

그러나 1970년대 중반 이후 지구 온도는 이러한 기사들을 비웃듯 크게 상승했습니다. 이렇듯 지구 온도는 다른 대가속 커브에서 찾아볼 수 없는 독특한 변동성을 보여왔으며 큰 흐름으로 봤을 때 대기 중 이산화탄소 농도와 함께 움직였습니다. 이는 과거 빙하기 커브에서도 그러했고, 수천만 년 전, 수억 년 전 과거를 돌아보아도 그러했습니다. 하지만 수십 년 혹은 수백 년의 시간 규모에서 보았을 때에는 〈3-5 그래프〉에서의 지구 온도와 CO_2처럼 부분적으로 다른 양상을 띠기도 했습니다. 왜 그럴까요? 답은 의외로 간단합니다. 온실기체로 온실효과가 일어났을 때 남은 에너지가 지구 표면 온도를 덥히는 데만 쓰이는 것이 아니기 때문입니다. 변덕스러운 바다는 온실효과로 남아도는 에너지를 수심 깊은 곳으로 끌어들이기도 하고 대기로 다시 뱉어내기도 합니다. 그럴 때마다 지구의 표면 온도는 춤을 추듯 출렁거리기 일쑤입니다. 이러한 변덕은 지구의 온도가 이산화탄소 증가에 반응해 일정하게 올라가는 것이 아니라 큰 상승 이후 정체기를 거치고, 다시 규모 큰 상승기를 거치는 계단식 상승에 가까운 양상으로 온도 상승이 일어나게 만듭니다.

만약 바다로 인한 지구 기후의 변동을 염두에 두지 않는다면 10~20년 정도 지속될 수 있는 짧은 온도 하강 구간에 접어들 때마다 곧 빙하기가 도래한다거나 이제 지구온난화는 끝났다는 이야기에 쉽

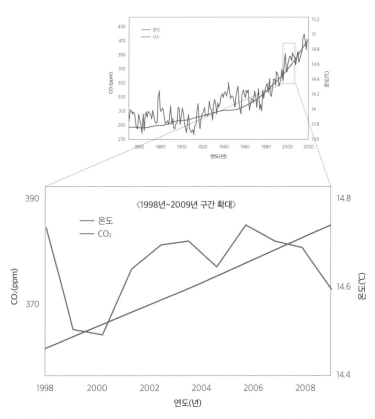

3-8 그래프. 가장 최근에 있었던 하락 구간인 2000년대 초반 구간을 확대. 출처: Our World in Data.

게 현혹될 수 있습니다. 가장 최근에 하락한 것은 2000년대 초반이었습니다. 기후학자들은 2000년대 초 약 10년간을 지구온난화 휴식기라고 부르기도 합니다. 이 구간에서는 지구 온도가 정체되었고 이후 다시 빠르게 상승하는 중입니다. 그렇다면 앞으로도 이런 지구온난화 휴식기[Global Warming Hiatus18]가 나타날까요?

우리는 결국 지구를 위한 답을 찾을 것이다

최근 거의 매년 기록을 경신하는 무서운 온도 상승세에 비추어보면 더 이상은 휴식기가 없을 것 같지만, 지구온난화 휴식기 혹은 하락 구간은 또 찾아올 것입니다. 그러나 인류가 지금까지 살아온 방식을 바꾸지 않는 한 이 휴식기는 일시적일 뿐 휴식기 뒤엔 더 큰 온도 상승이 찾아온다는 것을 꼭 기억해주세요. 대기 중 이산화탄소 양과 지구 온도 변화는 현재에도, 과거에도 유사한 궤적을 그려왔다는 것도 말입니다.

6차 대멸종

○ 　　　1만 년 전 농경을 시작한 이래 인류는 지구촌 곳곳을 농업과 목축에 적합한 환경으로 바꾸었습니다. 이후 인류세에 접어들면서 인간은 살기 좋고 쾌적한 지구를 만든다는 미명 아래 지구환경을 크게 바꾸어나가고 있습니다. 물론 이는 인간을 제외한 다른 생명에게는 수억 년 동안 이어져온 삶의 터전이 초토화됨을 의미합니다. 그 결과 인류를 제외한 대부분의 생명체가 생존을 위협받고 급기야 많은 종이 멸종 위기로 내몰리고 있습니다. 다양한 생물이 감소하면서 그 피해는 결국 인류에게 돌아옵니다.

안타깝게도 제6차 대멸종은 이미 시작되었다고 경고하는 연구 결과가 쏟아져 나오고 있습니다. 더욱 충격적인 사실은 지구의 생명체 96%를 절멸시킨 고생대 페름기 대멸종 시기보다 현재 더 빠른 속도로 생명체가 사라진다는 것입니다.[19] 산업혁명 이전 10억 명 수준이던 인구가 70억 명을 돌파할 정도로 급격히 늘어난 사실을 떠올려보면 같은 지구라는 공간에서 양극단으로 치닫는 인류와 인류 외 생명체 간의 대비가 참으로 아이러니합니다. 과학계에서는 여섯 번째 대멸종에 대한 다양

　　　우리는 결국 지구를 위한 답을 찾을 것이다

한 우려의 목소리가 나오고 있습니다.

미국 스탠퍼드 대학교 파울 에를리히 연구 팀은 2020년 국제 학술지 〈미국립과학원회보PNAS〉에 〈생물학적 전멸과 여섯 번째 대멸종의 지표로서 벼랑 끝에 있는 척추동물〉이라는 논문을 발표했습니다.[20] 연구 팀은 여섯 번째 대멸종 속도가 이전에 예측한 것보다 훨씬 빠르다고 분석했습니다. 그 근거로 지난 20세기 100년 동안 먹이사슬 최상위에 포진한 최소 500종이 넘는 육상 척추동물이 사라졌는데, 앞으로 이와 비슷한 수가 사라지는 데 20년밖에 걸리지 않을 것이라는 점을 들었습니다. 대가속 시대에 걸맞은 속도가 아닐 수 없습니다.

에를리히 연구 팀은 멸종 원인이 인간의 활동임을 명확히 했습니다. 심각한 멸종 위기에 놓인 종의 서식지를 살펴보니 대부분 인간 활동에 영향을 크게 받는 지역이었기 때문이지요. 또 '멸종이 멸종을 낳는다'고 지구에서 가속되는 모든 현상을 꿰뚫는 원리인 피드백 작용이 멸종 현상에도 예외 없이 작용하고 있습니다. 생태계 먹이사슬은 서로 얽히고설켜 한 종이 멸종하면 생태계가 불안정해지면서 다른 종이 멸종할 위험이 높아집니다. 연구 팀은 이 악순환이 생태계의 궁극적인 자정 기능을 파괴해 인류를 위험에 빠뜨릴 것이라고 경고했습니다.

생명체는 환경에 의존하는 것이 아니라 옛날 시아노박테리아가 지구를 산소로 채워 생명의 땅으로 만든 것처럼 적극적으로 환경을 바꿉니다. 특정 생명체가 사라지면 그 생명체가 생태계를 유지하기 위해 수행하던 중요한 기능도 함께 사라집니다. 종종 생태계에서 특정 식물이나 동물의 역할은 그 종이 사라진 후에야 드러나곤 했습니다. 예를 들어 나그네 비둘기는 한때 수십 억 마리가 존재하여 지구상에서 가장 많은 개체수를 자랑하던 새였으나 사람들의 무분별한 사냥과 서식지 파괴로 인해 멸종에 이른 비운의 새입니다. 그러나 사람 역시 예기치 못한 큰 피해를 보았습니다. 나그네 비둘기가 사라지며 천적 관계에 있던 흰발생쥐의 개체수가 급증하였고, 이들이 주로 사람에게 옮기는 라임병(진드기가 옮기는 세균성 감염증)이 대유행하여 사람들의 건강을 크게 위협했기 때문입니다.[21]

45억 년 지구 역사에 새겨진 다섯 번의 대멸종에서 먹이사슬의 정점에 있던 최상위 포식자가 멸종하지 않은 적은 단 한 번도 없었습니다. 인류는 여섯 번째 대멸종을 피할 수 있을까요? 저명한 생물학자 에드워드 O. 윌슨의 말을 인용하며 인류세에 관련한 장을 마치고자 합니다.[22]

"인간의 행동으로 대량 멸종이 초래된다면 그것이야말로 미래 세대가 가장 용서하지 않을 범죄다."

제4장.

우리가 정말
지구온난화의 범인일까?

인류가 범인임을 가리키고 있는
결정적인 단서들

먼저 복잡한 계산을 하지 않아도 인류가 범인임을 가리키고 있는 단서를 보여드리고 이 장을 시작하겠습니다.

단서 1: 첫 번째 단서는 지구 역사를 통틀어 유례를 찾을 수 없는 산업혁명 이후 이산화탄소 농도의 빠른 증가 속도입니다.

지금까지 우리는 대기 중 이산화탄소를 바꾸어나가는 다양한 요인

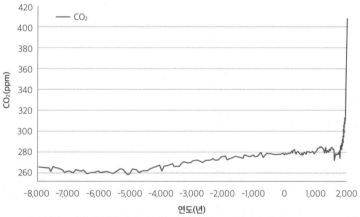

4-1 그래프. 빙하 코어에서 복원한 과거 1만 년간 이산화탄소 농도 변화 추이. 출처: Bereiter(2014)에서 수정.

을 살펴보았습니다. 화산활동, 바다의 역할, 인간의 활동 등 다양한 이산화탄소 공급원이 있습니다. 그런데 최근 200년도 안 되는 구간에서 급격히 치솟은 이산화탄소 그래프는 그전과는 질적으로 다른 이산화탄소 공급원이 지구에 새롭게 등장하였음을 강하게 암시합니다. 핵심은 이산화탄소의 증가량이 아니라 증가 속도입니다.* 대기 중 이산화탄소 농도는 지질학적 시간 규모로 보면 1장에서 살펴본 바와 같이 대개 화산활동이라든가 화학적 풍화작용에 따라 크게 출렁거려왔습니다. 그러나 인간의 삶과 역사에 중요한 수십 년, 수백 년 시간 규모로 보면 화산활동에 의한 공급이나 화학적 풍화작용에 따른 이산화탄소 제거는 매우 느리게 진행되었습니다.

단서 2: 대기 중 이산화탄소 농도 증가가 인류의 화석연료 사용 때문임을 직접적으로 말해주는 기가 막힌 단서는 바닷속 산호의 탄소 동위원소 분석 결과에서 얻을 수 있습니다.

광합성을 하는 식물은 다루기 어려운 무거운 ^{13}C보다 가벼운 ^{12}C를 선호합니다. 그런데 식물이 죽고 땅속에 묻히면 더 이상 광합성도, 호흡도 하지 않으면서 체내에 축적된 ^{12}C는 그대로 보존됩니다. 화석연료는 결국 고대식물이 땅속 깊은 곳에 묻혀 열과 압력을 받아 생성된 탄소 덩어리이므로 이 화석연료를 지속적으로 태우면 태울수록 대기

- 1장에서 지구의 이산화탄소 농도는 자연의 프로세스만으로도 여러 번 수천ppm이 증가했다고 이야기했습니다. 이 점을 기억해주세요.

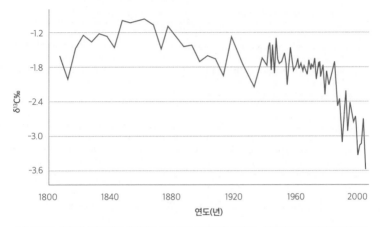

4-2 그래프. 산호에서 나온 탄소 동위원소 분석 결과. 지구상에 존재하는 일반적인(표준적인) 물질은 ^{13}C가 1.1%, ^{12}C가 98.9%로 구성되어 있다. 대기가 화석연료에서 기원한 탄소를 많이 포함하면 많이 포함할수록 그 공기는 ^{13}C의 비율은 점점 낮아지고 ^{12}C의 비율이 높아진다. 이 그래프의 y축인 $\delta^{13}C$(‰)는 표준물질의 동위원소비(1.1/98.9)에 대한 산호의 탄소 동위원소비($^{13}C/^{12}C$) 변화량을 천분율(‰)로 나타낸 것이다. 변화량이 매우 작기 때문에 천분율을 사용한다. 해석은, $\delta^{13}C$(‰)가 0보다 작으면 표준물질보다 산호 화석의 탄소 동위원소비($^{13}C/^{12}C$)가 작다는 것을 의미한다. 즉, 무거운 탄소인 ^{13}C를 적게 포함한다는 의미이다.
출처: Wei et al.(2009) 수정.

중 무거운 탄소인 ^{13}C의 비율도 떨어집니다. 〈4-2 그래프〉는 바로 이 점을 극명하게 보여줍니다. 얕은 바다에 사는 산호의 뼈Coral Skeleton는 나무의 나이테처럼 1년에 약 1cm씩 성장하며 수많은 과거 기후에 대한 정보를 담고 있습니다. 특히 산호의 뼈는 탄산칼슘($CaCO_3$)으로 되어 있는데 여기 포함된 탄소는 대기 중 이산화탄소가 바다에 녹은 후 산호가 다시 흡수한 것으로, 이를 분석하면 과거 대기에 무거운 탄소와 가벼운 탄소가 어떤 비율로 존재했는지 알 수 있습니다. 그래프를 보면 무거운 탄소인 ^{13}C의 비율이 산업혁명 이후 서서히 줄어들다가 대가속이 시작된 1960년대 이후 급격히 줄어드는 것을 확인할 수 있습니다.

화산활동이나 바다가 배출하는 탄소는 동위원소의 비율에 거의 영향을 주지 않기 때문에 이는 인간 활동이 대기 중 이산화탄소 증가의 원인임을 알려주는 결정적인 단서입니다.

2007년 이탈리아 남부에서 개최된 한 영화제에서 최우수 다큐멘터리상을 수상한 BBC 다큐멘터리 〈위대한 지구온난화 대 사기극〉*에는 지구온난화의 진실을 호도하는 가짜 정보가 가득 차 있습니다. 그중에서도 가장 말이 안 되는 엉터리 정보는 산업혁명 이후 대기 중 이산화탄소 증가가 화석연료 사용이 아닌 지구 온도 상승에 따른 자연스러운 결과라는 것입니다.

온도가 높아짐에 따라 콜라에서 탄산이 빠져나오듯 바다의 이산화탄소가 대기로 빠져나온 결과라는 것입니다. 즉 대기 중 이산화탄소는 단지 지구 온도가 높아짐에 따른 자연스러운 결과라고 주장합니다. 이 주장은 아주 간단히 거짓임이 드러납니다. 오히려 바닷속에서 측정한 탄소량이 대기 중 이산화탄소 농도 증가에 따라 지구 역사상 가장 빠른 속도로 늘어가고 있기 때문입니다. 이를 해양 산성화라고 합니다**. 녹아드는 탄산량이 늘어날수록 바다는 산성화되는데, 두말할 것 없이 바닷물의 산성화는 생태계에 심각한 영향을 주는 아주 중요한 이슈로 부각했습니다. 따라서 이는 명백히 거짓말이며 대기 중 동위원소 비율의

- 다음 장인 5장에서 자세히 다루겠습니다.

•• 연구에 따르면 1장에서 다룬 6,500만 년 전 5차 대멸종 때보다 현재 약 10배 빠른 속도로 해양 산성화가 진행되고 있습니다.[1]

전 지구 평균온도(1961~1990 평균으로부터의 편차)

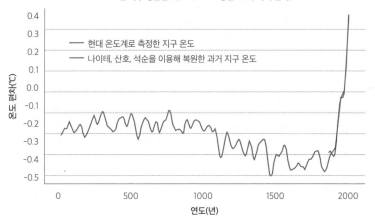

4-3 그래프. 과거 2,000년간 지구의 온도 변화. 출처: Pages 2k

급격한 감소는 화석연료 사용이 대기 중 이산화탄소 증가의 원인이라는 명백한 증거가 될 수 있습니다. 지구의 온도를 상승시킨 범인에 대한 단서도 찾아봐야겠지요?

단서 3: 하키 스틱 모양을 닮은 지구의 온도 그래프입니다.

하키 스틱을 닮은 이 〈4-3 그래프〉는 지난 2,000년간 지구의 온도 변화를 나이테와 산호 뼈, 동굴 석순 등의 자료를 이용해 복원한 것입니다[*]. 하키 스틱을 닮은 이 그래프의 모양이 진짜 과거 지구의 온도 추이를 적절히 표현하는지에 대한 논란은 2000년대에 뜨겁게 달아올랐

● 　5장에서 자세히 설명하겠습니다.

고, 덕분에 수백 편 이상의 관련 논문이 출판되었습니다.[2] 지난해에는 드디어 이 논란을 종결하는 논문이 출판되었죠. Pages 2k[Past Global Changes] 2000라는 고기후 국제 협력 네트워크에서 세계 각지의 과학자들이 과거 지구 온도를 측정할 수 있는 모든 데이터를 모아 검증한 결과, 하키 스틱은 과거 지구의 온도를 반영하는 그래프라는 것이 확인되었습니다.[3] 이 그래프를 보면 지구의 온도는 지난 2000년간 천천히 하강하다가 인류가 본격적으로 화석연료를 사용하기 시작한 산업혁명 이후 급격히 상승하는 양상이 나타납니다. 이 놀라운 일치성을 보고도 지구온난화가 인간 활동과 무관한 현상이라고 주장하는 사람들을 저로서는 이해하기 어렵습니다[*].

사실 지금까지 나온 단서들만으로도 인류가 범인임을 확정하는 데 부족함이 없다고 생각합니다. 일반 사건이었다면 이미 인류를 체포해야 할 증거를 충분히 수집했다고 판단해도 무방하죠. 그러나 과학자들은 항상 의심으로 가득 차 있습니다. 모든 것을 의심하고 또 의심하는 것은 과학자 본연의 자세입니다. 인류가 범인임을 입증하는 가장 확실한 방법은 인류가 배출하는 온실기체 양으로 지구를 몇 도까지 덥힐 수 있는지 직접 계산해보는 것이겠지요? 그런데 이 계산이 생각보다 많이 어렵습니다. 지구 속 대자연은 인간 활동에 의한 온실효과를 마치 앰프처럼 증폭시키는 역할을 하는데, 그 과정이 너무 다양하고 복잡해서 얼

●   이 그래프를 보면서 "그래 봤자 고작 1℃ 상승한 거 아닌가?"라는 질문이 머릿속에 떠오르는 분들은 과학자적인 자질이 충분한 분들입니다. 다음 페이지부터 바로 그 이야기를 해보겠습니다.

마나 크게 증폭될지 과학자들도 가늠하기 어렵기 때문입니다. 이처럼 인간이 범인임을 가리키는 단서들이 넘쳐나는데도 결정적인 증거를 제시하기가 왜 어려운지, 4장에서 하나하나 파헤쳐보도록 하겠습니다.

고작1℃? 🌍

○   산업혁명 이후 지구의 온도는 약 1℃ 상승했습니다. 온실효과 계산에 앞서 지구 온도 1℃ 상승의 의미에 대해 먼저 짚고 가겠습니다.

"북서쪽에서 다가오는 차고 건조한 공기가 우리나라 쪽으로 확장하면서 내일 아침 기온이 크게 내려가겠습니다. 서울의 아침 최저기온은 영하 4℃로 전날보다 7℃ 이상 떨어지겠습니다."

출근길에 라디오나 TV 프로그램에서 아나운서가 전해주는 일기예보를 자주 접할 겁니다. 일기예보를 통해 짧은 기간에도 기온이 큰 폭으로 변동된다는 것을 알 수 있습니다. 기후학자들이 정교하게 산출해낸 산업혁명 이후 지구의 온도 상승 폭은 1℃ 정도입니다(3장의 〈3-3 그래프〉 참고). 2020년은 산업혁명기 전보다 평균기온이 1.2℃가량 높아 인류 역사상 가장 더운 해로 기록되었습니다. 물론 2020년만 특별했던 것은 아닙니다. 2015년부터 2020년까지가 모두 인류 역사상

1~6등으로 뜨거웠던 해니까요.

그런데 지구 온도가 1℃ 정도 상승한 것이 과연 걱정할 만한 일일까요? 매일 일교차가 10℃가 넘는 세상에서 사는 우리에게 지구의 평균 온도가 고작 1℃ 상승했다는 게 솔직히 크게 와 닿지 않습니다. 아니, 그리 문제가 될 것 같지 않습니다. 어떤 사람들은 "그래 봤자 고작 1℃ 정도 오른 거 아니야?"라고 물을 수도 있습니다. 예민하지 않은 사람이면 1℃ 차이는 잘 구별하기 힘드니까요. 일반인에게 지구온난화의 심각성을 온도 상승으로 설명하기 힘든 이유입니다.

그러나 조금만 깊이 생각해보면 시시각각 바뀌는 날씨에 따른 온도 변화와 지구의 온도를 비교하는 것은 제대로 된 비교가 아니라는 것을 알 수 있습니다. 이 책에서 말하는 지구 온도는 말 그대로 지구를 대표하는 온도, 즉 지구상의 모든 지역과 계절을 평균해 구한 온도라는 점에서 사람의 체온과 비슷한 의미를 지닙니다. 체온이 신체의 전반적인 상태를 알려주듯 지구의 온도도 전체 지구의 에너지 균형이 잘 유지되고 있는지 아닌지 알려주는 지표라고 볼 수 있습니다. 날씨처럼 순간순간 변하는 게 아닙니다.

만약 지구 온도가 사람의 체온처럼 일정하게 유지된다면, 이는 지구로 들어오는 에너지와 나가는 에너지가 균형을 잘 맞추고 있다는 뜻입니다. 지구 전체로 들어오는 에너지의 양과 나가는 양의 차이가 있을 때에만 지구 온도가 변동됩니다. 그런데 이 온도 변화 속도는 매우 느릴 수밖에 없습니다. 바로 거대한 물탱크와 같은 바다의 존재 때문입니다. 지구를 덥히는 요인이 무엇이든 간에 에너지가 불균형해지는 순간부터 거의 대부분의 잉여 에너지는 우선 바다가 흡수합니다. 거대한 물 탱크인 바다는 많은 에너지를 흡수해도 큰 열용량 덕분에 온도를 약간 만 상승시킬 뿐입니다. 바다에 흡수되고 남은 아주 약간의 에너지만이 지구 표면 온도에 직접 영향을 줍니다.

인간 활동이 초래한 온실효과로 열에너지가 생산되면 이 에너지는 바닷속을 덥히는 데 무려 93%가 사용되고 5%는 빙하를 녹이거나 해수면을 상승시키는 데 사용됩니다. 나머지 2%만이 지구 표면의 온도를 높이는 데 사용됩니다.[4] 연구를 주도한 영국 옥스퍼드 대학교 물리학과 교수 로르 잔나는 산업혁명 이후 약 150년 동안 온실효과로 바다에 축적된 에너지 양이 436×10^{21}줄J에 달한다는 연구 결과를 발표했습니다.[5] 연구 결과를 소개하면서 그녀는 다음과 같이 덧붙였습니다.

"이 결과를 발표하기가 꺼려지네요. 우리가 화석연료를 사용하기 시작하면서 지금까지 바다에 축적한 에너지의 양은 매초 약 1.5개의 히로시마 원자폭탄을 폭발시킬 때 발생하는 에너지의 양과 맞먹습니다. 의심의 여지가 없습니다."

실로 어마어마한 양의 에너지를 바다가 흡수하고 있었던 것입니다. 따라서 고작 1℃가 아니라 이렇게 많은 에너지를 바다가 매초 흡수하는데도 지구 온도가 1℃나 상승했음에 주목해야 합니다. 그럼 바닷속에 저장된 에너지는 어떻게 될까요? 계속 바닷속에 머무를까요? 그렇지 않습니다. 조금 나쁜 소식은 바닷물 온도는 시차를 두고 서서히 상승하고 있다는 것입니다. 바다는 열용량이 매우 크기 때문에 가열하는 것이 쉽지 않지만 한번 상승한 온도를 떨어뜨리는 것도 어렵습니다. 만약 당장 내일 온실기체 배출을 멈춘다 하더라도 과학자들은 최소 수십 년, 길게는 100년 이상 지구 온도가 서서히 상승하리라 예상합니다. 바닷속에 잠자고 있는 에너지가 서서히 대기 중으로 방출되고 있기 때문입니다. 1℃ 온도 상승을 가볍게 볼 수 없는 이유입니다.

더 중요한 것은 역시나 온도 상승 속도입니다. 100년이 안 되는 시간에 지구 온도가 1℃ 상승했다는 사실은 과거 지구 기후변화의 역사를 떠올려볼 때 조금 섬뜩한 진실을 마주하게 합니다. 간단히 계산해봐도 이 추세라면 2040년이 되기 전에 2℃를 돌파할 것이고, 약 1,000년 후엔 10℃를 훌쩍 넘어 남극 얼음이 모두 사라지면서 뜨거운 시대로 완전히 진입할 것이기 때문입니다[*]. 스미스소니언 국립자연사박물관에서 제시한 그래프에서 본 대로 지구 온도는 무려 10℃를 여러 번 오르락내리락했지만 온도가 바뀌는 데는 매우 긴 시간이 걸렸습니다. 분명한 사실은 현재 지구 온도가 예전에 지구가 경험해보지 못한 어마어마한 속도로 올라가고 있다는 것입니다.

인류가 개입하지 않던 시기에 이루어진 자연스러운 온도 변화의 속도에 비하면 무려 20배나 빠른 속도입니다. 단언컨대 지구 역사상 이런 속도의 변화는 없었습니다. 어떻습니까? 상승 속도를 고려한 1℃는

● 　이 계산에는 지금처럼 화석연료를 1,000년간 계속 사용한다는 가정이 포함되어 있지만 지금처럼 쓴다면 사실 화석연료는 40년쯤 후엔 사라질 것이기 때문에 계산이 비현실적이긴 합니다.[6]

실로 큰 의미가 있는 변화였습니다. 이제 우리 인류의 화석연료 사용이 얼마나 강력한 온실효과를 일으켰는지, 그래서 1℃의 온도 상승에 얼마만큼 기여했는지 살펴보겠습니다. 이 과정을 통해 여러분은 인간 활동이 불러온 온실효과가 직접적으로 지구를 덥히는 효과가 그리 크지 않다는 사실을 알게 될 것입니다. 또 지구 온도 상승에 공범이 있었다는 반전에 조금 더 놀랄 수도 있습니다. 이제 이 놀라운 현상의 전말을 파헤쳐보겠습니다.

온실효과의 발견

○　　　푸른 행성 지구의 대기가 지구를 덥히는 가스로 뒤덮여 있다는 것을 맨 처음 생각해낸 사람은 누구였을까요? 바로 프랑스의 물리학자 조제프 푸리에Joseph Fourier, 1768~1830입니다. 다재다능한 수학자이자 과학자인 푸리에는 한때 지구 온도가 몇 도일지 깊이 생각한 적이 있습니다. 그는 산업혁명이 널리 퍼지기 전인 1822년에 지구를 둘러싼 수증기나 이산화탄소 같은 온실기체의 존재를 고려하면 태양열이 대기에 더 오래 머물러 지구 온도가 상승할 수 있다고 생각했습니다. 바로 오늘날 사람들이 '온실효과'라고 부르는 개념을 처음 생각해낸 것입니다. 그러나 푸리에는 이 문제를 학문적 호기심으로 접근했을 뿐 그리 심각하게 생각하지는 않았습니다.

인류 역사상 가장 먼저 지구온난화의 심각성을 간파한 사람은 누구일까요? 인간이 산업 활동을 한 결과로 온실기체인 이산화탄소의 대기 중 농도가 높아지고 지구를 덥힐 수 있다는 의견을 처음 제기한 사람은 19세기 말 스웨덴 과학자 스반테 아레니우스Svante Arrhenius, 1859~1927입니다.

당대 최고의 화학자인 아레니우스는 우연한 계기로 온실효과를 연

우리는 결국 지구를 위한 답을 찾을 것이다

구했습니다. 1895년 동료가 던진 "대기 중 이산화탄소의 농도가 2배 상승한다면 기온은 얼마나 오를까?"라는 질문에 왠지 모르게 호기심을 느낀 아레니우스는 만사를 제쳐두고 문제의 해답을 찾는 데 몰두했습니다. 물론 당시는 온실기체가 산업혁명 이후 은밀하게 상승 추세를 보이는 것에 대부분 관심도 없고 그런 사실조차

4-4 사진. 스반테 아레니우스.

잘 모르던 시절이었습니다. 지질학자인 아레니우스의 동료가 이 질문을 던진 이유는 빙하시대 급격한 기온 변동의 원인을 다방면에 해박한 아레니우스와 함께 고민하기 위해서였습니다. 30대 중반에 이혼하고 우울한 나날을 보내던 아레니우스는 괴로움을 잊고자 매일 10시간 넘게 계산에 매달렸고, 여러 번의 계산 끝에 '이산화탄소가 2배 증가하면 지구 기온은 5~6℃ 상승할 것'이라는 결론에 도달했습니다.[7]

오늘날 과학자들은 이산화탄소 농도가 산업혁명 이전인 280ppm에서 2배인 560ppm으로 증가한다면* 대기 온도가 적게는 1.5℃, 많게는 4.5℃까지 상승할 것으로 예상합니다.[8]

아레니우스의 추정은 현대의 추정보다 조금 과했지만 약 100년 전

～～～～～～～～～

● 　현재는 416ppm입니다(2021년 2월 기준).

컴퓨터 없이 손으로 계산한 수치임을 생각해보면 놀라울 따름입니다. 그가 제시한 대기 중 온실기체가 지구 온도를 덥히는 원리는 오늘날 과학자들이 이해하고 있는 개념과 정확히 일치합니다. 그는 온실효과만으로는 지구 온도가 크게 상승하지 않을 것임을 정확히 꿰뚫어 보았고, 온실효과로 촉발된 온도 상승을 증폭시키는 무언가가 자연계 내부에 있음을 간파했습니다. 하지만 당시 주류 과학자들은 그의 주장을 배척했습니다. 이산화탄소가 증가해도 지구 전체 표면의 70%를 차지하는 거대한 대양이 이산화탄소를 곧 전부 흡수할 것이라고 여겼기 때문입니다. 더욱이 당시 사람들은 조만간 인류 역사상 가장 폭발적인 인구 증가와 함께 대가속의 시대가 닥치리라고는 꿈에도 생각하지 못했습니다. 따라서 온실기체가 늘어나 설령 지구 온도가 올라간다고 해도 서서히 증가할 것이라고 생각했던 것입니다. 한편으로는 지구가 더워진다는 것이 크게 걱정할 만한 일이 아니고 오히려 온화한 날씨가 농장이나 경지 면적을 확장하는 데 유리하다고 받아들였습니다. 아레니우스조차 지금과 같은 이산화탄소의 놀라운 증가 속도를 예상하지 못했으며 이산화탄소 농도가 2배가 되려면 적어도 1,000년 이상 걸릴 것으로 보았습니다. 제아무리 당대 최고의 천재 과학자라도 지금과 같은 화석연료 사용량 급증은 전혀 예상하지 못한 것입니다. 결국 그의 주장은 산업혁명이 초래하는 역동적인 변화에 묻히고 말았습니다.

우리는 결국 지구를 위한 답을 찾을 것이다

킬링, 처음으로 이산화탄소 커브를 그려내다 🌐

○　　　　대기 중 이산화탄소 양이 심각한 속도로 증가한다는 것을 처음으로 밝힌 사람은 누구였을까요? 바로 찰스 데이비드 킬링Charles David Keeling, 1928~2005입니다. 오늘날 인류는 매년 기록을 경신하며 끝없이 증가하는 대기 중 이산화탄소 농도 수치에 매우 민감하지만 20세기 중반까지만 하더라도 그렇지 않았습니다. 사실 당시 과학자들은 인류가 이산화탄소를 다량 배출한다 하더라도 물에 매우 잘 녹는 기체인 만큼 거대한 바다가 이를 대부분 흡수할 거라고 생각했습니다.●

그러나 당시 지구온난화를 깊이 연구하던 과학자 로저 르벨Roger Revelle, 1909~1991의 생각은 달랐습니다. 그는 바다가 실제로 흡수하는 이산화탄소 양이 생각보다 적다는 걸 경고하는 연구 결과를 1957년 발표했고, 그의 연구는 학계를 술렁이게 했습니다.⁹ 르벨은 바다가 많은 양의 이산화탄소를 흡수하는 것은 맞지만 그중 상당량이 바로 대기로 빠

━━━━━━━

● 실제로 지금도 바다에 녹아 있는 이산화탄소 양은 대기 중 이산화탄소의 양보다 50배 이상 많습니다.

4-5 사진. 부시 대통령으로부터 국가 과학 훈장을 수여받고 있는 찰스 데이비드 킬링. 2001년. ©
National Science Foundation

져나가기 때문에 여전히 이산화탄소가 대기 중에 남아 있게 된다고 주
장했습니다. 오늘날 그의 주장은 옳은 것으로 판명 났습니다. 정밀한
측정으로 바다의 순흡수량*을 구해본 결과 인류가 배출하는 이산화탄
소 양의 4분의 1 정도만 바다에 흡수된다는 사실이 밝혀졌습니다. 르
벨은 자신의 연구 결과를 입증하기 위해 제자 킬링에게 대기 중 이산화
탄소 농도 관측을 맡겼습니다. 만약 르벨의 생각이 옳다면 대기 중 이
산화탄소의 양은 시간에 따라 증가해야 했습니다.

킬링은 1957년 남극점에 이산화탄소 측정소를 설치했고, 이듬해인

● 　　바다의 순흡수량 : 바다가 흡수하는 양에서 배출하는 양을 뺀 값.

　　　　　　　　　우리는 결국 지구를 위한 답을 찾을 것이다

1958년에는 사람의 발길이 닿지 않는 매우 청정한 하와이 마우나로 아산에 관측소를 만들어 측정을 시작했습니다. 그는 하루도 빠짐없이 대기 중 이산화탄소 농도를 관찰했고, 1960년과 1961년 연이어 남극과 하와이 마우나로아에서 측정한 이산화탄소 농도가 뚜렷이 증가하고 있음을 밝혀냈습니다. 집요하고 끈질긴 성격의 소유자이던 킬링은 1958년부터 퇴직하기 전까지 43년간 미국 스크립스 해양연구소^{Scripps} Institution of Oceanography에서 오로지 이산화탄소 농도 측정에 매진했습니다. 그 결과, 지금은 지구과학계에서 가장 유명한 커브인 이산화탄소의 궤적 '킬링 곡선'이 탄생했습니다. 덕분에 지구온난화 연구에 불이 붙었습니다. 킬링 곡선은 두 가지 사실을 말해주었습니다.

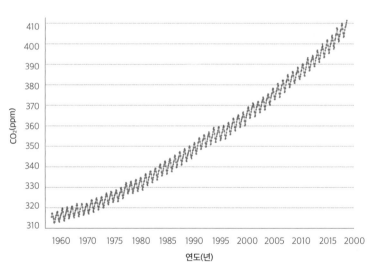

4-6 그래프. 킬링 곡선. 킬링은 2005년 작고했지만 그의 킬링 곡선은 여전히 특유의 톱니 모양을 그리며 꾸준히 상승하고 있다. Keeling et al.(2001)에서 수정.

첫 번째는 측정한 이산화탄소 커브에 기이한 톱니 같은 모양이 새겨져 있다는 것이었습니다. 이는 식물의 여름철 광합성을 통한 이산화탄소 흡수량이 식물이 많은 북반구와 적은 남반구에서 큰 차이가 났기 때문입니다. 이로 인해 마치 지구가 숨을 쉬듯 이산화탄소 농도가 낮아지고 높아지는 것이 반복되었습니다.

두 번째는 매년 이산화탄소 농도가 전년보다 조금씩 높아진다는 사실이었습니다. 이 결과에 자극받은 기후학자들은 지구온난화 문제의 심각성을 깨닫고 본격적인 연구를 시작하였습니다.

산업혁명 이전 280ppm이던 대기 중 이산화탄소는 어느새 2013년 400ppm을 훌쩍 돌파하고 2021년 2월 현재 416ppm을 기록했습니다. 해발고도 3,400m에 위치한 하와이 마우나로아산에 있는 대기 관측소는 공기가 매우 깨끗하고 이산화탄소를 직접 배출하는 지역과 멀리 떨어져 있었기에 이곳에서 관측한 이산화탄소 농도는 오늘날에도 전 지구의 이산화탄소 양을 대표하는 값으로 사용되고 있습니다[*].

이렇게 배출된 평균 농도 16ppm의 이산화탄소는 물에 색소를 넣었을 때처럼 지구에 골고루 퍼져 있을까요? 이번에는 이산화탄소가 대기권에 어떻게 분포되어 있는지 살펴보겠습니다.

다음 그림은 2016년 12월 대기권 중층에서 미국 나사 위성이 포착

● 현재는 많은 대기 관측소에서 이산화탄소를 측정하고 있고, 이 값들을 평균해 전 지구 평균 이산화탄소 농도를 산출합니다. 그런데 실제 값과 킬링 곡선을 비교해보면 약 3ppm밖에 차이 나지 않아 사실상 킬링 곡선이 지구를 대표하는 값이라고 봐도 무방합니다. 현재 이산화탄소 농도값을 알고 싶으면 다음 사이트를 참고하세요. https://www.esrl.noaa.gov/gmd/ccgg/trends

우리는 결국 지구를 위한 답을 찾을 것이다

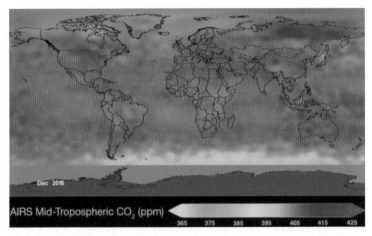

4-7 그림. 대기 중 이산화탄소 분포(2016.12) © NASA / Atmospheric Infrared Sounder(AIRS)

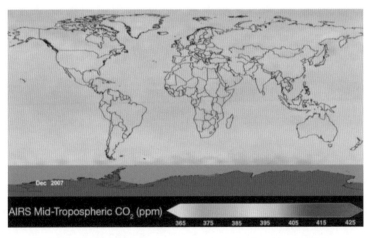

4-8 그림. 대기 중 이산화탄소 분포(2007.12) © NASA / Atmospheric Infrared Sounder(AIRS)

한 대기 중 이산화탄소 농도 분포를 나타낸 것입니다. 대기 중 이산화탄소 농도가 생각보다 균일하지요? 이산화탄소는 산업 활동이 활발하게 이루어지는 유럽, 북미, 그리고 아시아에서 가장 많이 배출되지만 곧 대기 중에 골고루 섞여 대체로 균질하게 분포됩니다. 따라서 하와이 마우나로아섬에서 측정한 값으로 지구 전체의 이산화탄소 농도 추이를 대표할 수 있는 것입니다. 10년 전 자료로 같은 그림을 그려보면, 대기 중 이산화탄소 농도가 얼마나 가파르게 상승하는지 다시 한번 확인할 수 있습니다.

오늘날에는 이산화탄소를 포함한 대기 중 온실기체를 땅에서는 관측 타워, 하늘에서는 위성을 이용해 발생부터 소멸까지 자세히 추적하고 있어 킬링의 노력으로 처음 밝혀진 대로 대기 중 이산화탄소 증가가 인류의 무분별한 화석연료 사용 때문임을 확실히 증명하고 있습니다. 이 부분에 대해서는 이제 반론의 여지가 없어졌습니다. 과학자들은 킬링이 수십 년간 기울인 노력에 경의를 표했고, 그가 발견한 톱니바퀴 곡선은 2007년 〈네이처〉 표지를 장식했습니다.[10]

이산화탄소로 가득 찬 욕조

○　　　　　대기 중 이산화탄소의 농도는 무엇에 의해 결정될까요? 일단 많이 들어오면 당연히 농도는 짙어지겠죠? 그렇다면 인류에 의한 연간 이산화탄소 배출량은 얼마나 될까요? 무려 수백억 톤에 달합니다. 1990년대 약 250억 톤이던 이산화탄소 연간 배출량이 어느새 2019년 기준으로 390억 톤을 넘어서고 있습니다. 21세기를 살아가는 인류는 현재 매년 약 400억 톤에 가까운 이산화탄소를 쉴 새 없이 대기권으로 뿜어대고 있는 것입니다. 코끼리 중 가장 무거운 아프리카코끼리의 평균 무게가 약 4톤이라고 하니 이는 코끼리 약 100억 마리를 합쳐놓은 무게입니다. 눈에 보이지도 않는 기체를 합친 무게 치고는 정말 대단하지 않습니까?

대기 중 이산화탄소 농도를 결정하는 데 중요한 다른 한 가지 요소는 '대기에서 이산화탄소가 얼마나 빨리 빠져나가는가'입니다. 만약 대기로 들어오는 속도가 빠져나가는 속도보다 빠르면 결국 농도는 짙어지죠. 이렇게 볼 때, 대기 중 이산화탄소 농도가 결정되는 원리는 목욕탕 욕조로 콸콸콸 흘러 들어오는 수돗물에 의해 욕조 물이 차오르고 있는 상황과 매우 유사합니다.

먼저 〈4-9 그림〉을 봐주십시오. 이 욕조는 이산화탄소로 채워지고 있는 가상의 욕조입니다. 욕조 위쪽 크기가 다른 수도꼭지 2개에서 끊임없이 이산화탄소가 공급되고 있습니다. 수도꼭지 중 하나는 인간 활동으로 공급되는 양이고, 다른 하나는 자연적인 화산활동에 따라 공급되는 양입니다. 수도꼭지의 크기가 포인트입니다. 클수록 빠르게 욕조를 채워나가는 것을 의미하죠. 즉 수도꼭지 크기는 공급 속도를 의미합니다. 욕조에는 눈금이 그어져 있습니다. 욕조에 공급된 이산화탄소 양이 늘어날수록 눈금이 올라갑니다. 눈금 단위는 ppm입니다.

한편 욕조 바닥에는 이산화탄소를 욕조 밖으로 내보내는 배수구가 3개 뚫려 있습니다. 수도꼭지와 마찬가지로 배수구 크기는 모두 다릅니다. 첫 번째 배수구에는 화학적 풍화작용이라는 이름표가 붙어 있습니다. 두 번째 배수구는 바다로 통하는 구멍입니다. 즉 바다가 대기

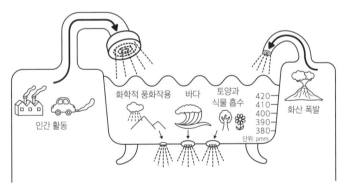

4-9 그림. 대기 중 이산화탄소의 양과 이를 조절하는 여러 요인을 물이 콸콸 쏟아지는 동시에 배수구로 빠져나가고 있는 욕조에 비유한 그림.

우리는 결국 지구를 위한 답을 찾을 것이다

중 이산화탄소를 흡수하는 양을 의미합니다. 세 번째 배수구는 토양과 식물 흡수라고 쓰여 있습니다. 식물은 광합성을 통해 대기 중 이산화탄소를 빨아들여 몸집을 불려나가고 토양도 대기 중 이산화탄소를 빨아들입니다.* 이렇게 대기 중 이산화탄소의 양은 여러 개의 크기가 다른 수도꼭지와 배수구로 조절됩니다. 만약 수도꼭지에서 흘러 들어오는 양이 배수구로 빠져나가는 양보다 많으면 욕조 속 이산화탄소의 양은 점점 늘어나겠지요? 딱 지금 상황이 그렇습니다. 산업혁명 이전 280ppm 눈금에 머물렀던 대기 중 이산화탄소 양은 이제 410ppm을 넘어섰습니다. 대기 중 이산화탄소는 과거 여러 원인에 의해 조절되면서 늘었다가 줄어들기를 반복했습니다.

산업혁명 이전 수십억 년 동안 화산 폭발은 이산화탄소를 대기로 보내는 주요 공급원이었습니다. 지각과 지각이 만나는 판의 경계에서 주로 화산활동이 일어나는데, 판의 움직임과 지각활동이 활발한 시기에는 화산활동도 심해지면서 많은 양의 이산화탄소가 공급되었습니다. 화산활동의 힘은 느리지만 강력하죠. 온통 눈으로 뒤덮인 지구를 다시 푸른 생명으로 뒤덮인 지구로 바꾸어준 것도 바로 이 화산활동이었습니다. 다만 지구의 이산화탄소 농도가 일정 수준 이상으로 증가하려면 하나의 화산이 폭발하는 것으로는 어림도 없고, 지각활동이 활발한 시기에 동시다발적으로 화산 폭발이 일어나야만 했습니다. 우리가 살아

● 사실 바다와 토양은 대기로 많은 양의 이산화탄소를 배출하기도 합니다. 그래서 수도꼭지 역할을 하기도 하지만 전 지구적으로 봤을 때 배출하는 역할이 더 크기 때문에 배수구로 표현했습니다.

가는 이 시대에도 이따금 강력한 화산 폭발이 일어나 이산화탄소 배출량을 늘리곤 합니다. 그러나 꾸준하긴 해도 속도가 느립니다. 인간 활동에 의해 대기로 들어오는 속도의 약 2% 수준밖에 안 됩니다. 〈4-9 그림〉에서 화산 폭발과 관련된 수도꼭지를 가늘게 표시해둔 이유입니다. 세계 도처에서 태워대는 화석연료는 자연의 화산에 비해 50배나 빠른 속도로 대기에 이산화탄소를 콸콸콸 쏟아붓고 있습니다.

이제 이산화탄소가 대기에서 빠져나가는 원리를 살펴보겠습니다. 첫 번째는 1장과 2장에서 몇 번 언급한 화학적 풍화작용입니다. 물에 잘 흡수되는 이산화탄소는 대기 중에 존재하다가 비가 내리면서 함께 녹아 땅으로 떨어집니다. 바로 산성비죠. 산성비는 암석을 녹여 동굴을 만들기도 하고 강물을 따라 흘러 바다로 들어가기도 합니다. 이렇게 바다로 들어간 이산화탄소는 바닷물에 녹아 있다가 생물의 껍데기를 만드는 원료나 해양식물의 광합성 원료로 사용되기도 합니다. 그러나 이들 생명체가 죽어 바다 밑바닥에 가라앉을 때 함께 다시 지각으로 돌아갑니다. 한 가지 기억해야 할 점은 이 화학적 풍화작용은 너무 느린 프로세스라는 점입니다. 최근 100년 동안의 이산화탄소 급증 속도에 비하면 거의 무시해도 좋을 만큼 느린 속도죠. 다만 매우 꾸준함을 자랑하는 프로세스라 아주 긴 지질학적 시간 규모로 볼 때는 화산활동과 같이 매우 중요합니다.

두 번째로 바다는 이산화탄소를 쉽게 흡수해 대기 중 이산화탄소를 제거합니다. 탄산음료는 이산화탄소가 물을 만나 쉽게 탄산이 되는 성질을 응용해 톡 쏘는 맛을 내는 음료수입니다. 문제는 바다가 이산화

우리는 결국 지구를 위한 답을 찾을 것이다

탄소를 흡수하는 효율은 온도에 반비례한다는 것입니다. 바닷물이 대기 중 이산화탄소 증가에 의한 온실효과로 점점 뜨거워진다면 이 효율은 계속 떨어집니다. 이를 욕조로 생각해보면 욕조의 물이 따뜻해질수록 바다와 관련된 배수구의 구멍이 좁아진다고 해야 할까요. 온도에 따른 바다의 이산화탄소 흡수 능력이 떨어지는 것은 사이다를 실온에 두었을 때를 생각하면 쉽게 이해할 수 있습니다. 사이다를 냉장고에서 꺼내 오래 놔두면 온도가 높아져 물이 이산화탄소를 포함하는 능력이 현저히 떨어지면서 탄산가스가 밖으로 빠르게 새어 나갑니다. 이와 비슷한 일이 지구에도 벌어지는 것이지요.

세 번째는 지구에 있는 식물들이 광합성을 통해 이산화탄소를 흡수하는 것입니다. 나무가 자라고 울창한 숲이 되는 것 자체는 잘 생각해보면 대기 중 이산화탄소를 식물들이 뺏어온다는 의미지요. 실제로 우리가 화석연료를 사용해 대기 중으로 공급하는 이산화탄소를 100%로 보았을 때 그중 25%는 숲과 토양이 흡수하고 25%는 바다가 직접 흡수하는 것으로 알려져 있습니다.[11]

〈4-10 그래프〉는 산업혁명 이후 배출된 이산화탄소(그래프 위쪽)가 어디에 흡수되는지(그래프 아래쪽) 나타낸 것입니다. 이 그래프를 보면 1950년 이후 급증한 화석연료 사용량으로 늘어난 이산화탄소 중 상당 부분은 바다와 토양이 흡수하고 나머지가 대기에 축적되었음을 알 수 있습니다. 인류가 1950년대를 기점으로 폭발적으로 이산화탄소를 배출하자 바다와 토양의 흡수량 역시 늘어난 것이 보이나요? 대기 중 이산화탄소 증가에 깜짝 놀란 지구가 바다와 숲을 동원해 이산화탄소를

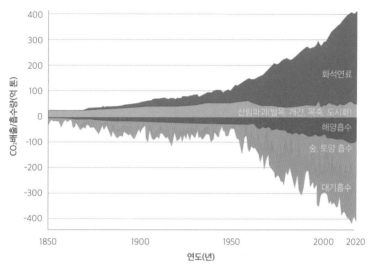

4-10 그래프. 이산화탄소 배출원source과 흡수원sink. 그래프의 0선 위쪽은 배출원(화석연료, 토지사용)이, 아래쪽은 흡수원(바다, 토양, 대기)이 산업혁명 이후 시간에 따라 얼마나 탄소를 배출하고 흡수하는지를 보여준다. Global Carbon Project(2018)에서 수정.

흡수하려고 안간힘을 써봤지만 역부족이었습니다. 아무리 흡수하려 해도 넘쳐나는 이산화탄소를 감당할 수 없는 것입니다. 바다와 토양이 이산화탄소를 흡수하지 않았다면 지금쯤 지구 온도가 2℃ 가까이 상승했을지도 모릅니다.

이제 욕조에 새겨진 ppm 눈금의 의미에 대해 살펴보겠습니다. 욕조에 이산화탄소가 공급되어 눈금이 한 칸 한 칸 올라갈 때마다 얼마나 많은 양의 이산화탄소가 공급된 걸까요? ppm은 'parts per million'의 약자입니다. parts는 부분을 의미하고 million은 100만을 의미하니 100만분의 1이라고 생각하면 됩니다. 따라서 1ppm 눈금이 올라갔다

우리는 결국 지구를 위한 답을 찾을 것이다

는 것은 말 그대로 공기 분자 100만 개당 1개꼴로 이산화탄소 분자가 증가했다는 뜻입니다. ppm 값이 클수록 농도가 짙다는 뜻입니다.

그렇다면 1ppm 눈금이 올라가면 지구 대기 전체에 포함된 이산화 탄소의 질량은 얼마나 늘어날까요? 살짝 계산해보니 80억 톤 정도 되네요. 계산을 위해서는 지구 대기의 총 질량이 5.15×10^{15}톤이라는 사실[12]과 고등학교에서 배운 기초적인 화학 지식을 이용한 다음 식이 필요합니다.

(1) 1ppm당 늘어나는 이산화탄소 질량

= 이산화탄소 몰수 증가량 × 이산화탄소 분자량(44)

(2) 지구 대기 질량 = 전체 대기의 몰수 × 지구 대기 분자량(28.9)

(3) $\dfrac{\text{이산화탄소 몰수 증가량}}{\text{전체 대기의 몰수}} = 1\text{ppm}$

먼저 식 (2)에서 전체 대기의 몰수를 구해서 식 (3)에 넣어 이산화탄소 몰수 증가량을 얻고, 다시 식 (1)에 집어 넣으면 1ppm당 늘어나는 이산화탄소 질량으로 약 80억 톤이 계산되어 나옵니다. 지구 대기의 이산화탄소는 1년에 2.5ppm 정도씩 꾸준히 늘어나고 있으므로 계산에 따라 약 200억 톤이 대기 중에 지속적으로 추가된다고 볼 수 있습니다.

여기서 주의해야 할 점은 200억 톤이 수도꼭지에서 들어오는 양이 아니라는 점입니다. 욕조 그림으로 돌아가, 욕조에서 매년 2.5ppm의 눈금이 상승한다는 말은 수도꼭지로 유입된 양이 일정량 배수구로 빠져나가고 욕조에 남는 이산화탄소가 200억 톤이라는 뜻입니다. 앞에서 언급했듯 바다는 수도꼭지로 들어오는 이산화탄소 중 25%를 흡수하고, 식물과 토양이 25%를 흡수하므로 합해서 절반이 빠져나갑니다. 따라서 수도꼭지로 들어오는 양은 약 400억 톤입니다. 400억 톤이 들어와 200억 톤이 바다와 육지로 빠지고 남는 200억 톤이 매년 증가하는 이산화탄소의 양이라고 생각하면 됩니다. 연간 이산화탄소 배출량이 400억 톤이라는 점, 그리고 매년 평균적인 대기 중 이산화탄소 농도가 2.5ppm씩 증가한다는 점은 상식으로 기억해두면 좋을 것 같습니다.

마이크로소프트사의 창업자이자 억만장자 빌 게이츠는 최근 출판한 기후변화 관련 서적《빌 게이츠, 기후재앙을 피하는 법》서두에서 현재 인류의 연간 온실기체 배출량을 줄이고 기후 재앙을 막기 위해 2050년까지 도달해야 할 숫자로 510억과 0을 제시했습니다.[13] 여기서 510억 톤은 앞에서 제시한 이산화탄소 배출량 400억 톤에 추가로 약 100억 톤을 더한 것입니다. 왜일까요? 온실기체가 이산화탄소만으로 이루어진 것은 아니기 때문입니다. 메탄(CH_4)이라든가 아산화질소(N_2O), 염화불화탄소(CFC)나 육불화황(SF_6) 같은 기체도 있습니다.

메탄의 경우, 대표적으로 동식물이 부패하거나 발효할 때 주로 생성됩니다. 소의 트림과 방귀는 상당한 양의 메탄가스를 대기 중에 방출합니다. 메탄의 온실효과는 이산화탄소에 비해 28배나 강력합니다. 아산화질소는 질소비료가 산화되면서 발생합니다. 농작물을 키울 때 질소비료를 사용하면, 절반 이상이 식물에 흡수되지 않고 토양이나 강으

우리는 결국 지구를 위한 답을 찾을 것이다

로 흘러갑니다. 이 질소비료 성분이 공기 중에 노출되어 아산화질소가 생겨나면 이산화탄소보다 약 265배나 강력한 온실효과를 불러옵니다. 아산화질소가 이산화탄소보다 훨씬 적은 양이 배출되는 게 큰 다행입니다.

메탄과 아산화질소가 아주 무시무시한 온실기체일지라도 이들의 질량을 다 합쳐봤자 얼마 되지 않습니다. 그래서 온실기체 배출량을 질량으로 표현할 때는 이들의 온실효과를 고려해 이산화탄소에 해당하는 질량으로 환산해(예: 메탄은 28배) 배출량을 계산합니다. 이렇게 계산한 이산화탄소 환산 온실기체 배출량이 2019년 510억 톤이었습니다.

2020년은 진보를 거듭해오던 인류에게 참으로 힘든 시기였습니다. 많은 상점과 공장이 문을 닫고, 대부분의 비행기가 운항을 멈추는 초유의 사태가 벌어졌습니다. 코로나19가 세상을 덮쳤기 때문입니다. 하루에 수만 명이 사망하고 사람들은 집 안에서 두려움에 떨며 시간을 보냈습니다. 이 글을 쓰고 있는 2021년 4월, 우리는 백신을 통해 코로나19의 공포에서 벗어날 준비를 하고 있지만 여전히 끝나지 않은 재앙에 떨고 있습니다. 우리는 코로나19에서 많은 것을 배우고 있습니다. 그중 기후변화와 관련된 중요한 메시지가 있습니다. 격동의 한 해가 끝나고 과학자들이 알려준 바에 따르면 2020년 이산화탄소 환산 온실기체 배출량 수치는 2019년에 비해 고작 23억 톤 줄어들었을 뿐이라는 것이죠. 즉 인류는 모든 것이 멈추었다고 생각한 2020년에 510억 톤과 그리 차이 나지 않는 480억 톤 남짓의 온실기체를 대기 중에 뿌려댄 것입니다. 영국의 한 연구 팀은 코로나19로 인한 온실기체 배출량 감소는 지구 평균기온을 고작 0.01℃ 정도 낮췄을 뿐이라고 밝혔습니다.[14] 빌 게이츠가 코로나19와 기후변화 대응을 비교하면서 "코로나19를 종식시키는 일은 기후변화를 막는 것에 비하면 매우 쉽다"고 한 말이 공감이 갑니다.

우리는 결국 지구를 위한 답을 찾을 것이다

사실 온실효과에 대한 정보는 반쪽짜리였다

증가된 온실기체가 담요처럼 지구를 덮어 지구를 덥힌 다는 설명은 사실 그리 틀린 것은 아니지만 그리 좋은 설명도 아닙니 다. 지구온난화를 설명하는 데 있어 핵심은 '얼마나 크게 증가시키는 가'이기 때문입니다. 온실기체 담요가 홑이불인지 두꺼운 솜을 꽉꽉 눌 러 채운 이불인지 설명할 수 있어야 하는 것입니다.

여러분은 어떻게 생각하시나요? 온실기체 담요는 홑이불일까요 아 니면 두꺼운 솜이불일까요? 당연히 솜이불이라 생각하겠지요? 틀렸습 니다. 온실기체 담요는 확실히 홑이불입니다.* 놀라운 반전이라 생각할 수도 있겠지만 이는 기후학자들이 대부분 동의하는 내용입니다. 핵심 은 지금까지 많은 분들이 접해온 온실효과에 대한 정보는 반쪽짜리라 는 것입니다. 먼저 온실효과에 대한 설명부터 파고들어보겠습니다.

온실기체가 지구를 덥히는 원리를 깊이 있게 이해하려면 대기복사

● 여기서 온실기체 담요는 산업혁명 이후 화석연료를 태워 증가시킨 온실기체의 양을 비유하는 말입니다.

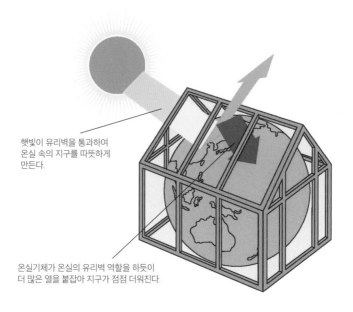

햇빛이 유리벽을 통과하여
온실 속의 지구를 따뜻하게
만든다.

온실기체가 온실의 유리벽 역할을 하듯이
더 많은 열을 붙잡아 지구가 점점 더워진다.

4-11 그림. 온실효과 개념을 설명하는 일반적인 그림.

에 대해 알아야 합니다. 복사는 열전달 중에서도 매우 어려운 개념으로 제대로 이해하려면 양자역학에 대한 전문 지식도 갖추어야 하고 복잡한 복사 전달 방정식도 알아야 합니다. 과학자들은 대중에게 쉽게 지구 온난화의 위험성을 경고하기 위해 위와 비슷한 그림을 사용해 설명합니다.

이 그림은 증가된 이산화탄소가 지구를 덥히는 기본 원리를 알기 쉽게 설명하지만, 두 가지 큰 문제점이 있습니다. 첫 번째는 '얼마나'입니다. 온실효과가 있냐 없냐보다는 온실효과로 얼마나 지구가 뜨거워질지 계산하는 것이 중요합니다. 그런데 이 그림에는 그 부분이 전혀 명

우리는 결국 지구를 위한 답을 찾을 것이다

시되어 있지 않습니다.

두 번째는 지구상에 존재하며 온도를 증폭시키는 다양한 증폭작용이 그림에 표시되어 있지 않다는 점입니다. 사실 과학자들은 만약 온실효과만 있고 증폭작용이 없다면 지구 온도 상승을 크게 걱정할 필요가 없다는 점을 이미 입증한 바 있습니다.

이 증폭작용이야말로 지구온난화의 원인을 제대로 설명할 때 중요한 개념인데 학교에서도 잘 가르쳐주지 않습니다. 사실 제가 이 책을 쓰게 된 가장 큰 동기이기도 합니다. 그럼 이제 온실효과의 직접적인 온난화 효과의 크기가 정말 얼마나 되는지 한번 차근차근 계산해보도록 하겠습니다.

온실효과 계산하기

○　　　온실효과를 과학적으로 이해하기 전에, 먼저 온실기체
가 내뿜는 빛인 적외선의 성질에 대해 알아보도록 하겠습니다.

빛의 정체는 무엇일까요? 빛은 태양이나 시뻘겋게 달군 쇠와 같이
특수한 조건, 특수한 물질에서만 나오는 걸까요? 그렇지 않습니다. 우
주에서 절대영도가 아닌 모든 물체는 그것이 고체든 액체든 기체든 혹
은 원자든 분자든 무조건 일정량의 전자기파를 방출하는데 이 전자기
파가 바로 빛입니다.

"빛이란 좁은 의미에서 가시광선, 즉 일반적으로 사람이 볼 수 있는
약 $0.4\,\mu m$(마이크로미터)에서 $0.7\,\mu m$의 파장을 지닌 전자기파를 뜻한다.
넓은 의미에서는 모든 종류의 전자기파를 지칭한다. 또 빛은 물리학에
서 주로 넓은 뜻으로 쓰인다." (위키백과사전)

따라서 빛은 물질이 있는 곳에서는 어디서든 출렁거리며 퍼져나가
는 일종의 파동 에너지의 집합체입니다. 여기서 집합체라고 하는 이유

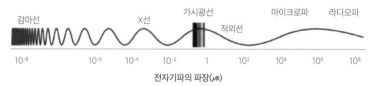

| 감마선 | | | X선 | 가시광선 | | 마이크로파 | 라디오파 |
| | | | | | 적외선 | | |

| 10^{-8} | 10^{-6} | 10^{-4} | 10^{-2} | 1 | 10^{2} | 10^{4} | 10^{6} | 10^{8} |

전자기파의 파장(μm)

4-12 그림. 빛이 파장에 따라 다양한 에너지를 발산하고 있음을 보여준다.

가 있습니다. 빛은 보통 길이가 다양한 파장을 지닌 파동의 다발로 구성되어 있기 때문입니다. 파장에 따라 같은 빛이라도 성격이 다르고 포함한 에너지가 다릅니다. 〈4-12 그림〉처럼 이 파장에 따라 감마선부터 엑스선, 가시광선, 적외선, 마이크로파, 라디오파 등으로 나뉩니다. 라디오파의 파장은 수십 미터에 달합니다.

18세기 과학자들은 어떤 물체든 온도만 같으면 거의 유사한 전자기파 에너지를 발산한다는 사실을 발견했고, 물체의 온도가 그 물체가 발산하는 빛을 결정하는 가장 중요한 요인이란 것을 깨달았습니다. 1900년 막스 플랑크[Max Planck 1858~1947]는 기존 이론과 실험 결과를 종합해 이를 공식으로 만드는 데 성공했습니다. 즉 물체의 온도에 따라 파장별로 얼마나 강한 에너지의 빛을 방출하는지 결정할 수 있는 공식을 발견합니다. '플랑크 복사 법칙'이라 명명한 이 법칙을 이용해 온도를 높여가며 플랑크 곡선을 한번 그려보겠습니다. 태양의 온도는 약 5,500K(켈빈)로 태양의 플랑크 곡선은 그림상의 5,000K 곡선과 매우 유사합니다.

온도가 떨어질수록 커브 크기가 전체적으로 작아지면서 최대 에너

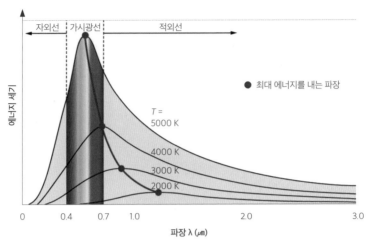

4-13 그림. 온도에 따라 커브가 달라지는 플랑크의 복사 곡선.

지를 내는 파장이 점점 오른쪽으로 이동하는 것을 알 수 있습니다. 즉 물체의 온도가 낮아질수록 점점 약하고 파장이 긴 전자기파 위주로 에너지를 내보낸다는 것입니다. 그림에서 온도가 2,000K 밑으로 떨어지면 가시광선 영역의 에너지가 지나치게 약해져 대부분의 빛은 적외선으로 구성됩니다. 지구는 평균온도가 15℃ 정도이므로 절대온도로는 303K 정도입니다. 따라서 이 그림에 나타내기 힘들 정도로 적은 에너지를 내고, 최대 파장은 약 10μm입니다. 사실 플랑크 복사 법칙은 흑체 Blackbody*라는 매우 이상적인 물체에만 적용되는 공식이나, 태양이나 지

● 모든 빛을 흡수하고 흡수한 모든 빛을 방출하는 이상적인 물체를 흑체라고 합니다. 지구나 태양은 흑체로 봐도 무방합니다. 흑체라고 반드시 검을 필요는 없습니다. 빛을 거의 반사하지 않고 스스로 빛을 내는 물체는 보통 흑체로 간주됩니다. 태양의 경우가 그렇습니다. 또 지구처럼

우리는 결국 지구를 위한 답을 찾을 것이다

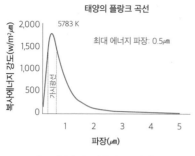
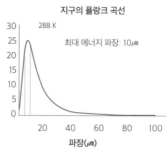

4-14 그래프. 태양과 지구의 플랑크 곡선 비교.

구는 흑체로 봐도 무방합니다. 이번에는 태양과 지구의 온도에 해당하는 플랑크 곡선을 따로 비교해보겠습니다.

태양의 경우, 가시광선 영역인 약 $0.5\mu m$에서 최대 에너지가 뿜어져 나옵니다. 그리고 태양 빛의 경우, 파장이 $3\mu m$를 거의 넘지 않습니다. 온도가 약 $15°C$(288K)인 지구의 플랑크 곡선을 보면 지구는 최대 출력을 $10\mu m$ 파장에서 뿜어내고, 그 크기는 $25w/m^2$ 정도 됩니다. 태양의 최대 출력과는 큰 차이가 있지요? 또 대부분의 에너지를 $5~30\mu m$에서 내보냅니다. 즉 태양이 내는 빛과 지구가 내는 빛은 에너지 양 자체에도 큰 차이가 있고 종류(파장)에서도 겹치는 구간이 거의 없을 정도로 다른 것을 알 수 있습니다.

지구나 태양이 내뿜는 전체 빛 에너지를 구하려면 어떻게 해야 할까

태양 빛을 일부 반사하는 경우 흑체가 아니라고 생각할 수도 있지만, 지구는 흑체에 가깝다고 볼 수 있습니다. 매우 낮은 지구 온도를 고려할 때, 지구가 내는 대부분의 에너지는 적외선 영역에 밀집되어 있고 지구는 흡수하는 적외선의 거의 100%를 다시 방출하기 때문입니다.

요? 각 물체가 파장별로 내뿜는 모든 에너지를 다 더하면 되겠지요? 따라서 플랑크 곡선으로 둘러싸인 면적을 적분해서 구하면 아래 공식을 얻을 수 있습니다.

$$E = \sigma T^4$$

이 공식은 처음 발견한 과학자들의 이름을 따서 슈테판-볼츠만 법칙이라고 합니다. 여기서 온도 T는 절대온도(켈빈온도)이고 σ는 슈테판-볼츠만 상수, $\sigma = 5.670 \times 10^8 \text{w}/(\text{m}^2 \cdot \text{K}^4)$가 되겠습니다. 결국 흑체가 방출하는 전자기파의 총 에너지는 온도의 4제곱에 비례합니다.

이제 본격적으로 온실효과 이야기를 해보겠습니다. 모든 기후변화의 근본 원인은 무엇일까요? 즉 기후는 왜 변하는 것일까요? 지구로 들어오는 에너지와 우주로 빠져나가는 에너지가 차이가 나기 때문입니다. 웬만해서는 이 두 값은 차이가 나지 않습니다. 자연의 원리에 따르면 지구는 흡수하는 태양에너지만큼 스스로 우주 공간으로 복사에너지를 방출하는 성질이 있기 때문입니다. 이를 '복사평형의 원리'라고 합니다.

지구의 행성 반사율은 30%여서 지구에 도착하는 태양에너지 중 약 30%는 구름이나 얼음에 반사되어 우주로 튕겨져 나가고 나머지는 지구가 흡수합니다. 태양이 보내는 전자기파를 계속 흡수만 하고 방출하지 않는다면 어떻게 될까요? 당연히 지구 온도는 급격히 올라갈 것입니다. 그러나 지구는 딱 태양으로부터 받아들이는 만큼만 에너지를 방

우리는 결국 지구를 위한 답을 찾을 것이다

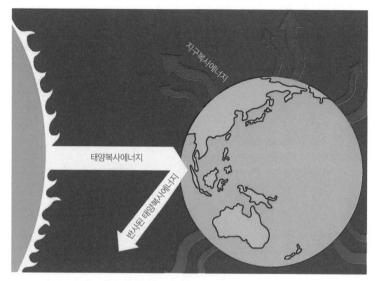

4-15 그림. 태양과 지구가 에너지 평형을 맞추는 원리(대기가 없는 경우).

출하기 위해 스스로 에너지 균형을 찾아갑니다.

원리는 간단합니다. 지구는 온도가 높아질수록 더 많은 에너지를 슈테판-볼츠만 법칙에 따라 온도의 4제곱 비례하게 방출합니다. 즉 슈테판-볼츠만 법칙 자체가 온도조절기 역할을 한 것입니다. 지구의 온도가 너무 높아 태양으로부터 받는 에너지보다 더 많은 에너지를 우주로 방출하게 되면 지구 온도는 다시 떨어지고, 반대로 지구의 온도가 너무 낮으면 같은 원리로 에너지가 지구에 쌓이면서 온도가 상승하게 됩니다. 결국 받아들이는 태양에너지와 지구가 방출하는 에너지 차이는 시간에 따라 점점 줄어들다가 지구가 방출하는 에너지가 태양에서 받는 에너지와 같아지면 아무 변화가 없는 균형 상태에 이릅니다. 이것이 바로 지

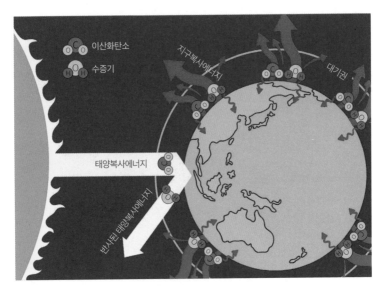

이산화탄소

수증기

지구복사에너지

대기권

태양복사에너지

반사된 태양복사에너지

4-16 그림. 대기권에 온실기체가 존재할 때 에너지 평형을 맞추는 원리.

구가 스스로 에너지 균형 상태를 찾아가는 복사평형의 원리입니다.

이는 대기권이 존재하든 안 하든 온실효과가 있든 없든 항상 성립하는 자연의 법칙입니다. 아주 간단한 계산을 통해 태양과 지구 표면 사이에 대기권이 없는 경우 지구의 복사평형 온도를 구해보면 지구의 온도는 영하 18℃가 나옵니다. 온실효과를 고려하지 않은 지구 온도는 이렇게 낮습니다.

이 조건에서 만약 대기 중에 온실기체가 갑자기 추가된다면 지구의 온도에는 어떤 변화가 생길까요? 앞의 상황과는 달리 온실기체의 존재로 인해 지구가 방출하는 에너지의 일부를 온실기체가 흡수합니다. 흡수된 에너지 중 일부는 온실기체가 대기권 밖으로 다시 쏘아 내보내지

우리는 결국 지구를 위한 답을 찾을 것이다

만 일부는 지구 표면으로 다시 돌아옵니다. 일단 한번 온실기체에 흡수된 지구복사에너지가 다시 온실기체에 의해 방출될 때는 온실기체 온도의 4제곱에 비례하는 양이 방출됩니다.

여기서 중요한 포인트는 고도가 높아질수록 온도는 떨어지고 따라서 상공에 존재하는 온실기체로부터 재방출되는 에너지 양은 온도가 높은 지표면에서 방출되는 에너지 양보다 훨씬 작다는 것입니다. 결론적으로 온실기체 때문에 지구가 더 적은 양의 에너지를 지구 밖으로 방출하게 되어 갑자기 태양으로부터 받는 에너지보다 지구 방출 복사에너지가 작아집니다. 마치 담요와 같이 지구 밖으로 나가려는 에너지를 온실기체가 잡아두게 되는 셈입니다.

그러면 그다음은 어떻게 될까요? 불균형한 상태가 되었으니 이제 지구가 반응할 차례입니다. 잉여 에너지가 생겨 어딘가의 온도가 상승해야 하는데 마침 온실기체가 지구를 향해 일부 에너지를 뿌려주고 있으니 지구 표면 온도가 상승하기 시작합니다. 이렇게 되면 다시 지구 표면은 증가된 온도의 4제곱에 비례하는 만큼의 에너지를 우주 공간으로 방출하기 시작합니다. 많은 에너지를 대기권으로 방출하고 시간이 지나 지표 온도가 충분히 상승하면 결국 또 다시 들어오는 태양에너지와 정확하게 균형을 맞추게 됩니다.

중요한 것은 틀어졌던 균형이 맞추어지는 데 시간이 필요하다는 점입니다. 특히 지구에는 바다 같은 열용량이 매우 큰 물탱크가 존재하기 때문에 온도 상승이 매우 더딥니다. 따라서 우리가 오늘 1ppm의 온실기체를 추가했다고 해서 온도 반응이 즉각 나타나는 것이 아니라 수십

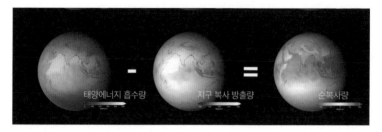

4-17 사진. 미국 나사의 테라-아쿠아 위성이 실제 측정한, 지구가 흡수하는 태양에너지(왼쪽), 지구 복사 에너지(가운데), 복사 불균형(오른쪽). 2019년 4월. © NASA

년에 걸쳐 천천히 온도가 상승하게 된다는 것이죠. 반대로 갑자기 내일부터 당장 온실기체를 인류가 배출하지 않는다고 해도 이미 배출된 온실기체가 초래하는 에너지 불균형이 해소되기까지 수십 년이 소요될 것입니다. 그 시간 동안 지구 온도는 계속 상승하겠죠.

앞에서 개념 위주로 살펴본 지구와 태양 간의 에너지 균형을 실제 위성 데이터로 살펴볼까요? 우리는 인공위성을 통해 지구 곳곳에서 얼마나 많은 태양에너지를 흡수하는지, 또 매일 우주로 얼마나 많은 에너지를 방출하는지 알 수 있습니다. 〈4-17 사진〉은 미국 테라-아쿠아 위성이 2019년 4월 지구가 얼마나 태양에너지를 흡수(왼쪽)하고 우주 밖으로 방출(가운데)하는지 측정한 결과입니다. 이 둘의 차이가 오른쪽 순복사net radiation량입니다. 지구 전체 면적에서 순복사량을 더해 0이 된다면 지구는 태양에너지와 완벽하게 균형을 이루게 되어 지역별로는 기후와 온도가 요동칠 수는 있어도 전 지구적으로는 온도의 변화가 없는 안정된 상태가 됩니다.

그렇다면 위 그림에서 전 지구의 순복사량을 모두 더하면 어떻게 될

우리는 결국 지구를 위한 답을 찾을 것이다

까요? 0이 될까요? 아닙니다. 우리는 매일 화석연료를 사용하며 조금씩 에너지 불균형을 누적시키고 있으니까요. 그러나 순복사량을 인공위성으로 정확히 알아내는 것은 현대 과학으로도 매우 어려운 일입니다. 최근에야 과학자들이 순복사량을 정확히 계산하기 위해 도전하고 있는데 현재 대략 $0.6 \sim 0.8 \mathrm{w/m^2}$ 정도로 추정합니다.[15]

지금까지 거시적인 에너지 균형의 관점에서 온실기체의 역할에 대해 살펴보았습니다. 이제 지구 표면에서 우주 공간으로 방출된 적외선이 대기권 내 온실기체에 닿으면 실제로 어떤 현상이 생기는지 자세히 살펴보고 온실효과의 정량적인 효과를 계산해보겠습니다. 앞에서 보여드린 대로 지구가 방출하는 전자기파의 정체는 약 $10\,\mu m$를 중심으로 대략 $1 \sim 20\,\mu m$의 파장을 지닌 다양한 적외선의 집합입니다. 그런데 이들 중 일부 성분, 즉 특정 파장대의 적외선만 대기권 온실기체에 흡수되어 대기권 밖으로 탈출하는 데 실패합니다. 예를 들어 이산화탄소는 특히 $15\,\mu m$를 중심으로 한 파장 밴드의 적외선을 좋아해서 이 파장대의 적외선을 만나면 춤추듯 진동하기 시작합니다.

이산화탄소가 진동하면서 주변 공기를 일부 덥힙니다. 그러나 진동은 오래 가지 않고 곧 흡수한 에너지를 토해내면서 무작위로 흡수했던 파장과 동일한 파장의 적외선 빛을 방출합니다. 온실기체가 특정 파장을 선호하는 이유를 설명하려면 양자역학과 분자의 결합 구조에 대한 장황한 설명이 필요한데, 이 책에서는 과감히 생략하겠습니다.

이제 이산화탄소가 실제로 얼마나 많은 양의 지구복사에너지를 흡수하는지 예를 들어 설명하겠습니다. 구름도 끼지 않고 매우 화창한 날

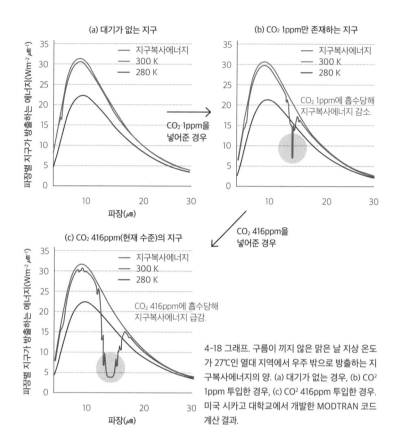

4-18 그래프. 구름이 끼지 않은 맑은 날 지상 온도가 27℃인 열대 지역에서 우주 밖으로 방출하는 지구복사에너지의 양. (a) 대기가 없는 경우, (b) CO_2 1ppm 투입한 경우, (c) CO^2 416ppm 투입한 경우. 미국 시카고 대학교에서 개발한 MODTRAN 코드 계산 결과.

지상 온도가 27℃인 열대 지역 어느 곳에서, 지표면에서 우주로 방출되는 에너지가 얼마나 이산화탄소에 의해 흡수되는지를 컴퓨터로 계산한 결과를 소개합니다[•].

● 계산은 MODTRAN이라는 복사전달 모델을 사용했습니다. 출처 : http://climatemodels.uchicago.edu/modtran/

우리는 결국 지구를 위한 답을 찾을 것이다

먼저 대기가 없는 경우입니다. 이 경우 예상하셨듯 27℃ 즉 300K 의 물체가 내뿜는 플랑크 복사 곡선과 거의 유사한 결과를 얻게 됩니다(〈4-18 그래프〉의 (a), 파란색 선). 미세하게 300K 플랑크 곡선과 다른 이유는 지구가 완벽한 흑체가 아니기 때문입니다. 300K 흑체복사는 슈테판-볼츠만 법칙으로 계산해보면 약 $443.6w/m^2$의 에너지를 방출합니다. 여기서 재미있는 실험을 하나 해보겠습니다. 이산화탄소 딱 1ppm만 집어넣고 계산해볼까요? 어떻게 나오는지 살펴보겠습니다.

1ppm의 이산화탄소를 집어넣으니 앞에서 설명한 대로 약 $15\mu m$ 중심으로 이산화탄소에 의해 흡수가 일어나는 것이 보이나요?(〈4-18 그래프〉의 (b), 파란색 선) 이제 지구가 방출하는 에너지는 $437w/m^2$로 약 $7w/m^2$가 줄었습니다. 딱 1ppm 때문에 일어난 일입니다. 지구의 최대 파장이 대략 $10\mu m$ 주변이므로 $15\mu m$ 주변은 상당히 많은 지구복사에너지를 흡수할 수 있는 영역입니다. 만약 이산화탄소의 최대 흡수 파장이 $30\mu m$였다면 오늘날처럼 온실효과가 크게 이슈가 되지는 못했을 것입니다. 이제 현재 이산화탄소의 농도인 416ppm을 넣어볼 차례입니다.(〈4-18 그래프〉의 (c), 파란색 선)

이 경우 총 방출 에너지는 $397w/m^2$로 뚝 떨어져 이산화탄소가 없을 때보다 약 $46w/m^2$ 줄어들었습니다. 커브가 훨씬 깊이 파이는 모습은 이산화탄소가 $15\mu m$ 주변의 밴드를 형성하며 에너지를 강하게 흡수하는 것을 의미합니다. 그런데 이산화탄소가 1ppm보다 400배 이상으로 많이 늘어났는데도 흡수한 에너지 양은 6배만 늘어났습니다. 즉 이산화탄소 투입량에 비례해 흡수하는 에너지 양이 늘어나는 것이 아니

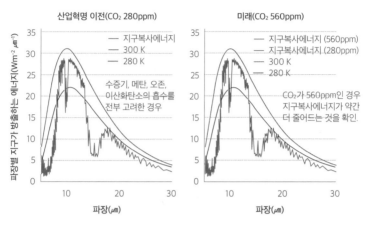

라는 사실을 알 수 있습니다. 이산화탄소가 대기 중에서 늘어나면 늘어날수록 에너지를 흡수하는 효율은 현저히 떨어집니다. 이는 대기 중 이산화탄소 농도가 280ppm인 경우와 이에 2배 증가한 560ppm일 때를 비교해보면 극명하게 드러납니다.

이번에는 좀 더 현실적인 상황을 위해 수증기, 메탄, 오존의 흡수까지 고려하였습니다. 산업혁명 이전 이산화탄소 농도가 280ppm인 경우 지구가 우주로 방출하는 에너지와 이산화탄소 농도가 미래에 2배가 되어 560ppm이 되었다고 가정했을 때 방출하는 에너지는 〈4-19 그래프〉와 같습니다. 두 곡선이 너무 비슷해서 잘 구별되지 않으므로 오른쪽 그림에는 280ppm인 경우 지구가 방출하는 에너지 곡선도 그려두었습니다(오른쪽, 파란색 선).

이렇게 그려놓고 보니 미미한 차이긴 해도 이산화탄소가 280ppm인 경우와 그 2배인 560ppm일 때 두 커브의 면적, 즉 방출 에너지 차이를 계산해보니 약 4.5w/m²가 나오네요.

저는 적도 지역만을 대상으로 이상적인 경우를 모델링했습니다. 과학자들이 실제 전 지구를 대상으로 실험해본 결과에 따르면 이 값은 3.7w/m² 정도라고 합니다. 두 곡선의 궤적이 매우 비슷해서 자세히 보지 않으면 드러나지 않는 매우 작은 차이가 결국 에너지 불균형이고, 여러분이 알고 있던 바로 그 온실효과의 실체입니다. 생각보다 작지요? 이산화탄소가 지구를 덥히는 능력은 빠르게 포화되는 특징이 있었던 것입니다. 기후학자들은 얼마나 빨리 포화되는지에 관련해 간단하지만 꽤 정확한 공식을 만들었습니다.

$$E = 5.35 \times \log \frac{CO_2}{280}\bullet$$

위 공식에서 분자에 560을 집어넣으면 정확히 3.7w/m²가 계산됩니다.

이제 이 식을 그림으로 그려보겠습니다. 가로축은 이산화탄소 농도, 세로축은 이산화탄소가 단위면적당 직접 지구를 덥히는 에너지 양입니다. 이산화탄소 농도가 증가할수록 지구를 가열하는 데 쓰이는 (불균형을 초래하는) 에너지의 증가세가 둔화됨을 알 수 있습니다. log

<hr>

● 〈IPCC 4차 보고서〉에 수록된 결과입니다.

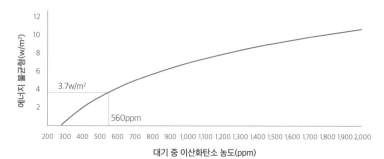

4-20그래프. 대기 중 이산화탄소 농도 증가에 따른 에너지 불균형의 변화. 기준이 되는 280ppm에서 이산화탄소 증가 시 초래되는 에너지 불균형을 의미. 단위면적당 지구 온도 증가에 쓰이는 에너지 양을 의미하기도 함. 단위는 w/m².

커브의 특징입니다. 또 이산화탄소가 2배씩 증가할 때는 항상 동일한 3.7w/m²의 에너지 불균형이 생기는 것을 알 수 있습니다. 농도가 280ppm에서 560ppm으로 증가할 때와 560ppm에서 1,120ppm으로 증가할 때 동일한 에너지 불균형을 초래합니다. 시중에 판매하는 꼬마전구의 소비 전력이 2w/m²이므로 이산화탄소가 2배 증가한다는 것은 지구에 1m²당 꼬마전구를 2개씩 설치한 것과 같은 정도의 온기가 더해진다고 볼 수 있습니다.

　여기까지 따라왔다면 온실효과 중 절반은 제대로 이해한 것입니다. 이제 이 에너지가 지구 온도를 얼마나 높일 것인가에 대해 이야기할 시간입니다.

우리는 결국 지구를 위한 답을 찾을 것이다

까칠한 지구? 순둥순둥한 지구? 🌐

○   우리는 이제 온실기체 증가가 얼마나 큰 에너지 불균형을 초래하는지 계산할 수 있습니다.* 이제 이 에너지를 지구의 각 부분이 얼마나 흡수하는지 파악하고, 각 부분의 열용량이 얼마나 큰지 확인한 다음, 열용량에 맞게 온도 상승을 계산해보면 됩니다. 과학자들이 물체가 열을 받아들일 때 얼마만큼의 온도 상승이 있을지 예상할 때 사용하는 전통적인 계산법입니다. 이렇게 계산해보면 이산화탄소가 2배씩 증가할 때마다 지구 온도는 약 1℃ 상승해야 한다는 결론이 나옵니다.[16] 예를 들어 산업혁명 이전 수준인 280ppm에서 560ppm이 되면 1℃ 상승, 560ppm에서 1,120ppm이 되면 또다시 1℃ 상승하는 식으로 온도가 상승한다는 결론입니다. 이산화탄소 양이 2배 될 때마다 늘어나는 $3.7w/m^2$의 에너지로 지구 온도를 높일 때의 계산입니다.

앞에서 온실기체는 이산화탄소 외에도 존재한다고 이야기했습니

● 이산화탄소의 예를 앞 장에서 들었지만, 사실 모든 온실기체에 대해 각각 동일한 계산을 할 수 있습니다.

다. 따라서 실제 온도 상승은 이산화탄소만 고려했을 때보다 약 25% 정도 높게 잡아야 합니다. 그러나 이렇게 계산해도 약 1.25℃ 상승에 그칩니다. 이미 지구 온도는 산업혁명 이후 1℃가 상승했으므로 만약 온실효과가 여기서 끝이라면 인류는 지구온난화를 전혀 걱정할 필요가 없었을지도 모르겠습니다. 이 정도 상승은 인류가 충분히 감당할 수 있는 것으로 보이기 때문입니다.

하지만 여기서 한 가지 간과한 것이 있습니다. 지금까지의 계산은 온실효과가 발생해도 온도만 오를 뿐 빙하가 녹거나 구름이 늘어나는 등 온도 상승이 지구에 미치는 방향이 전혀 고려되어 있지 않습니다. 이들을 고려하면 어떻게 될까요? 전혀 다른 이야기가 됩니다. 마치 음원에서 나온 소리가 스피커를 통해 증폭되듯 지구는 다른 프로세스를 거치면서 온실효과를 증폭시키는 앰프 같은 역할을 할 수 있습니다.

지구온난화에서 직접적인 온실효과의 역할은 앰프와 스피커 없이 전자 기타를 치는 것과 같습니다. 이 말은 반대로 비록 직접적인 온실효과가 다소 약하더라도 일단 가열되기 시작하면 지구의 증폭작용이 시작되면 더 큰 폭의 온도 상승을 스스로 만들어낼 수 있다는 뜻입니다.

인류가 화석연료를 통해 온실효과를 발생시키고 있는 것은 사실이지만 그 자체로는 지구 온도 상승에 큰 한계가 있다는 사실은 인류가 지구온난화의 범인인지 확인하는 작업을 생각보다 어려운 문제로 만듭니다. 따라서 우리가 지구온난화의 원인을 제대로 파악하기 위해서는 자연이 지닌 독특한 증폭작용의 원리와 이것이 얼마나 강력하게 작동하는지 확인하는 것이 무엇보다 중요합니다.

우리는 결국 지구를 위한 답을 찾을 것이다

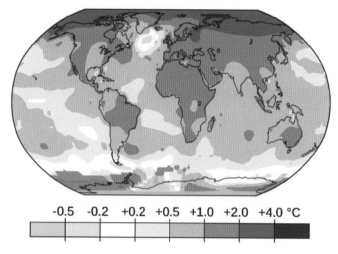

4-21 그림. 최근 50년간 지구 온도 상승 추이(최근 10년 지구 평균온도 vs 1951년부터 1980년까지 30년 지구 평균온도). © NASA

　다양한 증폭작용이 있지만 일단 지구상에서 이러한 증폭작용이 가장 강력하게 나타나는 지역이 어디인지부터 살펴보겠습니다. 그림은 최근 50년 동안 지구의 온도 상승이 어떤 지역에서 가장 빠르게 진행되고 있는지 보여줍니다.

　지난 50년 동안 전 지구의 거의 모든 지역에서 연평균기온이 상승했지만, 이 그림을 보면 지구의 온도 상승은 전 지구에서 골고루 나타나지 않는다는 사실을 알 수 있습니다. 해양보다는 육지에서, 그리고 저위도보다는 고위도 지역에서 매우 뚜렷하게 연평균기온이 상승하고 있죠. 그중 온도가 가장 크게 상승한 지역은 북극 지역을 포함한 고위도 지역임을 알 수 있습니다. 북극과 고위도 지역에는 온도 상승을 부추기는 특별한 무언가가 존재합니다. 바로 얼음입니다. 북극해의 얼음이 녹아내리면서 지구 시스템의 가장 강력한 증폭작용 중 하나인 얼음반사 피드백sea-ice albedo feedback이 발생합니다.

태양 빛을 대부분 반사하던 바다 얼음이 녹으면서 검푸른 바닷물로 바뀌면, 태양 빛은 바다에 흡수되어 바닷물을 덥히면서 바다 얼음을 훨씬 더 많이 녹입니다. 이러한 과정이 반복되면서 현재 바다 얼음 양은 엄청나게 줄었으며, 향후 10~20년 이내에 북극에서는 여름철에 바다 얼음을 구경하지 못하게 될 것으로 예상됩니다. 이뿐만이 아닙니다. 고위도 육상의 얼음도 빠른 속도로 녹아내리면서 예전에는 얼음으로 뒤덮였던 척박한 툰드라 지역이 풀이 돋아나고 작은 관목이 성장하는 초원 지대로 바뀌고 있습니다. 이 과정 또한 지면이 햇빛을 더욱 많이 흡수하게 만들어 또 다른 증폭작용을 유도합니다. 아직 본격적으로 시작되지는 않았지만, 가까운 미래에 툰드라 지역에서 더욱 많은 태양에너지를 흡수하고 꽝꽝 얼어붙었던 영구동토층이 녹아내리면 그 속에 갇혀 있던 메탄가스가 대기 중으로 올라올 것입니다. 이는 이산화탄소보다 훨씬 강력한 온실기체가 추가 공급되는 것을 의미합니다. 더 가파른 온도 상승이 예견되는 이유입니다.

이렇듯 북극에서는 강력한 증폭작용이 수시로 일어나고 있습니다. 하지만 북극 지역에서만 강력한 피드백이 일어나는 것은 아닙니다. 지구온난화에 따라 지구 곳곳에서 다양한 형태로 증폭작용을 부추기는 현상이 일어나고 있습니다. 그중에서도 아레니우스가 일찌감치 간파하고 자신의 계산에 고려했던 중요한 증폭작용은 수증기를 매개로 하

우리는 결국 지구를 위한 답을 찾을 것이다

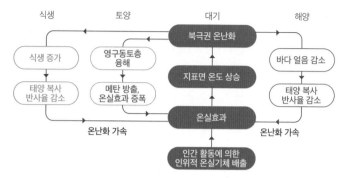

4-22 그림. 북극 지역에 존재하며 온난화를 부추기는 다양한 증폭작용.

는 자연의 프로세스입니다. 온실효과로 바다가 더 뜨거워지면 대기 중 수증기가 더 증가하고 더욱 강력한 온실효과가 유발된다는 것이죠. 수증기는 그 자체로 강력한 온실기체이기 때문입니다.

그러나 늘 증폭작용만 일어나는 것은 아닙니다. 예를 들어 구름이 그렇습니다. 온실효과로 대기 중 수증기가 늘어나면 더 많은 구름이 생깁니다. 그런데 이때 낮은 구름이 많이 생기냐, 높은 구름이 많이 생기냐에 따라 결과는 판이해집니다. 낮은 구름의 경우 햇빛을 주로 반사하는 역할이 우세해서 온난화의 폭을 줄여주는 음의 증폭작용을 하고, 반대로 높은 구름은 아주 강력한 온실효과를 발휘합니다. 같은 구름이라도 형성되는 고도에 따라 판이하게 다른 증폭작용을 한다는 이야기입니다*.

●   구름의 독특한 증폭작용에 대해서는 5장에 나오는 린젠의 '홍채이론'을 설명하면서 좀 더 자세히 알려드리겠습니다.

이렇게 지구상에는 다양한 증폭작용과 그와는 반대로 온도를 하강시키는 프로세스가 복잡하게 혼재되어 있습니다. 따라서 이 온난화 증폭작용이 미래에 얼마나 강하게 일어날지 정확하게 예상하는 것은 인간의 능력 밖의 일입니다. 실제로 저를 포함하여 많은 기후학자들이 아침에 커피 한잔하고 시작하는 과학 활동의 핵심은 결국 지구의 증폭작용이 얼마나 강한지 파악하는 일입니다. 지구가 온실효과에 대해 까칠한지, 아니면 순둥순둥한지 파악하는 일인 것입니다. 미래를 예측하는 일도 이 자연의 증폭작용을 얼마나 정교하게 컴퓨터 코드로 구현해내느냐에 성패가 달려 있습니다. 전 세계 과학자와 정치인이 모여 기후변화 협의체인 IPCC를 만들고, 과학적 역량을 집중해 풀어내려고 하는 문제의 핵심은 바로 이러한 지구의 성격 파악이라고 할 수 있습니다. 이를 기후학자들은 기후 민감도 문제climate sensitivity problem라고 정의합니다. 표준 기후 민감도 문제는 '이산화탄소가 2배 증가하면 지구 온도는 몇 도 상승할까'라는 매우 간단한 문제입니다*. 그러나 이를 추정하는 일은 결코 간단하지 않습니다.

IPCC에서는 수많은 과학자의 연구 결과를 집대성해 수년에 한 번씩 보고서를 발표하고 있습니다. 2013년 발간된 5차 보고서에서는 산업

● 기후 민감도는 IPCC 보고서에 정의된 기후과학 용어로서 대기 중 이산화탄소 농도가 기준 시기(현재 또는 산업혁명 시기)보다 2배 증가할 때 이에 반응하여 지구 온도가 몇 도 증가하는가로 정의합니다. 즉 지구 온도가 이산화탄소에 얼마나 민감하게 반응하는가를 의미하며, 기준 시기는 보통 산업혁명 시기(280ppm)로 봅니다. 기후 민감도가 클수록 지구의 성격이 까칠(민감)해진다고 볼 수 있어서 기후과학자들은 오늘도 이 값을 알아내려고 연구에 매진하고 있습니다.

우리는 결국 지구를 위한 답을 찾을 것이다

혁명 이전 대기 중 이산화탄소 농도인 280ppm보다 2배, 즉 560ppm 이 되면 대기 온도가 3℃ 정도 상승할 것이라는 결론을 내렸습니다. 다만 불확실성이 매우 큰 추정임을 인정하며, 추정 범위로 1.5~4.5℃를 제시했습니다.[17] 여기서 주목해야 할 것은 범위입니다. 1.5℃일 수도 있고 4.5℃일 수도 있다는 것이죠. 추정의 범위가 너무 크지 않습니까?

추정치 평균이 약 3℃인데 불확실성 범위가 3℃나 된다는 것은 사실상 우리가 기후 민감도에 대해 아직 잘 이해하지 못하고 있음을 말해줍니다. 이 추정치는 수많은 기후 모델의 결과와 관측 자료 분석을 종합한 것입니다. 각각의 기후 모델에는 지구의 증폭작용이 코딩되어 있습니다. 제각기 다른 방식으로 말입니다. 기후변화 회의론자들은 주로 관측에 근거한 민감도 추정치를 신뢰하여 이 기후 민감도가 낮다고 보고 있으며, 지구온난화가 심각하다고 주장하는 사람들은 주로 모델이 제시하는 민감도 추정치를 신뢰하여 지구의 기후 민감도가 높다고 생각합니다•.

기후 민감도를 파악한다는 것은 지구의 성격을 알아내는 일입니다. 기후 민감도 문제를 더 복잡하게 하는 건 어떤 이유 때문일까요? 사람도 살다 보면 성격이 바뀌듯 지구의 성격, 즉 기후 민감도도 지구온난화가 진정되면서 바뀔 수 있기 때문입니다. 우리가 사용하는 기후 모델

• 기후 모델이 추정한 기후 민감도는 3.2℃ 정도임에 반해[18], 인공위성을 이용한 추정치는 1~2℃의 낮은 민감도를 제시하기도 하였습니다[19]. 그러나, 최근에는 인공위성을 이용한 기후 민감도 연구에서조차 높은 민감도를 제시하는 연구[20]가 나오고 있어 과학자들이 바라보는 기후 민감도는 조금씩 높아지는 경향이 있습니다.

은 아직 이 대목에서 매우 취약합니다. 몇 가지 예를 들어볼까요? 기후 모델은 남극의 얼음이 서서히 녹아내리는 것은 고려하지만 얼음 사이에 강이 생기다가 심해지면 얼음이 갈라지는 프로세스는 아직 시뮬레이션하지 못하고 있습니다. 또 북극의 언 땅이 녹아내릴 때 추가로 땅속에서 배출되는 메탄 가스의 영향도 아직 고려하지 못하고 있습니다. 물론 컴퓨터 시뮬레이션은 사실 과거 데이터를 기반으로 만들어나가는 것인데 지금까지 아무도 경험하지 못한 많은 일이 특히 온도가 급상승하는 극 지역에서 시작되고 있기에 우리가 이 프로세스를 따라가지 못하고 있는 것입니다.

저는 아직까지 컴퓨터 코드로 구현되지 못한 프로세스가 가까운 미래에 발현된다면 온난화를 더욱 부추길 것이라 확신하므로 기후 민감도는 현재 예상치보다 조금씩 높아질 것으로 보고 있습니다. IPCC에서 제시한 것보다 민감도가 낮으리라고 예상하는 소수의 과학자도 소수이나 분명 존재합니다. 이들 과학자들은 주로 기후 회의론자로 분류되곤 합니다. 그들의 생각에 대해서는 다음 장에서 다루겠습니다.

변덕스러운 바다,
지구 온도 커브를 출렁이게 만들다 🌍

앞에서 지구 온도를 결정하는 데 중요한 온실효과의 원리와 지구의 증폭작용에 대해 알아보았습니다. 이제 지구 온도를 결정하는 원리에 대한 설명 중 마지막으로 남은 것을 설명드리겠습니다. 지금까지 지구가 흡수하는 태양 빛의 양과 온실효과, 그리고 증폭작용이 지구 온도를 결정한다고 말씀드렸는데, 좀 더 완벽하게 설명하기 위해서는 한 가지를 더 고려해야 합니다. 바로 해수면 온도의 패턴입니다. 매년 바다가 흡수하는 에너지 양은 전 지구 해수면 온도의 패턴에 따라 달라지기 때문입니다.

기후학자들은 전 지구의 해수면 온도에 지문 같은 특정한 패턴이 여러 개 있고, 이 패턴이 서로 다른 주기로 수년 혹은 수십 년에 걸쳐 나타났다 사라지기를 반복하는 데 주목했습니다. 수년 주기로 나타나는 패턴 중 대표적인 것이 엘니뇨와 라니냐입니다.

남아메리카 페루 및 에콰도르의 서부 열대 해상에서 수온이 평년보다 높아지는 현상을 엘니뇨라고 합니다. 스페인어로는 '아기 예수'를 뜻하지만 근본적인 뜻은 '남자아이'이기에, 이와 반대로 적도 태평양

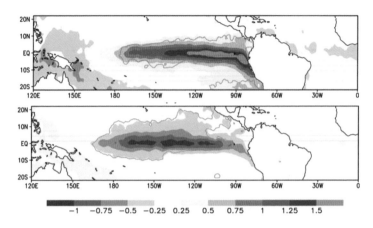

4-23 그림. 엘니뇨(위)와 라니냐(아래) 때 적도 지역 해수면 온도 패턴. 엘니뇨 때는 페루 앞바다를 중심으로 중태평양까지 긴 혀 모양으로 바닷물 온도가 상승하고, 리나냐 때는 반대로 하강한다.

열대 해상의 수온이 평년보다 낮아지는 현상을 '여자아이'라는 뜻의 라니냐라고 합니다.

엘니뇨와 라니냐는 4~5년에 한 번씩 나타나는 현상이지만 주기가 매우 불규칙합니다. 엘니뇨가 나타나는 해에는 바다가 온실효과로 남아도는 에너지를 덜 흡수해 대기 중에 남아도는 에너지가 지구 온도를 더욱 상승시킵니다. 라니냐가 나타나면 반대가 되죠. 역사상 가장 강력한 엘니뇨는 2015년 가을부터 발달해 이듬해 봄까지 유지되었습니다. 이 엘니뇨의 영향으로 2016년 지구 온도는 '가장 뜨거운 해' 기록을 경신했습니다(《4-24 그래프》).

앞에서 화산 폭발은 대기 중 온실기체의 주요 공급원이라고 소개했습니다. 하지만 화산이 폭발한 후 1~2년간 지구 온도는 오히려 큰 폭으

우리는 결국 지구를 위한 답을 찾을 것이다

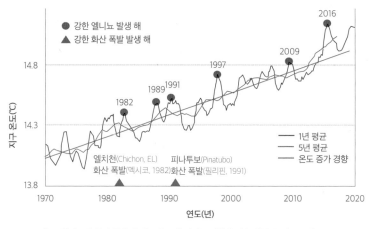

4-24 그래프. 엘니뇨와 화산 폭발이 지구 온도에 미치는 영향을 가늠해볼 수 있는 그림.Hansen and Sato(2020)에서 수정.

로 곤두박질치곤 합니다. 화산이 내뿜는 유독가스인 황산 가스 때문이 지요. 황산 가스는 노란색으로 반짝거리면서 햇빛을 반사합니다. 금성 이 누런빛을 띠는 것도 표면이 황산 가스로 가득 차 있기 때문입니다. 큰 화산이 폭발하면 성층권으로 황산 가스가 유입되어 햇빛을 차단합 니다. 그러나 그 효과는 오래가지 않아 1~2년 후 원래 온도로 돌아옵니 다*. 그러나 그림에서 보듯 엘니뇨와 라니냐, 화산 폭발이 바꿀 수 있는 온도 폭은 기껏해야 0.2℃였으며, 그 영향도 1~2년 정도에 그치는 것 을 알 수 있습니다. 이벤트가 끝나면 언제 그랬냐는 듯 지구 온도는 장 기적인 온도 상승 추세로 돌아왔습니다.

●   그림에 표시된 큰 화산 폭발(엘치천, 피나투보) 다음 지구 온도가 어떻게 변했는지 살펴보세요.

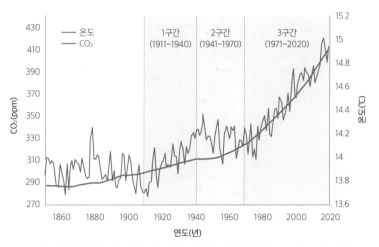

4-25 그래프. 산업혁명 이후 지구의 온도(붉은색)와 이산화탄소(파란색) 변화를 나타내는 그래프. 본문 설명을 위해 편의상 1구간(1911~1940), 2구간(1941~1970), 3구간(1971~2020)으로 나누어 상승 구간은 붉은 음영, 하락 구간은 파란 음영으로 표시함.

여기까지만 보면 바다든 화산 폭발이든 영향력이 크지 않은 듯 느껴지는 게 사실입니다. 그러나 꼭 그렇지만은 않습니다.

현대 기후과학에서 산업혁명 이후 1910년대에 접어들면서 잠잠하던 지구 온도에 갑자기 일어난 급격한 변화는 현재까지 큰 미스터리로 남아 있습니다. 〈4-25 그래프〉에서처럼 온실기체의 증가 폭이 작았기에 그림에서 표시한 1구간(1911~1940)에서 나타난 큰 폭의 온도 상승을 설명하지 못했기 때문입니다.

최근 연구에서는 이 미스터리의 실마리를 태평양과 대서양에서 수십 년 간격으로 요동치는 해수면 온도의 특이한 패턴에서 찾아냈습니다.[21] 이를 이해하기 위해 수십 년 주기로 나타나는 해수면 온도 패턴에

우리는 결국 지구를 위한 답을 찾을 것이다

대해 설명해보겠습니다.

지구를 감시하는 과학 데이터가 축적되면서 기후학자들은 그림과 같이 태평양과 대서양에 수십 년 주기로 특이한 해수면 온도 패턴이 나타났다 사라지고, 이에 따라 지구 온도도 출렁거린다는 사실을 알아냈습니다. 이 패턴은 온실기체 증가나 화산 폭발과 무관한 듯했고, 느리지만 매우 불규칙하게 지구의 기후를 조절했습니다.

이 중 가장 뚜렷한 것은 그림으로 표현한 두 가지 패턴입니다. 첫 번째로 태평양 지역을 중심으로 말안장 모양으로 나타나는 특이한 해수면 온도 패턴(〈4-26 그림〉 왼쪽)을 기후학자들은 북태평양 10년 주기 진동Pacific Decadal Oscillation: PDO이라고 불렀습니다. 특별히 진동이라는 표현을 쓴 것은 수십 년 주기로 이 패턴이 손바닥 뒤집듯 반대로 바뀌는 경향이 있었기 때문입니다. 게다가 수십 년 주기라고 표현했지만 규칙적이지 않았습니다. 기후학자들은 늘 PDO 지수라고 하는 시계열을 살펴보았고, 이 PDO가 양의 위상(붉은색 그래프)인지 음의 위상(푸른색 그래프)인지 위상이 곧 바뀔지 예의 주시했습니다. PDO의 위상이 양수인 기간이 지속되면 태평양 10년 주기 패턴이 그림 왼쪽과 같이 오래 지속되었고 이럴 때면 어김없이 지구 온도가 상승했습니다.

북대서양 지역에도 북대서양 수십 년 주기 진동Atlantic Multi-decadal Oscillation: AMO이라는 해수면 온도의 불규칙한 진동이 존재합니다. 마찬가지로 그림 오른쪽과 같이 북대서양의 해수면 온도가 높은 경우 지구 온도도 높은 경향이 있었습니다. 바다에 존재하는 이 패턴은 태양에너지 흡수나 온실기체 증가와는 무관하게 매우 불규칙하게 변화했습니다. 몇몇 과

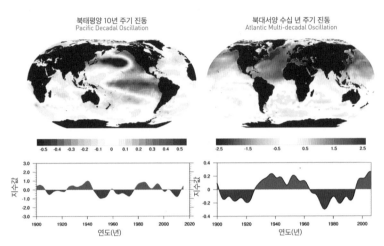

4-26 그림. 북태평양 10년 주기 진동(왼쪽 위)와 북대서양 수십 년 주기 진동(오른쪽 위)이 전형적으로 크게 발달했을 때의 전 지구 해수면 온도 양상. 각각의 발달 정도를 지수화하여 그래프로 나타냄(왼쪽 아래, 오른쪽 아래).

거 연구에서는 20세기 초반 지구 온도의 급상승(〈4-25 그래프〉 1번 구간)이 북태평양 10년 주기 진동과 북대서양 수십 년 주기 진동이 절묘하게 겹쳐서 생긴 일이라고 설명했습니다. 바다의 온도 패턴에 따라 바다가 흡수하는 에너지가 달라지고, 이에 따라 지구 온도가 변동되었다는 설명입니다.

〈4-25 그래프〉에서 2번 구간을 살펴볼까요? 이 구간에서는 특이하게도 온도가 정체하거나 미약하나마 냉각되고 있습니다. 많은 언론에서 지구가 빙하기로 진입하고 있다는 기사를 쏟아낼 정도였습니다.

이 구간의 온도 하강을 이끌어낸 것은 무엇이었을까요? 여기에 대해 아직 과학자들은 명확한 대답을 찾지 못했습니다. 주로 두 가지 요인이 지목됩니다. 첫 번째는 앞에서 설명한 변덕스러운 바다 패턴의 역할입니다. 대체로 이 시기 북태평양에서 나타난 10년 주기 진동은 반대 패턴이 나타나면서 온도 하강을 이끌었습니다. 북대서양에서 나타난 수십 년 주기 진동의 경우 뚜렷한 영향은 보이지 않지만 이 두 패턴을 동시에 고려한다면 이 구간에서 나타난 특별한 패턴은 온도 하강에 어느 정도 기여한 것으로 보입니다. 두 번째로 일부 기후학자들은 제2차 세계대전 이후 2구간에서 급격히 증가한 인간 활동을 통해 대기 중 황산 에어로졸과 미세 먼지로 햇빛 차단 효과가 커지면서 온도가 하강했다고 보았습니다. 실제로 몇몇 연구에서는 에어로졸 효과를 컴퓨터 시뮬레이션에 반영했을 때 뚜렷한 온도 하강을 관측했습니다.

결론입니다. 일련의 연구 결과들을 종합해보면 온실기체 농도 증가에 따라 지구의 온도가 올라가는 건 사실이지만 얼마나 민감한지 기후학자들은 아직 잘 알지 못하는 상황이고, 바다나 화산 폭발은 지구의 온도를 수 년 혹은 수십 년 주기로 불규칙하게 출렁거리게 만들어 생각보다 복잡하게 지구 온도를 조절합니다.

그럼에도 불구하고 저에게 "그래서 2100년에 지구 온도는 몇 도가 된다는 얘기입니까?"라고 물으신다면, 저는 산업혁명 이전에 비해 3℃ 정도 높을 거라고 말씀드리겠습니다. 우리가 지금처럼 별다른 탄소 감축 노력 없이 지내는 것을 가정하였을 때의 이야기입니다. 조금 더 우울한 소식이 있습니다. 가장 최근에 쏟아져 나오고 있는 기후학자들의 연구 결과들은 우리가 생각하는 것보다 지구 성격이 더 까칠할 수 있음을 이야기하고 있습니다.[22] 기후 민감도 범위를 2.3℃~4.7℃로 높여

제안하는 연구 결과도 나왔습니다.[23] 그러나 학계에서 이 연구 결과들에 대한 다양한 반론이 나오고 있는 상황이며, 무엇보다도 출간을 앞둔 IPCC 6차 보고서는 모든 결과들을 종합해본 결과 기후 민감도를 여전히 3℃로 제시하였습니다. 이 논쟁은 여전히 진행 중이며 수년 내로 결론이 날 것으로 보입니다. 우리가 점점 지구의 성격을 까칠하게 만들고 있는 것은 아닌지 심각하게 우려되는 대목입니다.

제5장.

하키 스틱과
믿지 못하는 사람들

하키 스틱 들고
기후와의 전쟁을 선포한 과학자

2010년 8월 어느 날, 마이클 만Michael Mann, 1965~은 펜실베이니아 주립 대학교에 있는 자신의 사무실로 배달된 작은 우편물을 개봉하던 중 봉투에서 하얀 가루가 피어오르는 것을 보고 소스라치게 놀랐습니다. 우편물을 가장한 탄저병 테러라는 생각이 번뜩 들었기 때문입니다. 만은 사무실에서 빠져나와 문을 닫고 손을 씻은 후 경찰을 불렀습니다. 곧 FBI가 왔습니다. 요원들은 테스트를 하기 위해 편지를 가져갔고 만은 가족과 동료들에게 이 사실을 알렸습니다. 생명의 위협에 맞닥뜨린 그는 학자로서 삶에 회의를 느꼈습니다. 기후학자로 성공적인 경력을 쌓았지만 그의 연구 결과는 수많은 적을 만들어냈습니다. 그가 의도한 것은 아니지만 말입니다. 마이클 만은 수년 동안 수많은 공격과 위협에 점점 무뎌졌지만,

5-1 사진. 연설 중인 마이클 만. © Karl Withakay

탄저병 테러 시도는 목숨을 잃을 정도의 위협이라 가족의 안전을 걱정했습니다. 결국 그 가루는 옥수수 녹말로 판명되었지만 의심할 여지없이 테러였습니다.

그는 수면 아래 있던 기후변화에 대한 논쟁을 불러일으켜 2000년대 이후 이 논쟁을 폭발적으로 격화하고, 무려 20년이 지난 지금까지 엄청난 안티˙와 기후과학을 맹신하는 지지자를 양산해낸 주인공입니다. 그야말로 기후과학계의 슈퍼스타라고 해도 과언이 아닙니다. 도대체 어떤 연구를 했길래 논란의 중심이 되었을까요?

문제의 발단은 그가 전 세계에 흩어져 있는 거대한 고목들의 나이테를 분석해 지구의 과거 온도를 해석한 논문이었습니다.[1] 마이클 만이 밝혀낸 과거 1,000년의 역사는 참으로 밋밋했습니다. 마치 아무 일도 일어나지 않은 것처럼 지구 온도는 산업혁명이 시작되기 전까지 고요하다가 갑자기 하늘로 치솟았습니다. 그 모양이 하키 스틱을 떠올리게 했습니다. 그 커브에는 중세의 뜨거운 유럽도, 이후 유럽을 벌벌 떨게 한 17세기의 소빙하기도 없었습니다. 이 커브를 보고 있으면 지구의 온도는 오직 산업혁명 이후의 인간 활동에만 반응하는 듯했습니다. 과학자들 사이에서는 이 하키 스틱을 닮은 커브를 두고 많은 논쟁이 오갔습니다. 주로 그의 연구 방법이 정당했는지 논쟁을 벌였지요. 그러다 대중도 이 신기한 커브를 알게 되었고 논쟁은 더욱 격화되어갔습니다.

˙ 기후과학 분야에서는 지구온난화를 부정하는 다양한 과학자, 저널리스트, 일반인을 통칭해 회의주의자로 분류하곤 합니다. 그러나 회의주의자에도 굉장히 많은 종류가 있음에 유의해야 합니다.

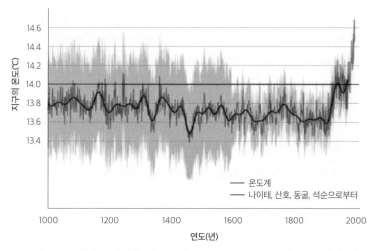

지구의 온도(℃)

14.6
14.4
14.2
14.0
13.8
13.6
13.4

1000　　1200　　1400　　1600　　1800　　2000

연도(년)

—— 온도계
—— 나이테, 산호, 동굴, 석순으로부터

5-2 그래프. 마이클 만의 논문에 실린 과거 1,000년간 그래프는 2001년 IPCC 3차 보고서에서 채택되었고, 이는 '하키 스틱 커브'라는 명칭으로 널리 알려졌다.

마이클 만에게 이메일 해킹에 테러를 가장한 협박과 위협이 이어졌고, 심지어 정치인까지 가세했으며 엉터리 이론이 난무했습니다. 그러다 결국 국회 증언과 법정 공방까지 치달았습니다. 양측의 주장이 첨예해질수록 너무나 복잡한 기후과학의 특성상 대중은 가짜 뉴스에 쉽게 노출되었고, 결국 사람들은 양쪽으로 나뉘었습니다. 회의론자라는 용어는 이때부터 자주 등장합니다.

　IPCC 3차 보고서에는 마이클 만의 과거 1,000년간 지구의 온도 변화를 나타낸 그 유명한 하키 스틱 커브가 등장합니다. 진짜 하키 스틱처럼 보이지 않나요? 매끈하고 날씬하게 쭈욱 뻗었다가 인류가 화석연료를 사용하면서 갑자기 하늘로 치솟는 커브. 누가 봐도 인류가 지구온

MANN-MADE GLOBAL WARMING

5-3 그림. 마이클 만의 하키 스틱 커브를 빗대어 '만(Mann)이 만든 온난화'라고 풍자하는 그림.

난화의 범인이라고 생각할 수밖에 없게 만듭니다. 과연 이 하키 스틱 커브는 지구 온도 역사의 진실을 담고 있을까요?

하키 스틱에 얽힌 기후변화 논쟁을 통해 기후변화 회의론자들이 주장하는 논리에 대해 알아보겠습니다.

중세 온난기 이야기 🌍

우리나라가 88올림픽으로 들떠 있던 1988년, 유엔은 기후변화를 연구하기 위해 기후변화에 관한 정부 간 협의체인 IPCC International Pannel on Climate Change를 설립했습니다. IPCC가 하는 일은 매우 복잡하지만, 한마디로 정리하면 기후변화에 관련된 다양한 과학 연구를 평가하고 전 세계 정책 입안자에게 기후변화 과학의 의미, 미래 위험, 적응, 저감에 관한 메시지를 전달하는 역할을 합니다. 주요 활동은 보고서를 출판하는 것입니다. 기후과학은 빠르게 발전하고 지구의 상태도 빠르게 변하고 있으므로 기후변화 보고서 역시 빠른 업데이트가 생명입니다. 그래서 IPCC는 6~7년에 한 번씩 기후변화 보고서를 출판하고 있습니다. 우리가 접하는 공신력 있는 대부분의 기후변화 정보가 IPCC 보고서에 수록된 정보라고 보면 됩니다. 지금까지 총 다섯 번 IPCC 보고서가 출판되었고, 이 책을 쓰고 있는 2021년 가을 무렵 6차 보고서가 출간될 예정입니다.

1차 보고서에서 IPCC는 다음 〈5-4 그래프〉로 과거 1,000년간 지구 온도 변화를 요약했습니다. 그런데 놀랍게도 이 그래프에서는 지금

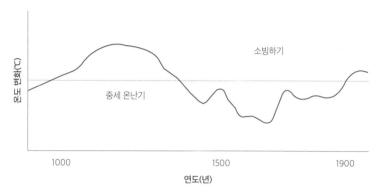

5-4 그래프. IPCC 1차 보고서에 수록된 지구 온도 변화 추이(800년 ~현재).

보다 더 따뜻한 시기가 과거 1,000년 사이에 존재했음을 보여주었습니다. 바로 중세(900~1400년)에 중세 온난기Medieval Warm Period로 불리는 매우 따뜻한 시기가 있었던 것입니다. 또 이 보고서에서는 이후 기온이 내려가 소빙하기라 불리는 시기가 1500년과 1700년 사이에 존재했음을 이야기했습니다. 반면 1900년 이후, 즉 산업혁명 이후의 온도 상승은 상당히 미미한 것으로 묘사했습니다. 이게 사실일까요? 이 그래프는 누가 그린 것일까요? 20여 년 전 기후변화를 연구하던 대학원생 시절, 저도 이 그림을 처음 접하고 큰 혼란에 빠졌습니다. 지금보다 중세가 훨씬 더 따뜻했다니…. 이 책에서 여러분에게 수상한 그림을 여럿 보여주었지만 이 그림은 정말 수상합니다. 무엇보다 결정적으로 세로축에 온도값이 전혀 표시되어 있지 않습니다.

사실 9~13세기에 유럽이 따뜻했던 것은 사실입니다. 이상하리만치 따뜻한 기후가 지속되었다고 많은 역사책에 기록되어 있습니다. 8세기 이후 유럽에서는 농업기술의 발달과 중세 온난기로 불리는 따뜻한 기후에 힘입어 인구가 급격하게 증가했습니다. 따뜻하고 안정된 기후로 소기후 최적기로도 불리는 이 기간에 유럽의 유명 건축물이 지어졌으며 유럽 인구가 50%가량 늘어났습니다. 특히 바이킹이 중세 온난기에 해당하는 10세기에 그린란드를 점령했다는 것은 이 시기에 기후가 얼마나 따뜻했는지 보여주는 방증으로 오랫동안 인용되었습니다.

그림을 그린 사람은 당시 기후학 연구로 명망이 높은 휴버트 램Hubert Lamb, 1913~1997입니다. 그는 중세 온난기와 소빙하기의 존재를 연구해왔습니다. 1982년 그는 '중세 온난기의 저평가에 관하여'라는 연구 결과를 발표했고,[2] 이 연구에서 잉글랜드 중부의 역사적 문서와 온도 기록을 일반화해 북대서양 지역의 중세 온난기를 제안했습니다. 일종의 개념도 같은 것이었지요. IPCC 1차 보고서를 자세히 읽어보면 이 보고서를 작성한 과학자들도 중세 온난기가 전 지구에 해당하는 것이 아닐 수도 있다고 경고하고 있습니다. 그럼에도 이 그래프는 훗날 악의적인 회의론자*들이 수많은 글과 웹 사이트에서 인류의 화석연료 사용으로 인한 온도 상승을 평가절하하는 데 인용되었습니다.

진실은 무엇일까요? 중세 온난기는 전 지구적 현상이 아니라 유럽 지역에만 나타난 현상인 것으로 결론이 나고 있습니다. 산업혁명이 일어나고 세계대전에서 독일이 패퇴해 세계정세의 주도권을 미국에 빼

● 모든 회의론자가 악의적이라고 하는 것은 옳지 않습니다. 그러나 분명 악의적인 의도로 사실을 왜곡하거나 정보를 취사선택해 대중을 현혹하는 악의적 회의론자가 존재하는 것 또한 사실입니다.

우리는 결국 지구를 위한 답을 찾을 것이다

앗기기 전까지 유럽은 오랫동안 지구의 중심이었습니다. 그래서였을까요? 유럽인들은 기후변화마저 유럽 중심으로 생각한 것 같습니다. 유럽이 추울 때는 전 세계도 추웠고, 유럽이 더울 때는 전 세계도 더웠다고 생각한 것입니다.

　논란에 종지부를 찍은 것은 지난 2,000년의 온도 변화에 관련해 전 지구에 흩어져 있는 과거 기후 데이터를 수집하고 지구의 온도를 정확하게 복원하기 위해 만든 Pages 2k의 활약입니다. 이 자발적인 연구 협력 네트워크를 통해 기후학자들은 8개 대륙과 전 세계 해양에 흩어진 자료를 수집하고, 이를 공동 활용할 것을 서약한 동료들과 함께 과거 2,000년간의 지구 기온을 최대한 정확하게 복원하고자 노력해왔습니다. 이들의 노력 덕분에 신뢰할 만한 지구 온도 그래프를 확인할 수 있습니다.

　〈5-5 그래프〉는 Pages 2k에서 제공한 2,000년 동안의 지구 온도 그래프입니다. 최근 과학계에서는 모든 논문 그림과 자료, 자료를 분석한 컴퓨터 코드를 웹상에서 공유해 연구에 대한 신뢰성을 확보하고 있습니다. 이 그래프도 여러분이 마음만 먹으면 언제든 컴퓨터에서 자료와 코드를 다운받아 그대로 그려볼 수 있습니다. 세상이 매우 투명해졌지요. 이 데이터는 중세 온난기가 전 지구적 현상이 아닌 유럽에서 일어난 지역적 현상임을 암시합니다. 이어진 소빙하기의 경우, 지구 온도가 아주 약간 하강한 것이 눈에 띕니다. 이때 유럽은 빙하기가 찾아온 것처럼 매우 추웠습니다.

　이렇듯 지역적 온도 변화와 전 지구적 온도 변화는 완전히 다른 이

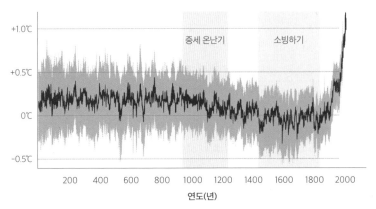

5-5 그래프. 고기후를 연구하는 전 세계 과학자들이 함께 복원한 과거 2,000년간 지구 온도 그래프
(Pages 2k에서 제공. 2017년 출판 결과에 기반함). © RCaigD9

야기입니다. 전 지구 평균온도는 체온과 비슷하다는 설명 기억나십니
까? 에너지 균형의 지표 같은 역할을 하는 것이 지구 온도, 즉 전 지구
평균온도입니다. 지역적으로 아무리 추운 곳이 있다고 해도 만약 다른
지역에서 이를 상쇄하는 고온 현상이 나타난다면 지구 온도는 꿈쩍도
하지 않을 것입니다. 에너지가 균형을 맞추고 있으니까요.

컬럼비아 대학교 라모트-도허티 지구 관측소의 니컬러스 영은
2015년 〈사이언스 어드밴스Science Advances〉 저널에 논문을 실으며 다음과
같이 인터뷰했습니다.[3]

"중세 온난기가 전 지구적 현상이 아니라 부분적으로 일어난 현상이
라는 것이 갈수록 분명해지고 있습니다. 중세 온난기라는 개념은 지극
히 유럽 중심적입니다. 가장 잘 알려진 관측 결과가 유럽에서 나온 것

우리는 결국 지구를 위한 답을 찾을 것이다

5-6 그림. 소빙하기에 꽁꽁 언 템스강의 모습. 토머스 위크Thomas Wyke 작품(1683~1684).

이기 때문이죠. 다른 곳에서는 기후가 달랐을 수 있습니다."

또 스위스 베른 대학교의 라파엘 뉴컴 연구 팀은 2019년 〈네이처〉에 발표한 논문에서 최근 2,000년 동안 지역적으로 50년 이상 온난기와 한랭기가 지속된 적은 있지만, 한랭기와 온난기가 동시에 닥친 적은 없음을 입증했다고 밝혔습니다.[4] 논문 주 저자 라파엘 뉴컴은 "소빙하기에 전 지구적으로 여느 시기보다 기온이 내려간 것은 사실이다. 하지만 모든 지역이 동시에 내려간 것은 아니다"라고 말했습니다.

하키 스틱의 등장

지구 온도는 20세기 중반 약간의 하락기를 끝내고 1980년대부터 상승으로 돌아섰습니다. 소수 과학자들이 주도해온 기후과학은 많은 과학자들의 관심을 받으며 성장했고, 사람들은 금세기 일어난 지구온난화가 과거에 비해 얼마나 강력한지를 알아내는 데 집중했습니다. 자연스레 중세 온난기에 전 지구의 평균온도가 지금보다 더 높았는지 알아내는 것이 최대 관심사였습니다. 만약 중세 온난기가 지금보다 더웠다는 확실한 증거가 나온다면 산업혁명 이후 인간 활동이 지구온난화에 미친 영향이 자연스럽게 평가절하되기 때문입니다.

중세 온난기의 전 지구적인 기후 기록을 복원하는 데는 빙하 코어나 해저 퇴적물을 이용하는 것과는 질적으로 다른 방법이 필요했습니다. 기후를 좀 더 촘촘하게 복원해야 했고, 이를 위해 나무의 나이테로 지역 기후의 변화를 추적하는 개념을 도입했습니다.

중세 온난기의 전 지구적 온도를 알아내기 위해 1990년대에는 여러 연구 팀이 경쟁적으로 연구에 몰두했습니다.

한편 이 시기 예일 대학교에서 물리학 전공으로 박사 학위를 받고

5-7 사진. 기후학자들은 나무 나이테의 간격을 분석해 온도를 추정하는 기술을 개발했다. 단, 나이테의 간격은 온도 외에도 습도, 강수량 등 다양한 환경 인자에 영향을 받으므로 온도를 정확하게 추정하기는 매우 어렵고, 특별한 통계적 방법을 요구한다. © MPF

지구과학으로 관심을 확장하던 마이클 만이 등장합니다. 만은 매사추세츠 주립 대학교의 레이먼드 브레들리 교수를 만나 본격적으로 나이테를 이용한 고기후 복원 연구를 시작했습니다.

당시 학계에서는 '인간 활동이 1950년대 이후 지구온난화의 원인'이라는 주장과 '자연적인 변동이 기후를 지배하며 1950년대 이후의 온도 상승도 자연 변동의 일부'라는 논리가 팽팽하게 맞서고 있었습니다. 미국의 기후 물리학자 프레드 싱거와 허드슨 연구소 연구원 데니스 에이버리는《지구온난화에 속지 마라》에서 그린란드와 남극에서 추출한 빙하 코어를 분석한 결과, 지구의 기후는 약 1,500년 주기로 변동한다는 사실을 증명했다고 주장했습니다.[5] 즉 지구온난화는 약 1,500년 주기로 나타나는 자연적인 기후 현상이라는 설명이었습니다. 또 지질학자인 돈 이스터브룩 웨스턴 워싱턴 대학교 석좌교수는 "지난 1만 5,000년 동안 중세 온난기를 포함해 열 차례의 온난기가 있었는데, 이들 온난기는 지난 세기보다 20배나 더 더웠다"라고 주장했습니다. 지질학자들은 '충적세 최고점'이라 부르는 약 8,000년 전 청동기시대에도 3,000년 동안이나 현재보다 훨씬 더웠다고 주장하기도 했습니다. 만은 이들의 주장에 흥미를 느끼고, 이것이 진실인지 확인하기 위한 연구에 착수했습니다.

그는 1998년에 공동 저자인 레이먼드 브레들리와 말콤 휴 등과 함께 수명이 매우 긴 소나무의 나이테를 비롯해 홍해의 산호초, 빙핵 등 전 세계 곳곳의 천연 온도계를 분석해 거기서 발견한 기후 패턴을 분석했습니다. 그들은 우선 지난 600년 동안의 지구 온도를 복원하는 데 성공해 〈네이처〉에 관련 논문을 실었습니다.[6] 1999년에 이들은 나이테 자료에 산호, 빙하 코어 등의 자료를 추가해 지난 1,000년 동안의 지구 온도를 복원했습니다.[7] 결과는 놀라웠습니다. 완성된 그래프는 앞에서 본 바와 같이 1,000년 전 높았던 기온이 조금씩 하강하다가 100년 전부터 치솟는 양상을 보여주었습니다. 즉 이 그래프에서는 중세 온난기가 지금보다 결코 따뜻하지 않았음이 드러난 것입니다.

하키 스틱 커브가 유명해진 것은 IPCC 3차 보고서 출판을 기념하는 자리에서 당시 의장이던 존 휴턴 경이 지구온난화의 위험성을 보여주는 대표 그래프로 소개하면서부터입니다. 이때부터 IPCC와 마이클 만의 하키 스틱 커브는 떼려야 뗄 수 없는 관계가 되었습니다. IPCC 1차 보고서에서 제시한 관점은 인간 활동에 따른 지구온난화는 존재하지만 그 영향력이 점진적이고 크지 않을 수 있다는 것이었습니다. 이런 생각을 갖고 있던 IPCC가 3차 보고서에서는 10년 만에 갑자기 자세를

우리는 결국 지구를 위한 답을 찾을 것이다

(a) 인간이 기후에 영향을 주는 것으로 보인다.

(b) 인간이 지구온난화에 영향을 주고 있다.

(c) 최근 50년간, 인간이 대부분의 지구온난화를 초래했다.

(d) 20세기 중반 이후의 급격한 지구온난화가 인류에 의해 초래되었음이 거의 확실하다(신뢰 수준 90%).

(e) 20세기 중반 이후의 급격한 지구온난화의 범인은 인간이다(신뢰 수준 95%).

5-8 사진. 지금까지 출판된 IPCC 보고서와 핵심 내용.

바꾼 것입니다. 하키스틱 커브의 위력이 얼마나 대단한지 새삼 느껴지는 대목입니다.

위 그림은 지금까지 출판된 IPCC 보고서의 핵심 관점이 어떻게 변화해왔는지 보여줍니다. 3차 보고서 이후 완전히 돌아선 것을 알 수 있습니다. 바로 여기서부터 논란이 시작되었습니다. 이 당시 마이클 만은 하키 스틱을 닮은 그래프가 이후 20년 동안 기후변화를 부정하는 회의주의자들과 처절한 싸움을 계속하게 할 줄은 꿈에도 상상하지 못했습니다.

하키 스틱은 조작되었다?

○   나이테를 이용해 지구 온도를 추정하는 것은 정확도가 얼마나 높은 방법이었을까요? 사실 나무의 나이테를 이용해 지구 온도를 추정한다는 것은 매우 큰 불확실성을 내포한 방법입니다.

먼저 나무마다 생육 환경이 다르기 때문에 1년 동안 생성되는 나이테의 간격은 나무마다 다릅니다. 더군다나 전 지구 평균온도를 추정할 때 전 세계에 흩어진 나무를 이용한다면 웬만큼 많은 나무를 수집하지 않고는 의미 있는 추정을 하기가 쉽지 않을 것입니다. 이러한 점을 잘 알고 있던 마이클 만은 동료 과학자들과 함께 이 분야에서는 처음으로 주성분 분석principal component analysis이라는 통계분석을 도입했습니다. 이 방법은 제한된 수의 나무로도 최대한 넓은 공간에 대한 온도 정보를 얻는 데 효과적이었습니다. 또 나무의 각기 다른 생육 발달을 통계적으로 보정하기 위해 같은 지역 나무들의 평균치를 제거함으로써 노이즈noise를 최소화하고자 노력했습니다. 그러나 전반적으로 상당히 복잡한 통계 처리가 필요했고, 이 과정에서 연구자의 자의적 해석이 개입할 여지가 많았습니다.

훗날 밝혀진 사실이지만 마이클 만은 단순 착오라고 하기에는 의도적으로 여겨질 만한 실수를 몇 가지 하게 됩니다. 자료에 포함된 노이즈를 걸러낼 때는 다양한 나무의 특징을 골고루 반영해야 하는데 그는 미국 시에라 네바다 지역의 특정 나무에 지나친 가중치를 주었다는 의혹을 받았습니다.[8] 회의주의자들이 공격할 여지를 스스로 제공한 것입니다.

하키 스틱을 비판하는 인물 중 핵심은 은퇴한 광산 경영인 스티븐 매킨타이어와 캐나다 켈프 대학교 경제학과 교수 로스 맥컬트릭이었습니다. 이들은 2002년 만에게 하키 스틱 그래프를 그릴 때 사용한 원자료와 통계분석법을 제시하라고 요구했습니다. 그러나 마이클 만은 끝까지 자료를 제공하는 것을 거부했습니다. 우여곡절 끝에 그들은 마이클 만이 계산할 때 사용한 컴퓨터 코드를 겨우 입수했고, 그 코드를 분석하던 중 몇 가지 문제점을 발견했습니다.

2003년 스티븐 매킨타이어와 로스 맥컬트릭은 1999년 마이클 만이 그의 동료들과 출판한 과거 1,000년의 그래프에 숨어 있는 문제점을 반박하는 논문을 출판합니다.[9] 한편 이와는 별개로 2003년에는 다시금 중세 온난기의 존재를 옹호하는 논문이 출판되면서 마이클 만의 논문과 대립각을 세우기도 했습니다.[10] 이러한 논쟁이 특히 중요했던 이유는 이 시기가 바로 미국 조지 부시 행정부가 자국의 석유산업을 보호하기 위해 2001년 교토 의정서 이행을 거부하면서 미국 내 기후변

●   윌리 순과 그의 동료가 쓴 이 논문은 사실을 왜곡한 논문임이 밝혀졌습니다.

화 논쟁이 격화되는 시기였기 때문입니다. 1997년 최초로 세계 각국이 기후변화의 중요성을 인식하면서 온실기체 감축을 목표로 교토에서 협약을 맺은 이후 조약이 효력을 발휘하기도 전이었죠.

이러한 일련의 사건을 겪으면서 마이클 만의 논문은 구체적인 논란의 중심이 되었습니다. 매킨타이어와 맥컬트릭은 마이클 만의 논문을 집요하게 공략했습니다. 2005년에는 과거 600년을 복원한 마이클 만의 1998년 논문과 1,000년을 복원한 1999년 논문에 쓰인 통계적 방법을 동시에 비평했습니다.[11] 이 논문은 후에 다른 학자들에게 또다시 공격을 받음으로써 논쟁은 더욱 격화되었으며, 대중에게조차 이슈가 되었습니다. 결국 이 논쟁은 미국 정부의 정치 세력 간 논쟁에 이용되었고, 급기야 미국 의회의 요청으로 국가연구회 주관으로 양측 주장을 검증하고 진위 여부를 가리게 되었습니다. 당시 가장 뛰어난 기후 통계학자 제럴드 노스Gerald North는 2006년에 최종 결론을 낸 보고서를 출판합니다. 노스 보고서는 마이클 만의 손을 들어주죠.[12] 분명 마이클 만의 계산에 문제가 있긴 하지만, 그것이 본질적인 하키 스틱 커브의 모양을 손상시키지는 않는다는 조금은 뜨뜻미지근한 결론이었습니다.

노스 보고서가 출판된 이후에도 논쟁은 사그라들지 않았고, 특히 회의론자들은 마이클 만의 고의적 자료 가공에 대한 의혹을 거두지 않았습니다. 훗날 마이클 만은 이 문제로 법정 공방까지 하게 됩니다. 이렇게까지 된 데는 연구 때문이라기보다 마이클 만의 태도가 회의론자들에게 미움을 샀기 때문이 아닌가 하는 생각이 듭니다. 회의론자들이 공격하는 주요 근거였던 특정 나이테에 대한 의존성을 자료에서 제외하더라도 하키 스틱은 여전히 건재했다고 마이클 만은 수없이 강조했지만 한번 잃은 신뢰는 회복하기 어려웠습니다. 그를 공격하는 여러 서적이 출판되었고, 출처를 알 수 없는 풍자만화에서는 그를 희화화했습니다.

많은 과학자들이 하키 스틱 커브가 진짜인지 스스로 확인해보고자 연구에 매진했으며, 20개가 넘는 과거 2,000년간의 복원 기록이 쏟아져 나왔습니다. 시간이 흘러 2007년 출판된 IPCC 4차 보고서에는 이들 중 14개의 1,000년이 넘는 과거에 대한 기록이 수록되었고, 이 기록은 마이클 만의 복원이 대체로 옳았다는 사실을 보여주었습니다. 이렇게 일단락되는가 싶었는데 2009년 최악의 기후 게이트가 터지고 말았습니다.

최악의 기후 게이트

2009년 12월부터 북반구 전체를 강타한 강추위는 한 달이 넘었는데도 잦아들 기미가 보이지 않았습니다. 동유럽은 폭설과 강추위로 교통이 마비됐으며, 미국 동부에는 기록적인 폭설이 내려 오바마 미국 대통령이 지구 최후의 날을 그린 영화 〈아마겟돈〉에 빗대 '스노마겟돈'이라고 표현할 정도였지요. 아시아, 북미, 유럽 등 지구 북반구에 위치한 국가들은 지난겨울부터 봄까지 '100년 만의 북극 진동, 북반구를 떨게 만들다' 같은 자극적인 보도를 쏟아냈습니다. 사정이 이쯤 되자 지구온난화를 부정하는 회의론자들은 또다시 근거 없는 빙하기 진입론 등 음모론에 불을 지폈습니다. 더구나 2009년 11월 세계를 놀라게 한 '기후 게이트'는 불난 집에 기름을 끼얹는 격으로 음모론 공방을 불타오르게 했습니다. 이스트 앵글리아 대학교의 필 존스 기후 연구 센터 소장이 IPCC 연구자들과 주고받은 이메일에서 기후변화에 관한 토의와 논쟁을 억누르기 위해 자료를 숨기고 조작한 정황이 드러난 것입니다.

문제가 된 메일 내용을 번역해보았습니다. 누가 읽어봐도 수상하기

우리는 결국 지구를 위한 답을 찾을 것이다

From: Phil Jones
To: ray Bradley, mann@xxxx.xxx, mhughes@xxx.xxx
Subject: Diagram for WMO statement
Date: Tue, 16 Nov 1999 13:31:15+0000
Cc: k.briffa@xxx.xx.xx,t.osborn@xxxx.xxx

Dear Ray, Mike and Malcom,

Once Tim's got a diagram here we'll send that either later today or first thing tomorrow.

I've just completed Mike's nature trick of adding in the real temps to each series for the last 20 years (ie from 1981 onwards) and from 1961 for Keith's to hide the decline. Mike's series got the annual

— 이하 생략 —

___

(번역본)

보낸 사람: 필 존스
수신: 레이 브레들리, 마이클 만, 말콤 휴
주제: WMO 보고서에 사용될 그림에 대해
참조: 키스 브리파

레이, 마이클, 말콤에게

팀에게 그림이 도착하면, 오늘이나 내일쯤 보낼 예정이네.

내가 일단 마이크가 〈네이처〉 논문 작성할 때 썼던 트릭을 이용했고, 나무 나이테 그래프가 최근으로 올수록 하락하는 걸 감추기 위해 최근 20년 실제 온도 측정 자료와 과거 나이테를 부드럽게 이어 붙이는 데 성공했네….

5-9 글. 폭로된 메일의 일부. 메일의 'Mike's nature trick', 'hide the decline~' 같은 일부 문구가 큰 문제가 되었다.

짝이 없는 이메일에는 마이클 만(마이크)이 나이테로 복원한 온도 기록을 조작했음을 암시하는 듯한 문구가 적혀 있었습니다. 어떻게 된 일일까요? 마이클 만이 나이테로 지구의 온도를 복원해보니 이상하게도 1960년 이후에는 실제와 다르게 지구 온도가 급격히 하락하는 것으로 분석되었습니다. 고민하던 마이클 만은 결국 이를 감추기 위해 1960년 이후 그래프에서는 나이테로 복원된 기록을 지우고 실제 관측소에서 온도계로 측정한 온도만을 보여줍니다. 이렇게 하면 1960년에서 나이테 그래프와 실측 온도 그래프에 불연속적인 부분이 눈에 띄게 되는데 'Mike's nature trick'이라고 쓰여 있는 부분은 부드럽게 이어주기 위해 마이클 만이 자료를 살짝 고친 걸로 보입니다. 사실 과거 온도 기록이나 이산화탄소 기록을 보여줄 때, 과거 고기후 자료와 현대의 실측 자료 간 불일치는 흔하게 일어나는 현상이며, 이 부분을 부드럽게 연결하는 것은 조작이라기보다는 기교라고 부르는 것이 적절한 듯 여겨지긴 합니다. 다만, 문제가 있는 나이테 자료를 의도적으로 감추려 했다면 이를 조작으로 봐도 된다고 생각합니다. 여러분의 생각은 어떤가요?

 '하키 스틱 그래프'는 IPCC 3차 보고서에서 처음 등장해 2013년 보고서에까지 나오면서 인류가 산업혁명 이후 배출한 온실기체가 지구온난화의 주원인임을 확증하는 증거로 널리 사용되어왔습니다. 그래서 이 그래프가 조작되었다는 논란은 파장이 매우 컸습니다. 더군다나 2007년 발표한 4차 보고서는 조심스러운 기존 입장과는 달리 인간 활동이 지구온난화의 주원인임을 강력하게 주장했고, 이런 공로로 IPCC

의 라젠드라 파차우리 의장은 앨 고어와 함께 노벨 평화상을 공동 수상했기에 더더욱 그랬습니다.

기후 게이트는 이 같은 IPCC 보고서의 위엄을 한번에 뒤집어놓을 만큼 위력이 컸습니다. 이 사건 이후 미국인 중 절반 이상이 인간이 지구온난화를 초래한다는 주장에 부정적인 입장으로 돌아섰습니다.

어찌 되었건 모든 논란을 잠재운 건 결국 과학이었습니다. 전 세계 수십 명의 과학자들이 훨씬 많은 과거 자료들로 복원한 지구 과거 2,000년 동안의 지구 온도는 마이클 만의 하키 스틱 커브와 거의 유사했습니다. 마이클 만에게는 참으로 다행인 소식이었겠지요?

앨 고어의 불편한 진실 이야기 🌏

앨 고어 전 미국 부통령에게 2007년은 정계 은퇴 후 최고의 해였습니다. 2000년 미국 대통령 선거에서 민주당 후보로 나와 조지 부시 후보에게 근소한 차로 패배한 아픔을 겪은 그는 이후 본격적으로 환경문제에 뛰어들었습니다. 사실 앨 고어는 대학 시절부터 환경과 관련된 공부를 했고, 처음으로 지구 대기 중 이산화탄소 양을 측정하기를 제안한 로저 르벨 교수를 만나면서 본격적으로 환경문제에 관심을 가졌습니다. 이후 그는 정치인의 길을 걸었지만 항상 환경 이슈를 정책에 포함시키려는 노력을 지속해왔습니다. 대통령 선거에서 패배한 후 전 세계를 돌며 1,000회 이상의 강연을 통해 지구온난화의 위험을 경고했는데 다큐멘터리 영화 〈불편한 진실〉은 이러한 노력의 결과물이었습니다. 〈불편한 진실〉은 2007년 2월 다큐멘터리 부문 아카데미상을 받았습니다. 7월에는 5대륙 7개국에서 24시간 이어진 초대형 환경 콘서트 '라이브 어스'를 개최했습니다. 존 본 조비, 보노 등 유명 스타들이 무대를 장식했고 전 세계 젊은이들은 '앨 고어'를 연호했습니다. 급기야 앨 고어는 2007년 12월 IPCC 파차우리 의장과 노벨 평화

우리는 결국 지구를 위한 답을 찾을 것이다

상을 공동 수상함으로써 '거물급 정치인'에서 '환경 운동가'로 변신하는 데 성공했습니다. 대통령 선거 패배를 노벨상 수상으로 대반전시킨 셈입니다.

2007년은 지구 기후변화의 역사에서도 상징적인 한 해로 기록됩니다. 매우 많은 양의 북극 얼음이 녹아내렸기 때문입니다. 이전까지 북극 바다 얼음 면적이 가장 작은 해였던 2005년보다 얼음 면적이 20% 이상 감소하는 놀라운 일이 벌어졌습니다. 이 추세로 나간다면 10년이 채 되기도 전에 북극 얼음이 다 녹아내릴 기세였습니다.

그래서였을까요? 앨 고어는 자신의 행보에 결정적 오점을 남기고 맙니다. 그것도 노벨상 수상식에서 말입니다. 그는 과감하게도 2013년이 되면 북극의 얼음이 전부 사라질 가능성이 매우 높다고 예측했습니다. 그러나 2013년이 되자 앨 고어는 인정하기 싫은 매우 불편한 진실을 마주하게 됩니다. 아이러니하게도 꾸준히 줄어들던 북극의 바다 얼음 면적이 하필이면 2013년 다시 큰 폭으로 증가한 것입니다. 물론 2013년에 얼음 면적이 갑작스레 증가한 것은 일시적인 현상이었을 뿐, 그 후 이내 감소 추세로 돌아섰고 지금도 꾸준히 감소하고 있습니다.

2007년 노벨상을 공동 수상한 라젠드라 파차우리는 더더욱 곤경에 처했습니다. 2007년 발간된 IPCC 4차 보고서에는 2035년경 히말라야산맥의 빙하가 모두 사라져버릴 가능성이 매우 높다는 문구가 있습니다. 그러나 조사 결과 이 문구는 터무니없는 과장임이 밝혀졌는데 당시 파차우리는 이 결과를 제시한 인도 뉴델리 에너지자원 연구소의 소장이었습니다. 2007년 발간된 보고서의 대표적 오류로 지금까지 언급되는 이 대담한 예측은 과학적 검증을 전혀 거치지 않고 보고서에 포함된 것으로 드러나 IPCC에서 공식 성명을 내고 오류를 인정한 바 있습니다. 이외에도 파차우리는 여러 성 추문과 비리 의혹이 끊이지 않는 인물이었습니다.

다큐멘터리 〈불편한 진실〉에는 1970년대만 해도 넓게 덮여 있던 킬리만자로의 빙하가 사라져가고, 알프스, 페루, 파타고니아의 빙하마저 사라져가는 생생한 모습이 담겨 있습니다. 유럽은 폭염으로 3만 명 이상의 인명 피해를 입고, 인도 뭄바이는 강수량이 37인치에 달하는 등 극단적인 재난이 이어집니다. 태풍 이야기도 빼놓을 수 없지요. 데워진 바닷물로 덩치를 키운 태풍이 2004년 일본을 10번이나 덮쳤고, 2005년 모든 미국인을 두려움에 떨게 한 태풍 '카트리나'가 남긴 피해도 빠짐없이 담겨 있었습니다. 지구는 점차 더워지고 있으며 2005년은 가장 더운 해로 기록된 것, 고산지대 빙하의 면적이 줄어들면서 빙하 녹은 물을 식수로 사용하는 세계 인구의 40%가 식수난에 시달리는 것, 높아진 수면으로 네덜란드, 상하이, 플로리다가 침수 위기에 처했다는 사실 등 상상할 수 있는 모든 대형 재난이 〈불편한 진실〉에 담겨 있습니다. 앨 고어가 직접 출연해 제시한 영상과 자료는 생생함과 구체성으로 큰 반향을 일으켰습니다. 그러나 앨 고어는 이 다큐멘터리로 곤궁에 처했습니다. 영국 정부가 학교에 책으로 펴낸 《불편한 진실》을 교재로 배포하려다 일부 학부모의 반대에 부딪힌 것이었습니다. 과학적으로 말이 안 되는 주장이 있다는 이유였습니다. 결국 법원은 〈불편한 진실〉이 수많은 과학자가 검증한 내용으로 구성되어 있음은 인정하나 아홉 가지 사실에 대해서는 과학적 증거가 더 필요함을 적시했습니다. 사실 법원은 이를 '과학적 오류'라고까지 표현하지 않았으나 수많은 언론은 〈불편한 진실〉에 포함된 아홉 가지 과학적 오류'라고 표현함으로써 대중을 크게 현혹했습니다.

문제가 된 아홉 가지 내용 중 제가 생각하기에도 문제가 있는 내용을 꼽으면 다음 세 가지입니다.

〈불편한 진실〉: "대서양으로 이동하는 걸프 해류가 온난화 때문에 멈출 수 있다."

–IPCC 보고서 어디에도 해류가 멈춘다는 표현은 없습니다. 해류의 속도가 느려질 수는 있지만 미래에 움직임이 중단될 가능성은 매우 적습니다.

〈불편한 진실〉: "기후변화로 빙하가 녹으면서 '가까운 미래에' 바다 수면이 20피트(약 6m) 이상 높아질 것이며 그린란드와 북극 서부는 잠길 것이다."

–IPCC는 가장 극단적인 온난화 시나리오가 현실화된다 해도 100년 후 해수면이 1m 정도 상승한다고 보고한 바 있습니다. 따라서 가까운 미래에 해수면이 5~6m 이상 상승할 일은 없으며 이는 과학적 내용을 과장한 것입니다.

〈불편한 진실〉: "2005년 미국을 강타한 허리케인 카트리나도 지구 온난화 때문에 발생했다."

–여러 기상재해 중 특히 허리케인이나 태풍 같은 경우 과학자들의

생각이 엇갈립니다. 어떤 과학자들은 강도가 더 높아질 것이라 하고 어떤 과학자들은 그렇지 않을 것으로 예상합니다. 실제로 허리케인의 경우 지구온난화에 따라 더 강력해진다는 뚜렷한 시그널은 찾기 어렵습니다.

재판부는《불편한 진실》을 학교에서 교재로 활용하는 것은 가능하다고 판단했으며, 다만 교재로 사용할 때는 명확하지 않은 부분에 대해 언급할 것을 권고했습니다.《불편한 진실》의 문제점은 전형적인 환경 과학 서적에서도 나타나는, 지구온난화의 위험성을 지나치게 강조하려다 일부 주장에서 논리적 비약을 한다는 것입니다. 지구온난화 문제에서는 심증은 있지만 확실한 증거를 제시하기 매우 어려운 경우가 많습니다. 특히 허리케인 카트리나 사례가 그렇습니다. 지구온난화가 막대한 피해를 초래하는 기상재해를 증가시키는 것은 분명한 사실이지만, 확실한 연구 결과에 근거하지 않고 모든 사례를 지구온난화와 연결 짓는 자세는 대중이 지구온난화에 대해 올바르게 이해하는 데 결코 도움이 되지 않습니다. 악의적인 회의론자들이 눈에 불을 켜고 이러한 헛점을 찾기 위해 오늘도 사냥에 나서고 있을 것입니다.

BBC 다큐멘터리 〈위대한 지구온난화 대사기극〉

〈위대한 지구온난화 대사기극The Great Global Warming Swindle〉은 2007년 BBC에서 제작한 다큐멘터리로, 이듬해인 2008년 방송상 최우수 다큐멘터리 부문에 선정되었습니다. 이 다큐멘터리는 자극적인 제목에 걸맞게 지구온난화를 사기극이라고 하는 이유를 주제로 전문가 인터뷰와 강렬한 인포그래픽을 바탕으로 논리를 탄탄하게 전개해나 갑니다. 다큐멘터리 말미엔 기후학자들이 정부에서 연구비를 타기 위해 지구온난화를 거짓으로 옹호하며, 인간에 의한 지구온난화에 반하는 얘기를 했다가는 연구비를 삭감당한다는 인터뷰를 실어 지구온난화 연구가 다분히 정치적 논리에 의해 진행되고 있음을 이야기합니다. 1970년대 히치콕 감독의 영화에나

5-10 사진. 〈위대한 지구온난화 대사기극〉 DVD 표지.

나올 법한 긴장감 넘치는 음악과 미스터리한 느낌의 일러스트는 최고의 몰입감을 선사합니다. 왜 2008년 최우수 다큐멘터리에 선정되었는지 이해가 됩니다. 이 분야에 대해 잘 알지 못하는 대중이 넘어가기 십상입니다. 이 다큐멘터리는 기후변화를 거부하는 사람들에게 환영받았지만, 영화 비평가들은 이 영화가 데이터를 오용하고 조작했으며, 오래된 연구에 의존하고, 오해의 소지가 있는 주장을 사용했으며, IPCC의 입장을 잘못 표현하고 있다고 주장했습니다. 결국 이 다큐멘터리는 영국 방송 심의 단체의 제재를 받았고, 몇 가지 내용을 수정하기에 이르렀습니다. 그러나 수정한 다큐멘터리는 여전히 왜곡된 정보로 가득 차 있습니다. 여러분도 꼭 한번 보기 바랍니다. 단, 이 책을 끝까지 읽은 다음에 말입니다.

이 다큐멘터리에 나오는 대부분의 이야기는 날조되었거나, 당시에는 과학자들도 조금 헷갈리던 부분이 10여 년 사이에 과학의 발달로 정리되었습니다. 많은 사실을 왜곡해 일일이 지면에 소개하기 어렵지만, 심하게 왜곡된 몇 가지 내용 위주로 팩트 체크를 해보겠습니다.

가장 먼저 나오는 것은 앞에서 언급한 이슈인 중세 온난기와 소빙하기의 존재입니다.

〈5-11 그래프〉가 왜 잘못되었는지는 반복해서 설명할 필요가 없을 듯합니다. 유럽의 과거 온도 변화와 전 지구 평균온도의 변화 추이는 매우 달랐다는 사실을 최근 연구 결과가 뒷받침합니다. Pages 2k가 최근 발표한 전 지구 평균온도 그림은 확실히 하키 스틱이라 불러도 될 만큼 매끈했다는 사실을 떠올려주세요. 한 가지 안타까운 사실은 이 그

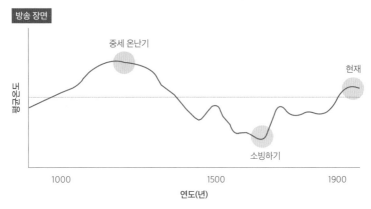

중세 온난기

현재

평균기온

소빙하기

1000   1500   1900

연도(년)

5-11 그래프. BBC 〈위대한 지구온난화 대사기극〉 다큐멘터리의 장면 재구성. 과거 1,000년간 지구의 온도 변화 추이를 보여주고 있으나, 앞에서 제시한 Pages 2k 최신 결과는 이 그림이 사실이 아님을 입증했다.

림의 출처가 IPCC라고 다큐멘터리에서 소개했다는 것입니다. 1차 보고서에 수록된 그림이었으니 IPCC로서는 할 말이 없겠죠?

　두 번째는 1940~1970년 온도 하락기에 대한 이야기입니다. 이산화탄소 증가가 온도 상승의 원인이라면 왜 이 시기에는 온도가 하락했겠느냐는 논리입니다. 이 시기 온도 하락을 설명하는 많은 연구 결과가 있고, 이 책에서는 4장에서 지나친 경제활동이 불러일으킨 대기오염으로 인한 햇빛 차단과 바다의 역할에 대해 자세히 소개했습니다.

　다음으로는 빙하기 이야기입니다. 다큐멘터리에서는 이산화탄소가 온도 증가의 원인이 아니라는 논리를 제시하기 위해 빙하기 데이터를 가져옵니다. 그림처럼 빙하시대의 일부 구간을 확대한 그래프를 제시하면서, 온도가 변하면 이산화탄소 양이 변하는 것이 입증되었으니 현재의 이산화탄소 양 증가도 지구의 온도 증가에 따른 것이라는 궤변을

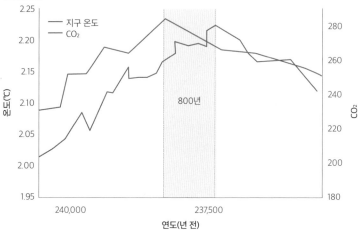

5-12 그래프. BBC 〈위대한 지구온난화 대사기극〉 다큐멘터리의 장면 재구성. 빙하 코어 자료로 분석된 지구 온도와 이산화탄소 변화 추이(과거 약 24만 년 전부터 23만 7,500년 전까지). 빙하기에 지구 온도가 이산화탄소보다 먼저 증가했기에 산업혁명 이후에도 이산화탄소 증가가 지구 온도 증가의 원인이 아니라 반대로 지구 온도 증가가 이산화탄소 증가의 원인일 수 있다고 주장한다. 산업혁명 이후 대기 중 이산화탄소가 증가한 주원인은 인류의 화석연료 사용 때문임이 명백히 밝혀졌다.

펼칩니다.

이 논리는 아주 쉽게 깨집니다. 이제 과학이 발전해 대기 중 이산화탄소가 어디에서 비롯되었는지 정확하게 추적할 수 있습니다. 4장에서 대기 중에 증가하는 이산화탄소 대부분이 화석연료에서 나왔다는 사실을 확인한 바 있습니다. 지구 온도 증가는 당연히 대기 중 이산화탄소를 증가시킵니다. 바다가 뜨거워지면 바닷속 이산화탄소가 대기 중으로 올라오니까요. 이 부분도 2장에서 설명했습니다. 한 가지 덧붙이고 싶은 건 앨 고어가 〈불편한 진실〉에서 똑같은 잘못을 저질렀고, 이

우리는 결국 지구를 위한 답을 찾을 것이다

다큐멘터리는 그걸 철저히 이용했다는 사실입니다. 앨 고어는 〈불편한 진실〉에서 과거 빙하시대 80만 년의 온도와 이산화탄소 커브를 보여 주면서 "이산화탄소가 증가하면 온도가 증가하는 이 놀라운 관계를 보십시오"라고 설명했습니다. 그러나 이 설명은 잘못된 것입니다. 빙하시대에 이산화탄소 양은 지구 온도에 따라 수동적으로 오르락내리락한 것이기 때문입니다. 회의론자들은 굉장히 예민합니다. 여러분은 체리 따 먹기^{cherry picking}라는 영어 표현을 아나요? 여러 사실 중 자기 입맛에 맞는 것만 취사선택해 전체적 맥락을 전혀 다른 사실로 바꿔버리는 기술을 의미합니다.

악의적 의도를 지닌 회의론자들은 체리나무에서 많고 많은 체리 중 상한 체리 하나를 골라내고 이를 근거로 전체 체리나무가 상했다고 일반화하는 데 달인입니다. 앨 고어가 무지해서든 아니면 대중에게 이산

5-13 그림. 체리 따 먹기. 선별적으로 체리를 따면 우리는 이 나무를 파란 체리나무라고 생각할 수 있다. 하지만 전체적인 증거는 무엇을 말하고 있을까? 출처: 《Guide to Skepticism》(존 쿡 지음), www. skepticalscience.com

화탄소의 놀라운 온도 조절 능력을 과장해서 강조하려 했든 이렇게 잘 못된 설명을 하면, 악의적인 회의론자들은 이 설명 하나로 전체 기후과학의 틀을 흔들려고 합니다. 인류세는 인터넷으로 연결된 초연결 사회이고 강력한 소셜 미디어를 통해 잘못된 정보가 삽시간에 퍼져나갑니다. 저는 이것이 많은 미국인이 아직도 기후변화에 부정적 시각을 갖고 있는 이유라고 생각합니다.

이렇게 하나하나 따져보니 앞에서 설명한 내용으로 엉터리 다큐멘터리의 논리를 모든 반박할 수 있네요. 사기꾼이 넘쳐나는 지구온난화 담론에서 스스로 옥석을 가리는 능력을 키우는 것. 이것이 바로 지구를 위한 답을 찾기 위해 우리가 가장 먼저 해야 할 일이 아닐까요?

우리는 결국 지구를 위한 답을 찾을 것이다

뛰어난 대기과학자도
대표적 회의론자가 될 수 있다

　　사실 지구 온도가 온실기체 증가로 얼마나 상승하는지 정확히 알아내는 것은 매우 어려운 일입니다. 〈5-14 그래프〉를 보십시오. 대기 중 이산화탄소를 꾸준히 증가시킬 때 현존하는 여러 기후 모델이 어떻게 미래 온도 증가를 예상하는지 나타내는 그림입니다. 중요한 점은 여기서 이 모델들은 모두 동일한 인간 활동 시나리오를 가정하고 있다는 것입니다. 즉 인류의 영향은 모든 시뮬레이션에서 동일하다는 것입니다.

　어떻습니까? 동일한 시나리오에도 이렇게 다양한 결과가 나옵니다. 이러한 예측의 다양성은 무엇 때문에 생길까요? 우선 바다의 변덕스러운 변동이 다양성에 기여하고 있습니다. 4장에서 설명한 수십 년 주기로 나타나는 바다의 변동은 인간이 예측하기 어려운 추세로 기온을 출렁거리게 합니다. 우리는 이 변동을 예측할 능력이 부족하고, 컴퓨터 모델 역시 제각각으로 기온 커브에 변화를 줍니다. 우리는 이를 자연 변동성natural variability이라고 하는데 이는 온실기체에 대한 미래 반응을 해석하기 힘들게 합니다. 그러나 자연 변동성의 역할은 그림 속 넓은 변

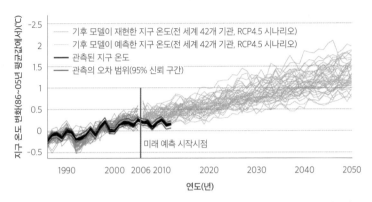

5-14 그래프. IPCC 5차 보고서에 참여한 모델들의 온실기체 증가 시나리오(RCP4.5)에 따른 과거 재현(회색선)과 미래 예측 결과(파란선). 미래 예측은 2006년부터 시작되었다. 출처: IPCC 5차보고서

동 폭의 일부분에만 해당됩니다. 이보다 더 중요한 것은 모델의 불확실성입니다. 모델은 사람이 자연의 양상을 관찰하고, 이를 컴퓨터 언어로 코딩한 코드 덩어리일 뿐입니다. 모델에는 지구상에서 일어나는 다양한 상호작용이 어떻게 작동할지 미리 코딩되어 있습니다. 그러나 앞에서 말했듯 우리는 지구상 기후 요소 간의 상호작용에 대해 아직 다 파악하지 못했고, 이는 모델을 이용한 미래 예측에 큰 불확실성을 더해줍니다. 바로 이 모델들 간 큰 불확실성이 자연의 성격에 대한 과학자들의 제각기 다른 생각을 반영한다고 볼 수 있습니다.

바로 이 대목에서 회의론자를 분류할 수 있습니다. 얼마나 뜨거워질지 잘 안다고 주장하는 과학자도 있고 지구가 그리 까칠하지 않아서 온도 증가가 큰 문제가 되지 않는다고 주장하는 과학자도 더러 있습니다. 점점 더 숫자가 줄어들어 소수이긴 해도 분명히 존재합니다. 이들의 공통점은 기후 민감도를 대부분의 과학자보다 낮게 생각한다는 것입니

우리는 결국 지구를 위한 답을 찾을 것이다

다. 철저히 자신의 과학과 신념에 기반한 회의주의자는 과학을 건전하게 만듭니다. 저는 이들을 합리적 회의주의자라고 명명하겠습니다. 당연히 과학계는 이들의 의견을 존중해야 합니다.

비율로 따지면 민감하다고 생각하는 과학자들이 압도적으로 많고, 최근 이 추세는 더 일방적으로 흘러가고 있어 지금 학계에서는 100명 중 3명 정도 꼴로 지구의 민감도가 낮다고 생각합니다. 그중 대표적인 학자가 존 크리스티John Christy, 로이 스펜서Roy Spencer, 리처드 린젠입니다. 저는 이들이 합리적 회의주의자에 가깝다고 생각합니다. 물론 이들의 강연이나 책을 살펴보면 다소 과격한 측면이 있습니다. 그러나 이들은 나름의 과학적 논리로 철저히 무장하고 있습니다. 이들 중 가장 유명한 리처드 린젠에 대해 자세히 알아보겠습니다.

리처드 린젠Richard Lindzen, 1940-은 1983년 MIT 교수가 된 후 2013년 은퇴할 때까지 기상학계에 빛나는 업적을 남긴 뛰어난 과학자입니다. 그는 물리학과 응용수학을 전공한 자신의 장점을 살려 대기과학에서 중요하다고 여겨지는 거의 모든 현상의 수학적 모델을 개발하고 가다듬는 데 학문적 열정을 쏟아부었습니다. 그리하여 퇴임할 때까지 200여 편이 넘는 논문을 작성했으며, 그의 많은 논문이 기상학 발전에 큰 공헌을 했습니다. 이랬던 그가 왜 회의주의자로 전향했을까요?

그는 2001년 홍채 이론을 도입하면서 기후 민감도, 즉 이산화탄소가 산업혁명 이후 2배가 되더라도 온도 상승이 1℃ 정도로 제한적일 것이라고 주장했습니다. 이러한 주장은 학계에 큰 파장을 일으켰습니다. 린젠은 당시 IPCC 3차 보고서의 주 저자였는데 그가 바라보는 미래와 IPCC가 예상하는 미래가 매우 달랐습니다. IPCC 3차 보고서의 경우 기후 민감도는 약 3℃, 즉 3℃ 상승을 예상하고 불확실성 범위는 1.7~4.5℃로 제시했습니다.[13] 린젠이 회의주의자로 돌아선 건 이때부터였던 것 같습니다. 물론 그도 기후 민감도가 1℃에 불과하다는 주장에 100% 확신을 가질 수는 없었을 것입니다. 그것은 과학자로서 자신의 이론에 대한 신념이었습니다. 사실 과학은 이런 신념을 가진 과학자들 덕에 발전해왔습니다. 그러나 그의 신념은 도저히 IPCC와는 양립하기 어려운 듯했습니다.

그의 대표적 이론인 홍채 이론에 대해 살펴보겠습니다. 어두운 곳에 있다가 갑자기 밝은 곳으로 나오면 눈의 동공이 작아져 빛 흡수를 줄여주는 것처럼, 자연도 지구가 너무 많은 에너지를 받아 온도가 상승하면 권운(상층운)의 양을 줄여 더 많은 에너지가 구름에 흡수되지 않고 바로 우주로 나가게 해준다고 주장합니다. 즉 권운이 조리개 역할을 한다는 것이지요.

린젠의 생각을 이해하기 위해서는 우선 구름에 하층운(낮은 구름)과 상층운(높은 구름)이 있다는 것을 알아야 합니다. 하층운은 햇빛을 반사하는 데 특화된 능력이 있는 반면, 온실효과의 효율은 매우 떨어집니다. 얼핏 생각하면 구름이 낮게 쫙 깔려서 담요처럼 지구를 덮어주면 희끗희끗한 상층운보다 훨씬 큰 온실효과를 발휘할 것 같은데 말입니다. 그런데 여기에는 중요한 고려 사항이 있습니다. 바로 온도입니다. 하층운은 온도가 지면과 비슷하기 때문에 구름에 흡수되어 재방출될 때와 지면에서 바로 밖으로 빠져나갈 때가 별 차이가 없습니다. 대

우리는 결국 지구를 위한 답을 찾을 것이다

신 햇빛을 잘 반사하기 때문에 지구가 흡수하는 에너지 양을 감소시킵니다. 따라서 하층운이 많을수록 햇빛 반사로 지구 온도가 상승하는 것을 방해합니다.

상층운은 어떨까요? 반대 특징을 지닙니다. 상층운은 좋은 담요와 같은 효과를 발휘합니다. 온도가 낮기 때문입니다. 땅에서 올라오는 에너지를 상층운이 일단 흡수하고 재방출할 때 자신의 온도로 플랑크 복사를 하는데, 이때 온도가 지면보다 훨씬 낮기 때문에 더 적은 에너지를 방출합니다. 따라서 결과적으로 지구가 방출하는 에너지 중 많은 양을 대기 중에 가두는 역할을 하죠. 정리하면 하층운은 온도 상승 방해, 상층운은 온도 상승 증폭의 역할을 합니다. 다시 린젠의 홍채 이론으로 돌아가볼까요? 린젠의 생각을 간단히 표현하면 다음과 같습니다.

5-15 그림. 높은 구름과 낮은 구름의 상반된 역할을 설명하는 그림.

"너무 걱정할 필요 없습니다. 어차피 지구는 온도가 상승하면 마치 조리개가 닫히듯 온실효과가 매우 큰 상층의 구름 양을 크게 줄여주는 방식으로 온도 상승을 억제할 테니까요."

린젠의 생각이 이해되나요? 2001년에 홍채 이론이 담긴 논문이 처음 출판된 지 벌써 20년의 세월이 흘렀지만 린젠과 그의 동료들은 여전히 이 생각이 옳다고 믿고 있고, 학계에서는 여전히 그들의 생각에 대한 검증이 진행되고 있습니다.[14] 다음 장에서 자세히 다루겠지만, 사실 기후변화 예측에 있어 불확실성을 초래하는 가장 중요한 요인이나 이해가 아직 많이 부족한 이슈가 바로 구름에 대한 것입니다. 미래 지구 온도의 상승 폭은 구름이 좌지우지한다고 봐도 된다는 뜻입니다. 지구가 까칠한지 아니면 유순한지 결정하는 핵심이 온난화에 따라 상층운이 많이 생길지 하층운이 많이 생길지에 달려 있다는 뜻이기도 합니다. 린젠은 바로 이 부분에서 주류 과학자들과 생각이 달랐던 것입니다. 최근 몇 년 사이 기후 민감도를 무려 5℃ 이상으로 추정하는 연구 결과들이 많이 출판되고 있습니다.[15] 주로 최신 기후 모델들을 사용한 연구 결과라서 학계에서 큰 주목을 받고 있습니다. 높은 민감도의 원인은 역시 구름에 있었습니다. 이들 모델은 미래로 갈수록 햇빛을 반사하여 증폭작용을 줄여주는 하층운이 급격히 감소할 것으로 예측한 것입니다.[16] 어떻습니까? 우리의 미래는 지구가 구름을 어디에 만들어낼지에 달려 있다고 봐도 과언이 아니지 않을까요? 비판도 있습니다. 가장 최근에 출판된 논문에서는 이들 고민감도 모델을 관측 자료로 검증해본 결과 실제보다 너무 빠르게 지구 온도를 상승시키는 경향이 있음을

우리는 결국 지구를 위한 답을 찾을 것이다

확인하였습니다.[17] 과학의 발전 속도로 볼때 이 이슈는 향후 10년 이내에 판가름 날 것으로 보입니다.

우리가 경계해야 할 사람들은 따로 있습니다. 바로 비합리적 회의론자들입니다. 다른 말로는 기후변화 거부론자denialist라고 표현할 수 있습니다. 이들은 이미 답을 정해놓고 어떠한 합리적인 생각에도 귀를 기울이지 않습니다. 새로운 증거가 아무리 넘쳐난다고 해도 자신의 입장을 바꾸지 않고 오로지 자신의 생각만 강요할 뿐입니다. 합리적 회의론자는 건전한 과학 발전에 반드시 필요한 존재이고, 비합리적 회의론자는 건전한 과학의 발전을 방해합니다. 회의론자를 구별해서 바라봐야 할 중요한 이유입니다.

홍수, 폭염, 태풍, 가뭄이
지구온난화 때문이라고? 🌍

○　　　　앨 고어, 파차우리 의장의 사례 등을 통해 짚고 넘어가야 할 것이 있습니다. "과연 극단적인 날씨가 나타나는 것이 기후변화와 관련이 있는가" 하는 질문입니다.

이에 IPCC 5차 평가 보고서는 다음과 같은 답을 제시했습니다.

"1950년 이래 기상 현상에 큰 변화가 나타났다. 극한 저온 현상이 감소하는 대신 극한 고온 현상은 증가하고, 많은 지역에서 호우가 빈번해졌으며, 이 변화의 일부는 인간 활동과 연관되어 있다고 알려졌다."

저도 IPCC의 설명에 동의합니다. 그런데 여기서 주목해야 할 점이 있습니다. IPCC는 분명히 "이 변화의 일부는 인간 활동과 연관되어 있다고 알려졌다"라고 얘기합니다. 왜 '일부'라는 표현을 썼을까요? 모든 극한 기상 현상의 변화를 기후변화로 연결 짓는 잘못을 저지르지 않게 하기 위해서입니다. 하루에도 수십 개씩 쏟아져 나오는 기후변화 기사에서 우리가 가장 흔히 접하는 오류는 바로 이 대목입니다. 극단적 기

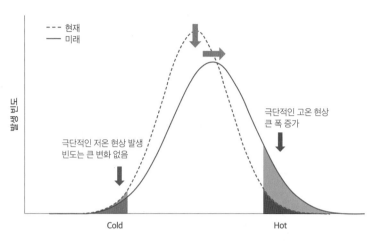

5-16 그래프. 기후변화는 평균온도 증가뿐 아니라 날씨 확률분포의 모양 자체를 바꾼다. 미래로 갈수록 퍼진 종 모양으로 변화시켜 극단적인 날씨 현상의 비대칭성을 가져온다.

상 현상 중에서도 지구온난화와 관련 짓기 쉽고 과학적으로 증명하기 쉬운 현상이 있는 반면, 그렇게 하기가 상당히 어려운 현상도 분명히 존재합니다. 예를 들면 가뭄이 자주 나타나는 지역에서 가뭄이 심화되고, 홍수가 자주 나는 지역에서 더 큰 홍수가 난다든지 하는 현상은 지구온난화와 연관해 과학적으로 설명하기가 비교적 쉽습니다. 그러나 앞에서 언급한 태풍, 극단적인 겨울 폭풍 등은 지구온난화와 직접 연관되어 있음을 입증하기가 상당히 어려운 주제입니다. 〈5-16 그래프〉를 보세요.

이 그림은 IPCC 4차 보고서에서 제시한 것으로, 지구온난화가 어떻게 지상 기온의 확률분포를 바꿀 수 있는지 보여줍니다. 관측과 모델링 결과를 종합해보니, 지구온난화는 확률분포를 더 더운 쪽으로 움직이는 게 확실하다는 결과가 나왔습니다. 이뿐만이 아닙니다. 확률분포의 모양도 살짝 변형시키는데 지구가 뜨거워질수록 확률분포가 더 평퍼짐한 형태를 띱니다. 이는 좀 더 극단적인 기상 현상이 증가한다는 말입니다.

이를 통해 IPCC가 얘기하는 바는 지구온난화에 따라 평균기온이 좀 더 높은 쪽으로 이동하게 되고, 고온 극한 현상은 확률분포의 이동과 변형에 의해 훨씬 많이 증가하게 된다는 것입니다. 저온 극한 현상은 이동에 의해서는 줄어들지만, 확률분포가 평퍼짐해지면서 증가하는 경향이 있어 그리 큰 감소는 기대할 수 없습니다.

강수는 어떨까요? 집중호우가 늘어날까요? 가뭄은 어떨까요? 이는 단순 고온 현상보다는 확실성을 예측하기 어렵습니다. 온도가 높아지면 바닷물도 뜨거워져 수증기가 많아지고, 이는 강수량을 더 늘릴 것으로 생각되지만, 사실 지역별로 큰 편차가 있습니다. 다만 기후학자들은 지구온난화가 진행될수록 수문 사이클, 즉 대기에 존재하는 물의 순환이 더 빨라질 것으로 예상하고, 원래 비가 많이 내리던 지역은 대체로 더 많고 강한 비가 내릴 것으로 예상하고, 반대로 원래 가물었던 지역에는 더 잦고 오래 지속되는 가뭄이 찾아올 것으로 예상합니다.[18] 즉 물의 순환이 빨라지면서 100년에 한 번 나타나던 극단적 현상이 더 자주, 예를 들면 10년에 한 번꼴로 나타나는 것입니다. 기후학자들은 이를 지구온난화에 따른 물 순환의 가속 현상 때문으로 봅니다.

태풍이나 허리케인은 어떨까요? 여기에 관해서는 수많은 논쟁이 있습니다. 어떤 과학자들은 더 강한 슈퍼 태풍이 자주 올 것이라 예상하

우리는 결국 지구를 위한 답을 찾을 것이다

고, 어떤 과학자들은 슈퍼 태풍이 한번 발생하면 더욱 강하게 발달할 테지만, 횟수는 오히려 감소할 것이라고 예상합니다. 즉 과학자마다 견해가 다릅니다.[19] 과학이 발달하면 좀 더 확실해질까요? 그럴 수도 있고 그렇지 않을 수도 있습니다. 기후과학은 불확실성과 비선형성이 가득한 학문이고, 미래의 모든 것을 확실하게 예상할 수 있다고 생각하는 건 큰 오산입니다. 다만 확률적으로 볼 때 기댓값이 좀 더 큰 현상이 있고 그렇지 않은 현상이 있을 뿐입니다. 지구온난화와 폭염이 관련성이 크고, 지구온난화와 태풍은 그렇지 않은 것이 바로 좋은 예입니다. 따라서 모든 극단적 현상을 지구온난화와 연관 지어 속단하는 것을 경계해야 합니다.

쉽게 예를 들어보겠습니다. 한쪽 면이 깨진 주사위가 있습니다. 숫자 6이 있는 면이 깨져 있습니다. 원래 주사위는 각각의 면이 나올 확률이 6분의 1로 동일해야 하지만 이 주사위는 조금 다릅니다. 여기서 6이 나올 확률이 다른 면에 비해 아주 조금 높아졌다고 하겠습니다.

주사위를 던져보겠습니다. 6이 나왔습니다. 주사위를 던져서 6이 나온 것은 주사위가 깨져 있기 때문일까요?

분명히 주사위가 몇 번 땅바닥에 부딪히면서 깨진 면도 접촉했을 것이고, 6이 나온 데 영향을 준 것은 사실입니다. 그러나 그렇다고 해도 이 결과가 전적으로 주사위가 깨져 있기 때문인가요? 질문 자체가 잘못되었습니다. 무엇이 잘못되었을까요? 원래 주사위는 무작위로 숫자가 나오도록 되어 있습니다. 즉 확률 영역에서 질문하고 확률로 답해야 하는데 딱 부러지는 답을 요구한 것이 문제입니다. 주사위를 던지는 사고실험에서 주사위 한 면이 깨진 것을 기후변화라 보고, 각각의 주사위 면이 나오는 것을 극한 기상 현상의 발생이라고 생각하면 똑같은 논리가 성립합니다.

예를 들어 기자들이 "이번 장마, 기후변화와 어떤 관련성이 있습니까?"라고 물으면 기후학자들이 애매하게 답할 수밖에 없는 이유가 바로 여기에 있습니다. 기자들은 뚜렷한 답을 원하지만 극단적인 장마는 확률적으로 발생하는 것이기에 답을 하는 입장에서는 확률 계산을 해야 하기 때문입니다. 기껏 해야 "과거 기후에서는 이러이러한 확률분포하에서 이 정도 이벤트는 100년에 한 번꼴로 나타나야 하는데, 현재는 기후변화로 확률분포가 이렇게 바뀌니까 이 정도 규모의 이벤트는 10년에 한 번꼴로 나타날 수 있겠네요"라고 답할 수밖에 없는 것입니다. 이 모든 확률 계산을 인터뷰하는 동안 수십 초 안에 해내야겠지만 말입니다.

지구온난화로 허리케인 발생과 이동에 관련된 확률분포 자체가 어떻게 변화할지 과학자들은 아직 잘 이해하지 못합니다. 따라서 일반 시민들에게 기후변화와 극단적 기상 현상을 관련지어 설명할 때는 다소 복잡하더라도 이러한 부분을 잘 이해시키려고 과학자들과 언론인들이 함께 노력해야 합니다. 어떤 현상은 기후변화에 더 민감하고, 어떤 현상은 과학자들이 좀 더 연구해야 한다고 말입니다.

제6장.

미래 예측

내일 날씨도 못 맞히는데
100년 뒤 기후를 맞힌다고?

"합리적으로 미래를 예측하는 것은 옳지 않다. 미래는 비합리적이기 때문이다. 이 얼마나 환상적인가?"

유명한 미래학자 아서 C. 클라크가 남긴 말입니다. 클라크는 어떤 부분에서 미래가 비합리적이라고 느꼈을까요? 그건 아마도 사람 때문이었을 것입니다. 작게는 개인의 주가 예측, 크게는 인류의 전쟁같이 사람이 개입하는 순간 합리적으로 미래를 예측하는 것은 불가능해집니다. 인간은 원래 비합리적이니까요. 온실효과에 따라 지구가 앞으로 얼마나 뜨거워질지 예측하는 일도 비합리적일 수밖에 없습니다. 인류가 큰 영향을 미칠 수 있다고 가정하는 순간부터 말입니다.

미래가 비합리적이라면 기후학자들은 지구의 미래를 어떻게 전망할까요? 그리고 그 전망은 어느 정도 믿을 수 있을까요? 이 질문에 대해 독자 여러분이 의문을 제기할 만한 부분으로 가상 대담을 구성해봤습니다.

독자 : 이 책도 슬슬 끝나가고 있네요. 책을 읽으면서 지구의 기후가 어

떻게 변화해왔는지, 온실효과의 진정한 의미는 무엇인지 좀 이제 이해가 되는 것 같습니다. 더불어 우리 미래가 어떻게 전개될지 궁금해집니다.

저자 : 결국 우리 모두가 가장 궁금해하는 것은 '미래에 어떻게 될 것인가'겠지요? 기후학자들은 실제로 미래 전망을 내놓고 있습니다. 그런데 전망을 하기 위해서는 알아두어야 할 것이 있습니다. '열길 물속은 알아도 한 길 사람 속은 모른다'는 속담이 있습니다. 마찬가지로 우리 미래는 인류의 선택에 달려 있죠. 앞으로 인류가 얼마나 더 많은 화석연료를 쓰게 될까요?

독자 : 음, 듣고 보니 그렇네요. 인류가 얼마만큼 온실기체를 배출할지 알아야 온실효과를 계산해 미래를 예측할 수 있겠네요.

저자 : 그렇지요. 그런데 인류가 미래에 얼마나 온실기체를 배출할지 예측하는 건 전례를 볼 때 참으로 어려운 일입니다. 온실기체 감축은 특정 국가만 시도해서 될 문제가 아니라 전 세계가 한꺼번에 시행해야 의미가 있습니다. 지금까지 우리는 두 번 큰 시도를 했지만 첫 번째는 실패했고, 두 번째는 성공 여부가 불투명합니다. 최초의 전 세계적 온실기체 감축 시도인 교토 협약°의 경우, 2001년 미국이 탈퇴하면서 흐지부지되었고, 이를 보완해 전 세계가 대규모 온실기체 감축을 약속한 2015년 파리기후협약 역

● 2015년까지 1997년 수준의 5%를 감축하자는 내용의 국제 협약. 2005년 비준을 앞두고 2001년 조지 부시 미국 대통령이 탈퇴 선언을 한 것을 시작으로 러시아, 일본 등 강대국이 탈퇴해 결국 폐기되고 말았다.

시 또다시 미국의 트럼프 행정부가 탈퇴함으로써 큰 위기를 맞았습니다. 이번에 미국 바이든 대통령이 다시 파리기후협약에 가입하겠다고 선언했지만, 전례를 보면 인류가 과연 온실기체를 효과적으로 줄일 수 있을지 의문이고, 인류의 선택은 안갯속에 갇혀 있습니다.

독자 : 그렇군요. 인류가 어떤 선택을 할지 알 수 없으니⋯. 그렇다면 지금으로서는 여러 가능성을 염두에 두고 미래를 예측해야 할 것 같은데요.

저자 : 좋은 지적입니다. 다양한 가능성을 생각해보는 것이지요. 기후학자들은 이를 '미래 기후 시나리오'라고 부릅니다. 인간의 선택에 따라 여러 시나리오를 그려보는 것이지요. 우리가 할 수 있는 건 사실 10년 뒤나 100년 뒤 미래를 예측하는 것이라기보다는 인류의 선택에 따라 대기 중 이산화탄소 농도가 높아지면 온도가 어느 정도 증가할지 얘기하는 것뿐이거든요. 인간 활동 시나리오에 대해서는 다양한 가능성을 생각해볼 수 있지만, 일단 간단하게 산업혁명 이전 안정되었던 이산화탄소 농도가 2배로 상승했을 때 지구 온도가 얼마까지 증가할지 알려줄까요?

독자 : 네, 한번 들어볼까요? 산업혁명 이전 이산화탄소 농도가 약 280ppm이라는 건 책을 읽어서 알고 있고, 2배면 560ppm 정도 증가할 경우를 의미하겠군요. 알려주세요.

저자 : 지금까지 기후학자들이 1960년대를 시작으로 정교하게 가다듬어온 컴퓨터 미래 예측 모델의 2021년판 최신 버전으로 계산한

결과는 조금 불확실한데요… 음….

독자 : 너무 뜸을 들이시네요. 그래서요? 온도가 몇 도 정도 올라간다고
예측하나요?

저자 : 약 2℃ 내지 5℃ 정도 상승할 것으로 봅니다.

독자 : 뭐라고요? 2℃에서 5℃면 너무 큰 폭이잖아요? 60년 가까이 연
구했으면서 아직도 그 정도밖에 예측을 못하는 건가요? 좀 실망
인데요.

저자 : 음, 그렇지요? 기후를 연구하는 우리 과학자들도 이 부분에 대
해서는 조금 당혹스럽습니다. 사실 조금 부끄러운 얘기인데
1970년대나 1980년대 과학자들이 이미 이산화탄소가 2배 정
도 증가하면 온도가 약 1.5~4.5℃ 오를 거라고 예상했습니다.
즉 30~40년 전이나 지금이나 예측 수준이 거의 비슷하죠. 과거
에 비해 수백 배 복잡하고 정교해진 기후 모델을 사용해도 말입
니다.

독자 : 결국 잘 모른다는 거네요?

저자 : (당황스러워하며) 아, 네…. 그렇지만 평균적으로 이산화탄소가
2배 증가하면 온도는 약 3℃ 상승할 것으로 추정합니다. 상승 폭
이 상당히 크지요?

독자 : 믿음이 잘 안 가긴 하네요. 3℃ 상승인데 불확실성 폭도 3℃에
인류가 어떤 선택을 할지 불확실하니…. 한 가지 확실한 건 미래
가 참 불투명하다는 거네요.

저자 : (독자가 너무 똑똑한걸?!) 네, 그렇긴 하지만 1970년대 이후 기

후학자들이 예측한 2000년대 예측 결과를 보고 나면 생각이 조
금 달라질지도 모릅니다.

독자 : 그런가요? 과거 과학자들의 예측 결과가 궁금해지네요. 그럼 한
번 읽어보겠습니다.

저자 : 네, 지금부터 만나보시죠.

인간의 마음은 예측할 수 없다, 기후변화 시나리오의 의미

IPCC가 설립된 지 약 30년이 흘렀습니다. 그동안 IPCC는 기후변화 보고서를 다섯 번 발간했고, 그때마다 온도, 강수, 해수면 상승 등에 관련된 미래 예측 결과는 각국의 기후변화 저감과 대응 정책의 방향을 결정하는 데 중요한 참고 자료가 되어왔습니다. 잘 모르는 사람들이 쉽게 착각하는 점은 이 보고서에 담긴 미래 예측이 '기후를 연구하는 과학자들만이 만든 과학의 산물'이라고 생각한다는 것입니다.

그러나 실상은 절대 그렇지 않습니다. 그 이유는 기후학자들이 미래를 예측하려면 먼저 인류가 사용할 온실기체 양에 대해 각본을 짜놔야 하기 때문입니다. IPCC의 미래 예측을 단순히 미래 예측이라 하지 않고 미래 기후변화 시나리오라고 하는 것이 바로 이 때문입니다. 이는 시나리오일 뿐 반드시 미래가 그렇게 된다는 뜻이 아닙니다. 인류의 선택에 관련된 각본은 기후학자들의 능력 밖 일이고, 주로 경제학자나 사회과학자가 만듭니다. 사실 기후학자들은 대부분 이 각본이 어떻게 만들어졌는지조차 모릅니다. 저 역시 이 책을 쓰면서 IPCC에서 어떻게 각본을 만드는지 알게 되었습니다. 여기에는 사회과학자, 특히 경제학

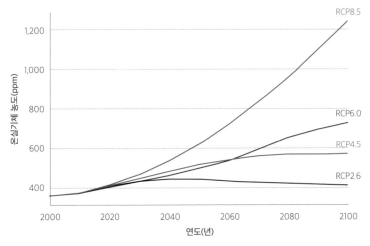

6-1 그래프. IPCC 5차 보고서에서 사용한 대기 중 온실기체 농도에 대한 각본. 그림에는 네 가지 이산화탄소 농도 증가 시나리오가 제시되어 있다.

자들이 수년간 수집하는 다양한 자료뿐만 아니라 인류의 선택에 대한 상상력과 복잡한 계산이 필요했습니다.

각본의 결과물은 인류의 선택에 따라 각각의 온실기체가 전 지구적으로 미래에 어떻게 변화할 것인가로 나옵니다. 예를 들어 5차 보고서에서 사용한 네 가지 인간 활동 시나리오는 다음과 같습니다.

RCP8.5 시나리오를 먼저 볼까요?• 'RCP'라는 말의 의미에 크게 신경 쓸 필요는 없습니다. 그저 시나리오 제목이라고 생각해도 아무 문제

〰〰〰〰

● RCP는 5차 보고서에 사용한 시나리오의 제목입니다. 'Representative Concentration Path'의 약자이며 우리말로는 '대표 농도 경로'라는 어려운 말로 번역됩니다.

우리는 결국 지구를 위한 답을 찾을 것이다

없습니다. 뒤에 붙은 '8.5'는 중요합니다. 이 숫자는 $8.5w/m^2$를 의미하고, 21세기 말까지 온실기체 증가로 초래되는 에너지의 불균형을 의미합니다[*]. 이 숫자가 클수록 온실기체를 많이 배출하는 시나리오라고 생각하면 됩니다.

배운 걸 활용해봅시다. 4장에서 여러분에게 이산화탄소를 에너지 불균형 값으로 환산해주는 마법의 공식을 알려드렸는데, 기억나나요? 다시 한번 써보면 $5.35 \log(CO_2/280)$입니다. 즉 이 값이 $8.5w/m^2$가 되는 이산화탄소를 역으로 구해보면 무려 1,200ppm을 훌쩍 넘긴다는 걸 알 수 있습니다(RCP8.5 그래프의 2100년에서의 값). RCP8.5에서 배출량은 21세기 내내 계속 증가해 21세기 말이 되면 온실기체 농도가 무려 1,200ppm을 넘기고 지구 온도는 5℃ 이상 상승하는 실현될 가능성이 거의 없는 아주 극단적인 시나리오입니다. 쉽게 말해 인류가 지구를 포기하는 시나리오라고 할 수 있습니다. 너무 극단적이라 말이 안 되긴 합니다[**].

진짜 문제는 많은 과학자들과 언론인들이 고의든 몰라서 그랬든 'RCP8.5 시나리오'를 '인류가 탄소 감축 노력 없이 지금처럼 그대로 화

---

[*] 단, 여기서 에너지의 불균형은 지구의 성격이 까칠하냐, 순하냐와는 전혀 상관없이 단순히 온실기체 증가로 초래되는 복사에너지 흡수량의 변화와 그에 따른 에너지 불균형을 의미합니다.

[**] 현재 416ppm 정도이고 크게 잡아 매년 2.5ppm씩 상승한다고 쳐도 600ppm을 웃도는 정도이니 말 다했네요. 이 시나리오는 2013년 이미 정점을 찍고 감소하고 있는 석탄 수요가 미래에 5배나 늘어난다고 가정합니다.[1] 그야말로 화석연료 집약적인 디스토피아를 그리는 시나리오입니다.

석연료를 사용할 때(BAU; Business As Usual)의 온실기체 증가 시나리오' 라고 일반인들에게 소개해왔다는 것입니다.[2] 당연히 이 시나리오를 채택한 연구 결과는 매우 드라마틱합니다. 예를 들어 다음 〈6-2 그림〉에서 지구 온도 변화를 한번 볼까요? 많게는 세기말에 극 지역에서 무려 11℃ 가까이 상승하네요. 변화가 뚜렷이 보여 무언가를 설명하는데, 그리고 기후변화의 심각성을 알리는 데는 유용하지만 실현 가능성이 없는 시나리오로 미래 기후변화를 논하는 것은 대중에게 그릇된 인식을 심어줄 수 있기에 매우 조심해야 합니다.•.

그렇다면 RCP8.5와 극단적 대비를 이루는 RCP2.6도 살펴볼까요? 이 시나리오는 온실기체를 당장 내일부터 적극 감축하는 기적 같은 일이 실현된 경우를 말합니다. 이 시나리오는 2020년부터 탄소 배출량이 줄기 시작해 2100년에는 완전히 제로 배출을 실현하는 계획을 의미합니다.

이 보고서가 2013년 발간된 이후, 인류는 2015년 파리기후협약을 통해 적극적으로 감축 노력을 기울이는가 싶더니 트럼프 대통령이 집권한 후 미국은 파리기후협약을 탈퇴했습니다. 또 파리기후협약이 각국의 입장 차이로 강제가 아닌 자율적 감축 목표 설정에 그쳤기에 RCP2.6도 인류가 실현할 수 없는 시나리오가 되어버렸습니다. RCP2.6의 경우, 마법 공식에 따라 계산해보면 이산화탄소가 455ppm

---

• 저는 이 시나리오를 사용하지 않는 것이 바람직하다고 생각합니다. 안타깝게도 이미 RCP8.5를 사용한 미래 예측 논문이 수천 편을 넘고 있지만요.[3]

우리는 결국 지구를 위한 답을 찾을 것이다

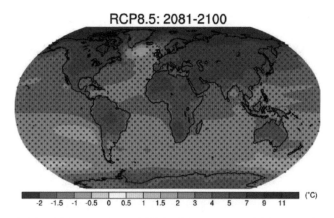

RCP8.5: 2081-2100

(°C)

-2 -1.5 -1 -0.5 0 0.5 1 1.5 2 3 4 5 7 9 11

6-2 그림. 가장 극단적인(사실은 불가능한) 인간 활동 시나리오(RCP8.5)를 모델에 입력 자료로 넣고 시뮬레이션한 경우, 2100년경 미래 지구의 온도 분포. 출처: IPCC 5차 보고서

정도까지 상승하는 시나리오입니다. RCP2.6 시나리오를 사용하면 전 세계 대부분 지역에서 온도 상승이 0.5~1℃로 제한됩니다.

시나리오별 미래 전망은 바로 다음 절에서 좀 더 자세히 살펴보고, 여기서는 인간 활동의 각본이 어떻게 만들어지는지 조금만 소개하겠습니다.

'카야 항등식'이라는 명칭을 들어본 적 있나요? 아마 여러분은 이 항등식에 대해 거의 들어본 적이 없을 것입니다. 카야 항등식은 온실기체가 증가하는 요인을 분석하는 데 매우 중요한 역할을 하는데, 그 의미를 자세히 살펴보면 기후변화에 대한 이해도가 높아질 것입니다.

카야 항등식은 일본의 경제학자 카야 요이치[Yoichi Kaya]가 만들었습니다.[4]

$$F = P \cdot \frac{G}{P} \cdot \frac{E}{G} \cdot \frac{F}{E}$$

여기서 F는 전 세계 온실기체 배출량, P는 전 세계 인구수, G는 전 세계 GDP(국내총생산)의 총합, E는 전 지구 에너지 소비량을 의미합니다.

위 식을 풀어쓰면 전 지구 온실기체 배출량 증가는 1) 얼마나 인구가 증가했는지 2) 지구촌에서 살아가는 개인이 평균적으로 얼마나 잘 살게 되었는지 3) 돈 1달러를 버는 데 얼마나 많은 에너지를 써야 했는지 4) 에너지 생산에 얼마나 온실기체를 배출해야 했는지로 결정된다는 것입니다. 좀 더 깔끔하게 정리하면 다음과 같습니다.

먼저 인구수가 탄소 배출과 밀접한 관련이 있음은 4장에서 살펴보았습니다. 다음 요소는 1인당 소득, 즉 경제력입니다. 카야 항등식은 전 세계가 잘살게 될수록 온실기체를 많이 배출한다고 봅니다. 커다란 저택, 전용 비행기 등을 소유한 억만장자가 아니더라도 부인할 수 없는 사실이 있죠. '윤택한 삶=온실기체를 많이 배출하는 삶'이라는 공식이 성립한다는 것은 쉽게 납득이 갑니다. 여러분이 부자가 될수록 온실기체 배출량을 줄이는 것은 매우 어려운 일이라는 뜻이기도 합니다. 실제 데이터로 입증해보겠습니다.

〈6-4 그래프〉는 국가별 1인당 국민소득과 1인당 이산화탄소 배출

6-3 그림. 배출량=인구×1인당 소득×에너지 비효율성×탄소 발자국

우리는 결국 지구를 위한 답을 찾을 것이다

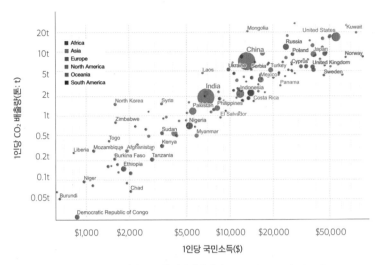

6-4 그래프. 1인당 국민소득 vs 1인당 CO₂ 배출량의 관계. 출처: Bolt and van Zanden(2020).

량을 산포도 형태로 그려본 것입니다. 이를 통해 이산화탄소 배출량과 1인당 국민소득이 선형적 관련성을 지니고 있음을 뚜렷이 알 수 있습니다. 특히 한 국가가 발전하기 위해서는 산업, 제조 및 건설 등 에너지 집약적 산업이 발전해야 하고, 이는 탄소 배출로 직결됩니다. 에너지 비효율성은 무언가(재화나 용역)를 생산하는 데 얼마나 많은 에너지를 쓰는가가 탄소 배출과 직결된다는 뜻입니다. 인류 문명이 집약된 도시에서는 하루에도 엄청난 부를 생산해냅니다.

　그런데 만약 우리가 최소한의 에너지만으로 인류가 먹고살고 즐길 만큼 충분한 부를 생산할 수 있다면 화석연료를 쓴다고 하더라도 전체 배출량은 크게 줄어들겠지요? 바로 이 점을 지목하는 요소입니다. 부를 창출하는 데 많은 에너지가 들수록 비효율적인 것이지요. 이 항은 기술혁신과 관련 있습니다. 예를 들면 자동차 연비가 개선된다든지, 컴퓨터 성능이 향상되어 더 적은 전기로 수천 배의 계산을 해낸다든지 하는 것이지요. 그리고 공유 경제를 지향하는 비즈니스 모델, 예를 들어 차량 공유 서비스 같은 것도 24시간 중 출퇴근 시간을 제외하면 거의 운행하지 않아 비효율적인 교통 부문 에너지를 효율적으로 만들어 배출량을 줄일 수 있습니다. 마지막 요소인 탄소 발자국^{carbon footprint}은 에너지 생산에 얼마나 많은 탄소를 배출하느냐입니다. 이 부분은 신재생에너지 사용과 당연히 관련 있겠지요?

여러분은 이 네 요소 중 지구온난화 문제를 해결하기 위해서는 어떤 요소에 집중해야 한다고 생각하나요? 인구수가 조절될까요? GDP가 조절될까요? 저는 불가능하다고 생각합니다. 온실기체를 감축하기 위해 자국 인구수와 경제성장을 통제하는 것에 대해 비 OECD 국가들은 절대 찬성하지 않겠지요. 따라서 세 번째와 네 번째 요소, 즉 에너지 효율성을 높이고 탄소 발자국을 줄이는 노력이 국제사회가 지향해야 하는 유일한 해결 방안일 것입니다.

인간 활동에 대한 각본 이야기로 돌아와서, IPCC는 각본을 만들기 위해 바로 이 카야 항등식의 네 요소에 대한 가정을 합니다. 각본별로 지향하는 스토리라인을 짜고 인구 증가 시나리오, 경제성장 시나리오, 기술혁신 등을 통한 에너지 효율성과 재생에너지 사용 비율 등을 고려해 최종적으로 각본별 배출량을 산정하는 것입니다.

RCP2.6은 온실기체 저감을 당장 시작하는 것으로 매년 배출량을 2~3%씩 줄여나가는 시나리오로, 이미 실현 불가능합니다. RCP4.5는 국가 간 협의를 통해 강도 높게 실천하는 경우이고, 국제사회가 경각심을 가지고 있으나 대응이 다소 느린 현재 상황을 가장 잘 반영하고 있습니다. 또 인류가 지금보다 온실기체 감축에 큰 노력을 기울이지 않을 때 다가올 수 있는 가장 그럴듯한 미래라는 평가를 받는 시나리오입니다. RCP8.5는 지금은 현실을 반영하지 못하는 화석연료 디스토피아를 그리는 시나리오입니다. 사실 이 시나리오는 남아 있는 화석연료의 양이 많지 않음을 전혀 고려하지 않았고,[5] 전 세계적인 출산율 감소,[6] 2010년대 들어 증가세가 크게 둔화된 석탄 사용량[7] 등을 고려하지 않고 있어서 점점 더 현실성을 잃어가고 있습니다. 지금까지 예측에 필요한 인간 활동에 대한 각본이 어떻게 만들어지는지 살펴보았고, 다음 절에서는 IPCC가 예측하는 지구의 미래에 대해 5차 보고서 내용을 중심으로 살펴보겠습니다.

기후 모델과 미래 전망

인간 활동에 대한 미래 각본이 완성되었다면, 이제 기후학자들이 활약할 시간입니다. 각각의 각본에 따라 과학적으로 어떤 미래가 다가올지 기후학자들이 예상합니다. 그들은 미래를 예측하기 위해 기후 모델이라는 도구를 사용합니다. 기후 모델은 거대하고 매우 복잡한 수십만 줄의 컴퓨터 코드 덩어리입니다. 세상에는 수백 종류의 기후 모델이 있지만 대부분은 1950년대에 IBM사에서 개발한, 지금은 구닥다리 언어인 포트란FORTRAN을 사용해 작성했습니다. 미래 예측과 포트란, 참 안 어울리는 조합이지요? 세상은 많이 바뀌었지만 기후학자들은 아직도 포트란의 단순함을 버리지 못하고 있습니다. 어떤 언어를 사용하든 예측만 잘한다면 큰 문제가 있겠습니까?

기후 모델 코드 덩어리에는 여러분이 학교에서 배운 열역학 법칙, 운동 방정식, 상태 방정식 따위가 모조리 포트란 언어로 코딩되어 있습니다. 또 4장에서 다룬 플랑크 복사 법칙이나 슈테판-볼츠만 방정식 등 온실기체가 지구를 덥히는 원리도 수십만 줄의 코드 덩어리 어딘가에 잘 작성되어 있습니다. 물론 한 사람이 만들 수 없었겠지요? 1960년대

우리는 결국 지구를 위한 답을 찾을 것이다

```
!--------------------------------------------------------------------------
! Calculate light absorption by the plant canopy
!--------------------------------------------------------------------------
      IF (CAN_RAD_MOD == 2) THEN
        CALL ALBPFT          (ROW_LENGTH*ROWS,LAND_PTS,                    &
     &                        LAND_INDEX,TILE_INDEX,TILE_PTS,ILAYERS,      &
     &                        ALBSOIL,COS_ZENITH_ANGLE,LAI,ALB_TYPE_DUMMY, &
     &                        FAPAR_DIR,FAPAR_DIF,CAN_RAD_MOD)

      ENDIF


!--------------------------------------------------------------------------
! Loop over Plant Functional Types to calculate the available moisture
! and the values of canopy conductance, the carbon fluxes and the leaf
! turnover rate
!--------------------------------------------------------------------------
      DO N=1,NPFT

        IF (NTILES == 1) THEN
          DO L=1,LAND_PTS
            TSTAR(L) = TSTAR_TILE(L,1)
            Z0(L) = Z0_TILE(L,1)
          ENDDO
        ELSE
          DO L=1,LAND_PTS
            TSTAR(L) = TSTAR_TILE(L,N)
            Z0(L) = Z0_TILE(L,N)
          ENDDO
        ENDIF
```

6-5 그림. IPCC 5차 보고서 작성에 참고 모델로 활용한, 영국 기상청에서 지금도 사용 중인 현역 모델 코드의 일부.

와 1970년대를 거치면서 여러 천재가 뼈대를 만들고, 아주 단순한 형태에서 매우 복잡한 형태로 코드 덩어리가 점점 더 늘어나고 있습니다. 속을 살짝 들여다볼까요?

영국 기상청에서 지금도 사용하고 있는 HadGEM이라는 모형입니다. 우리나라 기상청에서도 일기예보를 할 때 활용하는 모델이기도 합니다. 예측 성능이 아주 우수하지요. 마치 암호와도 같은 이 포트란 코드 덩어리는 식물이 어떤 방식으로 햇빛을 흡수하는지에 대해 컴퓨터에 알려줍니다. 세상에 존재하는 많은 식물 타입마다 햇빛과 수분을 흡수하는 능력이 다르니 이를 고려해 계산하라는 명령을 내립니다. 현대적인 의미에서 최초의 기후 모델은 1969년 마나베 슈쿠로Syukuro Manabe, 1931~와 그의 동료들이 만들었습니다.[8] 이 모델은 바다와 대기가 존재했고, 3차원 공간상에서 바다와 대기가 상호작용했으며, 온실효과에 따라 지구가 더워지는 현상을 잘 잡아냈습니다. 물론 지금의 기후 모델에 비하면 매우 조잡하고 단순한 형태에 불과했지만 마나베의 노력 덕분에 기후 모델을 사용한 기후변화 연구는 급물살을 타 여기저기에서 기후 모델을 개발했습니다. 기후 모델에 점점 많은 요소가 추가됨에 따라 이제는 기후 모델이라는 용어 대신 지구 시스템 모델이라고 부릅니다. 대기, 해양뿐만 아니라 해빙, 식물, 토양, 심지어 바닷속 식물성플랑크톤까지 모두 지구 시스템 모델의 코드 덩어리에 구현되어 있습니다.

다양한 요소의 상호작용을 제대로 구현하는 것은 지구 온도를 예측하는 데 매우 중요한 요소입니다. 결국 이 상호작용이 지구의 성격이 까칠한지 순둥순둥한지를 결정하기 때문입니다. 사람의 성격을 제대로 파악하려면 대화를 많이 해봐야 하듯 지구의 성격을 제대로 파악하기 위해서는 지구 시스템의 여러 요소가 어떻게 상호작용하는지 잘 이해해야 합니다. 우리가 기후 모델을 사용하여 미래를 예측할 수밖에 없는 이유는 이 상호작용이 너무 복잡해서 결과적으로 나타나는 온실효과의 증폭작용을 정량적으로 계산하기가 불가능하기 때문입니다.

기후 모델은 지구를 잘게 나누어 수만 개의 박스 형태로 만들고, 각각의 박스에서 다양한 상호작용을 계산해냅니다. 모든 방정식, 모든 기후 요소 간의 상호작용을 개별 박스 안 혹은 박스와 박스 사이 상호작

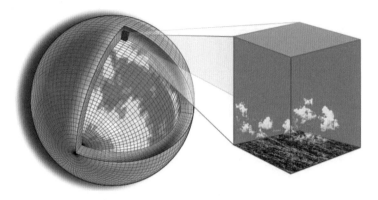

6-6 그림. 기후 모델은 계산을 위해 지구를 직사각형 박스로 잘게 나눈다. 출처: Tapio Schneider/Caltech

용으로 표현해 계산합니다. 보통은 수백 개 혹은 수천 개의 CPU가 필요한 작업이라 슈퍼컴퓨터를 사용하죠. 모델마다 상호작용은 다르게 코딩되어 있고, 이에 따라 기후 민감도가 높은 모델 혹은 낮은 모델이 있을 수 있습니다. 중요한 건 아직 많은 부분에서 상호작용에 대해 잘 모르는 점이 많다는 사실입니다.

이제 기후 모델에 대한 개념을 어느 정도 알았으므로, IPCC 보고서에서 어떻게 기후 모델들을 활용해 미래 예측 정보를 우리에게 전달하는지 살펴보겠습니다.

〈6-7 그래프〉는 IPCC 5차 보고서에 수록된 여러 결과 중 가장 극단적인 시나리오에 따른 지구 온도 변화입니다. 물론 두 가지 극단적인 인간 활동 각본은 RCP2.6과 RCP8.5입니다.

먼저 그림을 그리기 위해 RCP8.5의 경우, 무려 39개의 기후 모델 예측 결과를 사용하고 있습니다. RCP2.6에는 32개를 사용하네요. 왜 이

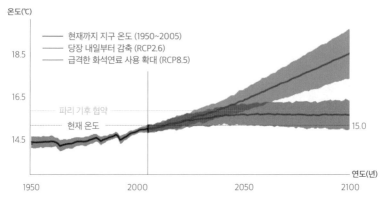

온도(℃)

현재까지 지구 온도 (1950~2005)
당장 내일부터 감축 (RCP2.6)
급격한 화석연료 사용 확대 (RCP8.5)

18.5

16.5

파리 기후 협약
현재 온도

14.5

15.0

연도(년)

1950   2000   2050   2100

6-7 그래프. 지구의 평균 표면 온도 변화. IPCC 5차 보고서에 수록된 RCP2.6(파란색)과 RCP8.5(붉은색) 시나리오에 따른 미래 지구의 온도 변화 추이.

많은 모델을 사용해야 할까요? 가장 좋은 모델 딱 하나만 사용하면 되는 것 아닐까요?

가장 좋은 모델을 알 수 있다면 그렇게 하면 됩니다. 하지만 앞에서 언급했듯 우리는 어떤 모델이 가장 좋은 모델인지 잘 모릅니다. 그래서 여러 모델의 결과를 평균 내어 예측하는 것입니다. 개별 각본에서 각각의 모델이 예측하는 온도 범위가 옅은 붉은색과 파란색으로 둘러싸인 영역입니다. 즉 동일하게 '급격한 화석연료 사용 확대' 시나리오를 입력하더라도 어떤 모델은 붉은색 범위의 하단을 따라가고, 어떤 모델은 상단을 따라가게 됩니다. 각각 저민감도 모델, 고민감도 모델이라고 부릅니다. 문제는 지민감도 모델과 고민감도 모델이 예측하는 미래 지구 온도의 차이가 매우 크다는 것입니다. 과학자들이 궁여지책으로 모델 값을 평균해 예측하고는 있지만(굵은 실선) 역시 불확실성이 크기에

우리는 결국 지구를 위한 답을 찾을 것이다

기후과학을 연구하는 과학자로서 마음이 무거워집니다. 더군다나 다음 절에서 살펴보겠지만, 처음 마나베가 기후 모델을 만들고 눈부신 발전을 이루었지만, 여전히 미래 예측의 불확실성 범위는 그 시절에 비해 전혀 좁아지지 않았습니다. 기후과학이 불확실성의 과학이라고 불리는 데는 그만한 이유가 있었던 것입니다.

일단 모델들이 예측하는 평균값을 따라가겠습니다. RCP8.5, 즉 현실성은 없지만 지금보다 화석연료를 많이 쓰는 경우 2100년경에는 산업혁명 이후 무려 5℃가 상승해 지구 온도가 무려 19℃에 이르는 것을 알 수 있습니다. 반대로 RCP2.6, 즉 당장 내일부터 적극적으로 온실기체 감축 정책을 도입한다면 산업혁명 이후로 1℃ 정도 상승에 그치는 것으로 나왔습니다. 그런데 조금 이상하네요. 벌써 지구 온도가 1℃ 상승해버렸으니 말입니다.

사실 RCP2.6 시나리오는 시작 시점이 2005년에 맞추어져 있었습니다. 따라서 그 시점부터 감축 노력을 시작했다면 미래 온도 상승을 1℃ 이내로 막을 수 있었음을 이야기하는 것입니다. 물론 모델 결과이긴 하지만 참으로 섬뜩합니다. 이미 우리는 그 1℃를 넘어섰으니까요. 감축 시점이 늦어질수록 지구 온도를 제한하려면 훨씬 많은 노력이 필요하다는 것을 기후 모델 예측 결과가 말해줍니다.

이 모델들의 예측을 얼마나 믿을 수 있을지 감을 잡을 좋은 방법이 없을까요? 한 가지 좋은 방법이 있습니다. 미래는 알 수 없지만 과거는 알고 있으니 이 모델들로 과거를 예측해보게 하는 방법입니다. 산업혁명 이후부터 지금까지 우리는 지구의 온도 변화에 대해 비교적 정확하게 알고 있습니다. 기후 모델이 과거 지구 온도 변화를 얼마나 잘 시뮬레이션해왔는지 살펴보면 모델을 신뢰해도 될지 파악하는 데 도움이 될 것 같습니다.

〈6-8 그래프〉는 기후 모델을 이용해 산업혁명이 시작된 이후 지금까지 실제 관측된 값과 모델 결과를 비교해본 결과입니다. 여기서 검은 실선이 관측된 지구 온도이고, 붉은색 음영이 모델의 예측입니다. 여전히 모델의 불확실성을 의미하는 붉은색 음영은 매우 크지만, 기후 모델이 시뮬레이션하는 과거는 놀랍도록 과거 지구 온도와 유사한 궤적을 따라가고 있습니다. 그럼 파란색 음영은 무엇일까요? 이 음영은 기후 모델에 넣어주는 강제력 중 인간 활동, 즉 온실기체만 빼고 과거 기후를 시뮬레이션했을 때 보인 결과입니다. 결정적으로 특히 1950년대

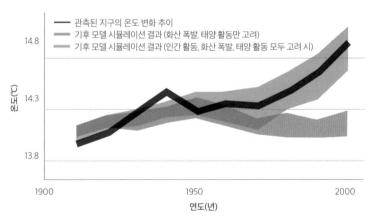

6-8 그래프. 기후 모델을 이용해 산업혁명 이후부터 지금까지 과거를 재현한 결과. 붉은색 음영은 기후를 변화시키는 모든 요인(인간 활동, 화산 폭발, 태양 활동)을 고려한 시뮬레이션 결과이고, 파란색 음영은 이들 중 인간 활동을 제외한 시뮬레이션 결과임. 출처: IPCC 4차 보고서 수정.

우리는 결국 지구를 위한 답을 찾을 것이다

이후 나타난 기온 급상승을 기후 모델이 전혀 시뮬레이션하지 못한다는 사실을 알 수 있습니다. 이렇게 보니 인간 활동에 따른 온난화 효과와 기후 모델의 신뢰성에 대해 어느 정도 감이 오지 않나요? 저도 이 과거 재현 결과는 기후 모델의 신뢰성을 확보하는 데 매우 중요한 의미를 지닌다는 생각이 듭니다.

다만, 저와 같은 기후 모델러는 자동차의 성능을 개선하기 위해 튜닝을 하듯 모델을 튜닝할 능력이 있습니다. 입맛에 맞게 포트란 코드를 고칠 수 있는 것이지요. 모델의 온도 상승이 과하다면, 상층 구름을 조절하는 코드를 조금 고칠 수 있습니다. 예를 들어 구름 알갱이 개수가 더 이상 늘어나지 않도록 제한한다거나, 얼음의 반사율 같은 걸 조절해서 태양 빛의 반사를 늘릴 수도 있습니다. 모니터에 펼쳐진 모델의 포트란 코드를 만지고 다시 모델을 실행시키기만 하면 되죠. 이 사실이 의미하는 바는 모델이 과거를 정말 잘 재현한다는 것이 절대적 신뢰성의 기준이 될 수는 없다는 것입니다.

모델의 신뢰성을 검증하는 가장 확실한 방법이 있습니다. 미래를 예측하고 미래가 될 때까지 기다려 맞혔는지 살펴보는 겁니다. 1970년대에 만든 모델들의 예측은 현재 기후를 어느 정도 수준으로 예측했을까요? 만약 그 예측이 정확하다면 이보다 더 좋은 검증은 없을 것입니다. 다음 절에서 그 결과를 살펴보겠습니다.

1970~1980년대 천재들의 놀라운 미래 예측

앞 절에서 살펴본 것처럼 20세기 초 갑자기 상승하던 지구의 온도가 1940년대부터 떨어지기 시작했습니다. 이 온도 하락은 길게 이어져 1970년대 중반에 극에 달했습니다. 무려 30년이 넘는 기간에 전 지구에서 온도가 떨어지자 사람들과 미디어는 온실효과에 의한 지구온난화 이론을 설득력 없는 가설로 인식했고 1970년대 언론은 오히려 연일 자극적인 제목으로 빙하기 도래를 걱정하는 기사를 쏟아냈습니다. 〈타임〉, 〈뉴스위크〉 등 당대 최고의 뉴스 매체가 그냥 넘어갈 리 없었습니다. '빙하기가 시작되었나?', '차가운 세상' 등 자극적인 제목으로 기사를 내보냈습니다. 사람들은 빙하기가 올까 봐 걱정하기 시작했고, 지구온난화 이슈는 그렇게 뒤로 밀려났습니다.

그러나 이 시기 기후학자들은 인류가 지구온난화를 초래한다고 확신했습니다. 과학은 금방이라도 코앞에 빙하기가 다가올 듯한 현실에서도 차분히 지구온난화의 심각성을 경고했습니다. 지구 온도의 변화를 예측하는 과학 논문 가운데 미래의 냉각화 경향을 예측한 것도 있었지만, 대부분의 논문은 미래의 온난화를 예측했습니다.

1970년대 기후학자 중에서도 인류가 당면할 미래를 정확히 내다 본 과학자들이 있었습니다. 윌리스 브로커와 줄 그레고리 차니Jule Gregory Charney, 1917~1981입니다. 모두 빙하기의 도래를 걱정하던 시대에 말입니다.

윌리스 브로커는 인간의 이산화탄소 배출로 인한 지구 온도의 급격한 상승을 최초로 예측한 과학자 중 한 명입니다[*]. 그는 이상하리만치 냉각화가 오래 진행된 1970년대에 처음으로 반드시 수년 내에 급격한 온난화가 시작될 것이라고 강력히 주장했습니다. 1975년 8월 브로커는 '기후변화: 우리가 뚜렷한 지구온난화의 위기에 처해 있습니까?'라는 제목으로 〈사이언스〉 저널에 실린 관련 연구를 종합했습니다.[9] 이때 지구온난화global warming라는 문구가 과학 논문에 처음 등장했습니다[**]. 그의 논문 초록을 잠시 살펴보겠습니다.

"1940년대 이후 냉각화를 주도하며 온실효과를 상쇄한 자연의 변동성[***]은 곧 뒤집힐 것이고, 이렇게 되면 급격히 증가하는 대기 중 온실기체로 지구 온도는 급격히 상승할 것이다. 특히 2000년대가 되면 지구 온도는 최근 1,000년 동안 경험해보지 못한 수준으로 상승할 것이다."

●   윌리스 브로커는 2장에도 잠깐 등장했습니다. 바로 해양의 열 순환 장치인 컨베이어 벨트의 존재를 처음으로 발견한 과학자입니다.

●●   그러나 지구온난화라는 용어가 대중에게 널리 알려진 건 1988년 6월 나사의 과학자 제임스 한센 박사가 미 국회 의회 청문회에서 "인간이 초래한 온실효과와 지구온난화가 인과관계를 확신할 수 있을 정도로 명백해졌다"라고 증언한 뒤부터였습니다.

●●●   앞 절에서 설명한 해양의 특별한 패턴을 의미합니다. 당시 관측 자료가 턱없이 부족했기에 브로커는 과거 1,000년간의 빙하 코어 자료를 얻어 자연적 변동의 크기와 위상을 예상했습니다.

그는 수십 년 후 지구의 온도를 결정하는 요인으로 온실기체, 인간 활동과 관련 없는 자연의 변동성을 고려했습니다. 그 후 그는 논문에서 두 종류의 미래 예측 결과를 제시했습니다(⟨6-9 그래프⟩). 순수하게 미래 온실기체 증가만 고려한 경우(파란색 커브)와 온실기체 증가와 자연 변동을 동시에 고려한 경우(녹색 커브)입니다. 어떻습니까? 너무 놀랍지 않습니까? 자연의 미래 변동성과 인류 온실기체 배출을 과도하게 예상한 면이 있긴 하지만 그의 예측은 전반적으로 옳았습니다.

브로커는 세상을 떠나기 몇 년 전 한 매체와 나눈 인터뷰에서 '나는 지구온난화의 할아버지'라고 농담을 던집니다. 그의 말은 사실 농담 반 진담 반이었다는 생각이 드네요. 브로커의 예상대로 지구는 정확히

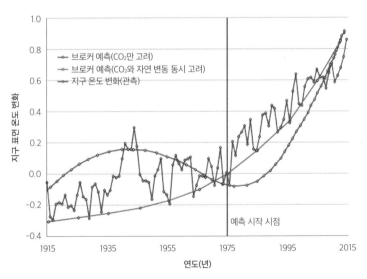

6-9 그래프. 윌리스 브로커의 미래 예측. Wallace S. Broecker(1975)에서 수정.

우리는 결국 지구를 위한 답을 찾을 것이다

1980년대부터 급격히 뜨거워졌고, 그는 단숨에 지구온난화 연구의 아이콘 같은 존재가 되었지요.

1960년대 후반 마나베 슈쿠로와 커크 브라이언은 최초로 결합된 대기-해양-토양 시스템으로 구성된 기후 모델을 개발했으며, 이는 오늘날 지구온난화를 시뮬레이션하는 매우 유용한 도구가 되었습니다.[10] 처음에는 조잡한 형태로 기후 요소를 모델에 구현했지만 시간이 갈수록 모델은 훨씬 정밀해지고, 각 요소가 정교하게 모델 코드 내에서 구현되어감에 따라 점점 더 현실 기후와 유사한 모델 결과가 나왔습니다.

1970년대에 이르러 더 많은 지구온난화 관련 증거가 나왔고, 1990년대에는 증가하는 이산화탄소 양이 어떻게 기온을 바꿀 수 있는지 알 수 있는 컴퓨터 모델을 이용한 시뮬레이션이 보편화되어 이때부터 수십 개의 컴퓨터 모델로 미래를 예측했습니다.

급기야 여러 모델 결과를 종합해 수년에 한 번씩 기후변화 보고서를 발간해 인류에게 경각심을 갖게 하는 국제기구인 IPCC도 탄생했습니다. 1960~1970년대 기후변화를 연구한 선각자들은 인류의 무분별한 온실기체 사용을 컴퓨터 계산에 반영했고, 시뮬레이션 분석을 통해 가까운 미래에 지구 온도가 심각할 정도로 크게 상승할 것이라고 경고했습니다. 40~50년이 지난 지금 그들의 연구가 재평가되고 있습니다. 놀랍게도 그들은 그동안 진행되어온 지구온난화를 비교적 정확하게 예견했습니다. 인류가 온실기체를 얼마만큼 대기 중으로 배출할지도 모르는 상황에서 한 예측이라 더욱 놀라웠습니다.

미래를 내다본 1970년대 과학자 이야기 중에서도 가장 놀라운 건

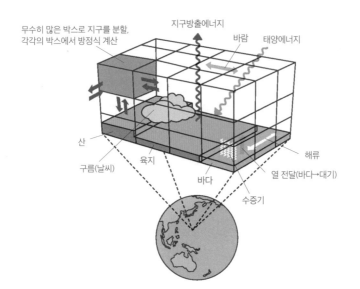

무수히 많은 박스로 지구를 분할,
각각의 박스에서 방정식 계산

지구방출에너지

바람 태양에너지

산

구름(날씨)   육지   바다

해류

열 전달(바다→대기)

수증기

6-10 그림. 기후 모델 내 다양한 지구환경 요소와 상호작용.

차니의 기후 보고서입니다.[11]

당시 다양한 과학자의 의견을 집대성한 차니 보고서는 지금도 많이 인용됩니다. 수십 년의 세월이 흘렀지만 차니 보고서의 내용이 2000년대에 발간된 기후변화 보고서와 비교했을 때 정확도 면에서 전혀 손색이 없다는 점에서 그는 매우 놀라운 업적을 세웠다고 할 수 있습니다. 반대로 얘기하면, 무려 40년이 훌쩍 넘었는데도 기후과학의 수준이 그다지 발전하지 않았다고 볼 수 있기에 씁쓸하기까지 합니다. 안타깝게도 지구의 기후는 너무 복잡해서 진보된 과학으로 자연의 복잡성을 고려할수록 불확실성이 늘어나는 실정입니다. 몬스터를 상대하는 심정이랄까요? 차니의 보고서 내용을 조금 소개해보겠습니다.

우리는 결국 지구를 위한 답을 찾을 것이다

긴 하락을 마치고 수년째 온도가 급격하게 상승하던 1979년, 당시 미국 최고의 기상학자 줄 그레고리 차니는 국가에서 요청받아 '이산화탄소 및 기후에 대한 연구 그룹' 의장을 맡아 22페이지 분량의 '이산화탄소와 기후: 과학적 평가'라는 보고서를 작성한 바 있습니다. 이는 IPCC 보고서보다 훨씬 앞선 최초의 기후변화 보고서였습니다. 보고서의 주요 결론은 이렇게 요약할 수 있습니다.

'이산화탄소가 2배로 증가할 때 지구의 온도는 3℃ 증가할 것이고, 이 추정의 오차는 ± 1.5℃다.'

이 문구는 정확하게 현대의 기후변화 과학에서 사용하는 평형 기후 민감도equilibrium climate sensitivity 개념을 도입하고, 검증할 수 있는 정확한 수치를 제시했습니다.

이 추정은 IPCC 4차 보고서와 5차 보고서에서 언급한 평형 기후 민감도와 비교해보면 매우 놀라운 것입니다.[12] IPCC 4차 보고서에서 평형 기후 민감도를 3℃ 증가로 보았고 추정 오차 범위는 2~4.5℃였습니다. 차니 보고서와 놀랍게도 유사하지요? 더 놀라운 점은 5차 보고서입니다. 5차 보고서에서는 정확히 차니 보고서로 회귀했습니다. 즉 2013년에 발간된 보고서에서도

6-11 사진. 줄 그레고리 차니. © MIT Musem

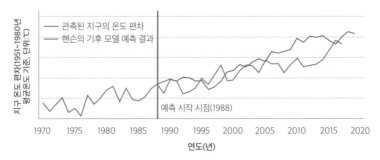

6-12 그래프. 제임스 한센의 시나리오B에 따른 미래 예측. Hansen et al(1988) 논문 그림 재구성.

3℃ 증가와 추정 오차 ±1.5℃였습니다. 추정치가 같은 건 이해되지만 30년이 넘었는데 오차 범위가 같다는 건 무엇을 의미할까요? 점점 더 정교하고 복잡해지는 미래 예측에 고려할 대상이 많아질수록 예측 불확실성도 증대되어왔다는 걸 의미합니다. 아직 갈 길이 멉니다.●

　또 하나의 놀라움을 선사하는 예측은 1988년 제임스 한센[James Hansen, 1941~]의 예측입니다.[13] 한센과 그의 동료들은 최초로 대기와 해양이 서로 접합된 현대적인 기후 모델을 개발했습니다. 또 한센은 미래 지구 온도를 예측하기 위해 온실기체 배출에 따른 세 가지 시나리오를 제시했습니다. 그중 가장 온건한 시나리오 B는 2016년 농도가 401ppm으로 실제 수치인 404ppm과 매우 유사했습니다. 〈6-12 그래프〉의 시나리

●　2021년 연말에 드디어 IPCC 6차 보고서가 발표될 예정입니다. 이 보고서의 초안이 이미 공개되었는데 여기에서도 평형 기후 민감도를 3℃로 제시하고 있어 옛날 과학자들의 손을 다시 한 번 들어주었습니다. 놀라운 일이 아닐 수 없습니다. 희소식은 IPCC가 불확실성의 범위를 기존보다 훨씬 좁은 2.5℃~4℃로 제시하며 추정치의 정확도가 향상되었음을 밝힌 점입니다.

　우리는 결국 지구를 위한 답을 찾을 것이다

오 B로 예측한 결과를 살펴볼까요?

예측한 시점이 1988년임을 감안할 때 한센의 예측은 2000년대 지구 온도 변화 경향을 비교적 잘 맞힌 것으로 보이지 않나요? 한센은 자신의 예측이 점점 현실이 되어가는 것을 지켜보면서 상아탑에 갇힌 과학자의 삶이 아닌 현실 세계에 영향력을 미치는 일에 관심을 가졌습니다.

그는 1990년대와 2000년대 지구 온도를 예측한 컴퓨터 시뮬레이션 결과를 미 상원에서 발표하면서 인류의 화석연료 사용으로 인한 온실기체 배출이 지구온난화의 확실한 원인이라 증언했고, 이 증언은 텔레비전을 통해 미국 전역으로 퍼져나갔습니다. 그리고 이는 기후변화에 대한 대중의 인식을 크게 높였습니다. 훗날 많은 학자들은 그의 증언을 지구 기후변화의 역사에서 중요한 전환점으로 평가합니다. 그러나 그 후 한센의 행보는 순탄하지 않았습니다. 종종 보수적인 정권과 정부의 입김이 강했던 나사의 고위 관료와 부딪치는 일이 많았으며, 그때마다 그는 자신의 신념을 굽히지 않고 강하게 맞섰습니다. 2013년 나사에서 공식 은퇴하면서 한센은 이런 말을 했습니다.

6-13 사진. 지구온난화 시위로 체포되고 있는 제임스 한센 박사. © Ben Powless/flickr

"정부를 상대로 싸우면서 정부를 위해 일할 순 없다."

그는 평범한 과학자로 명예롭게 은퇴하기보다 자신이 옳다고 판단한 과학적 신념에 따라 사회를 바꿔보려고 마음먹은 것이었습니다.

한센은 한평생 지구온난화 연구와 대중을 위한 강연, 기후변화 위기에 대한 경고를 해왔으며 그러한 행보는 지금도 계속되고 있습니다. 지금까지 지구 온도가 수십 년 동안 하락하여 대부분의 사람들이 빙하기를 걱정할 때, 과학자의 신념을 끝까지 지키며 지구 온도 상승을 외친 용감한 과학자들의 예측을 살펴보았습니다. 그리고 그들의 예측이 틀리지 않았음을 확인하였습니다. 오늘날 저와 같은 수많은 기후학자들은 이들이 개척해놓은 미래 예측 방법을 조금이라도 더 향상시키기 위해 불확실성의 거대한 숲을 헤치고 조금씩 조금씩 전진하고 있습니다.

우리가 노력을 멈추었을 때 곧 찾아올 3℃ 더 뜨거운 지구, 이것이 과거와 현재의 기후학자들이 세상에 던지는 메시지입니다.

우리는 결국 지구를 위한 답을 찾을 것이다

2℃의 미래와 티핑 포인트

여러분도 "기후변화, 2℃에서 막아내자"라는 말을 들어 보셨나요? 기후변화를 연구하는 과학자나 기자가 방송이나 신문에서 하는 이야기입니다. 지구 온도가 산업혁명기를 기준으로 2℃ 이상 상승하면 지금과는 비교할 수 없이 강한 기상재해가 더 자주 발생할 것이며, 더 무서운 것은 어떤 노력을 해도 과거 기후로 돌아갈 수 없음을 경고하는 문구입니다. 정말일까요? 사실 여부를 떠나 어떻게 정확하게 콕 집어서 2℃를 얘기했을까요?

2℃라는 목표치가 유명해진 건 2015년 말 각국 정상이 프랑스 파리에 모여 지구 온도 상승을 2℃ 이내로 막아내기 위해 노력하자고 정치적 합의를 한 것이 세상에 널리 알려진 후입니다. 그렇다면 목표치를 잡은 과학적 근거는 무엇이며, 혹시라도 그 목표를 지키지 못한다면 어떤 일이 일어날까요?

사실 파리기후협약에서 채택한 2℃라는 목표치는 과학적인 근거가 있는 수치가 아니었습니다. 그 이후 '도대체 왜 2℃인가?'라는 의문을 품은 사람들이 최초로 어디에서 2℃라는 말이 언급되었는지 조사했습니다. 그렇게 해서 밝혀낸 사실은 2℃는 특정 연구 논문에서 언급한 것이 아니라 예일 대학교 경제학자 윌리엄 노드하우스에게서 비롯된 것임을 알아냈습니다. 그는 1975년 〈우리가 이산화탄소를 제어할 수 있을까?〉라는 논문에서 산업혁명 이후 이산화탄소 양이 2배가 되었을 때 예상되는 온도가 지켜내야 할 마지노선이라고 판단했습니다.[14] 그 온도가 바로 2℃였습니다.

노드하우스는 자신의 계산이 여러 한계로 매우 조잡하고 스스로도 만족스럽지 못하다고 논문에 기술했습니다. 그러나 그의 추정은 어찌된 영문인지 지속적으로 많은 문헌에 등장합니다. 2℃ 한계는 1996년 EU 총리 회의에서, 2008년 G8 정상 회의에서, 2010년 UN 총회에서 지속적으로 등장했습니다. 2015년 파리기후협약에서 처음 등장한 것이 아니었지요. 그의 대략적 추정이 전 세계 기후 정책의 목표치가 되어버린 것입니다. 노드하우스가 느끼기엔 조금 멋쩍은 일이 아닐까요? 어찌 됐건 분명한 목표는 사람들의 행동을 유도하는 효과가 있습니다. 2015년 12월 파리기후협약을 통해 2℃라는 목표치를 설정하고 나서 기후변화에 대한 경각심이 커진 것은 명백한 사실입니다. 물론 2015년 이후 전 지구 평균온도 랭킹 1위가 세 번이나 바뀔 만큼 지구 온도 상승 폭이 컸으니 이 또한 사람들의 경각심을 불러일으켰음은 당연하겠지요?

여기서 끝이 아닙니다. 사실 진짜 이야기는 지금부터입니다. 과학적 근거가 명확하지도 않고, 복잡하게 얽힌 정치적 논의에서 설정된 2℃ 한계에 대해 과학자들이 티핑 포인트tipping point와 연관지어 생각하기 시

우리는 결국 지구를 위한 답을 찾을 것이다

작했습니다.

티핑 포인트라는 말은 노벨 경제학상을 받은 토머스 셸링Thomas Schelling, 1921~의 논문 〈분리의 모델〉(1969)에 처음 등장했습니다.[15] 어떠한 현상이 처음에는 서서히 진행되다가 돌연 급격하게 변화하게 되는 임계점을 의미하는 단어로, 탁자 위 컵을 천천히 밀면 한동안 조금씩 밀려가지만 탁자 끝에 도달했을 때는 작은 힘에도 컵이 바닥으로 순식간에 추락하게 되는데 이 탁자 끝 지점을 티핑 포인트라고 일컫습니다.

앞에서도 언급한 영화 〈투모로우〉는 기후 티핑 포인트가 어떻게 나타날지 드라마틱하게 보여줍니다. 2장에서 윌리스 브로커가 발견한 해양 컨베이어 벨트 이야기 기억나요? 마치 컨베이어 벨트가 돌듯 열에너지를 차가운 극 지역에 공급해 지구의 냉각화를 막아주는 해류 순환에 대해 이야기했습니다. 브로커는 온난화로 컨베이어 벨트가 갑자기 멈춰 서면 급격한 기후변화로 나타날 수 있다고 했습니다.

영화에서는 이 컨베이어 벨트가 순간적으로 멈춰 서면서 모든 것이 얼어붙습니다. 한랭화가 수일 내에 급격히 전개되는 것은 영화적 상상력이 가미된 과장된 표현이기는 하지만, 영화에서 보여준 모습은 실제 과거 사례를 모티브로 한 것이기 때문입니다. 1만 2,000년 전, 지구는 빙하기에서 간빙기로 접어들었습니다. 온난화가 서서히 진행되던 중 그린란드를 중심으로 갑작스럽게 한랭화가 진행되었는데, 이때 수십년 사이에 연평균온도가 5℃ 이상 급격히 하강하면서 영거 드라이아스Younger Dryas라는 한랭기가 몰아닥쳤습니다.[16] 이렇게 발생한 한랭기는 1,000년 정도 지속되다가, 이번에는 10년 사이 지구 온도가 다시 5℃

이상 갑자기 상승하면서 끝났고, 지금의 간빙기로 완전히 접어들었습니다. 이 영거 드라이아스 이벤트는 기후변화에 티핑 포인트가 존재해 우리가 상상하는 것 이상으로 급격한 변화가 갑자기 찾아올 수 있다고 얘기합니다.

과연 티핑 포인트는 얼마나 가까이 다가와 있을까요? 2018년 윌 슈테판이 주도하고 많은 과학자들이 참여해 작성한 논문 〈인류세의 지구 궤적Trajectories of the Earth System in the Anthropocene〉에서 그들은 하나의 티핑 포인트가 아닌 여러 개의 기후 티핑 포인트가 지구 시스템의 여러 요소에 산재한다고 보았습니다.[17] 각각은 넘지 말아야 할 임계값이 존재하고, 이를 넘으면 마치 폭포처럼 연쇄반응을 일으키며 다른 티핑 포인트를 자극해 임계값을 넘도록 부추긴다는 '티핑 폭포' 개념을 제안했습니다. 그들에 따르면 한창 녹고 있는 북극의 여름철 얼음이나 그린란드 빙하는 1~3℃에 티핑 포인트가 존재해 이 요소에 대해서는 티핑 포인트에 거의 다다랐으며, 이들은 다시 온도 상승을 부추겨 3~5℃의 티핑 포인트, 예를 들면 시베리아 영구동토층을 녹여 강력한 온실효과를 지닌 메탄가스를 대량으로 방출시키는 돌이킬 수 없는 변화를 촉발한다고 본 것입니다. 티핑 폭포 개념은 2℃의 의미를 다시 한번 생각해보게 하는 계기가 되어 많은 반향을 일으키고 있습니다.

이런 의미에서 최근 북극권, 특히 시베리아 영구동토 지역의 변화는 심상치 않습니다. 2020년 지구가 산업혁명 이전에 비해 1.2℃ 높았던 데 반해 시베리아 영구동토 지역은 무려 온도가 6℃ 높았던 것으로 기록되었습니다(〈6-14 그림〉의 분홍색 지역).[18] 물론 2020년 한 해가 특이

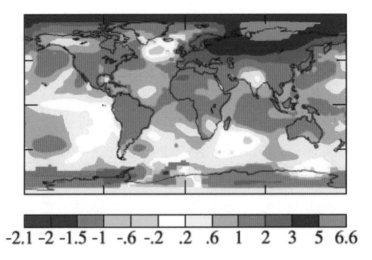

6-14 그림. 2020년 연평균 전 지구 온도 편차. 편차는 1951년부터 1980년까지의 기후 평균 기준임. Hansen and Sato(2020)에서 수정.

했던 것이었겠지만, 연평균기온 기준으로 상승 폭이 6℃가 넘는 것은 처음 있는 일이며, 북극을 10여 년 이상 연구해온 과학자인 저도 큰 충격에 휩싸였습니다. 바로 이 지역이 하필이면 땅 밑에 거대한 메탄 폭탄이 매장되어 지구의 화약고라 불리는, 궁극의 티핑 포인트가 존재하는 곳이기 때문입니다. 영구동토층에는 1조 6,000억 톤의 탄소가 묻혀 있습니다. 이는 현재 대기 중 이산화탄소 양의 2배에 이르는 양입니다.[19]

　　과학자들은 아직까지 영구동토층의 메탄이 크게 방출되고 있지는 않은 것으로 봅니다. 문제는 2020년과 같이 6℃ 이상의 시베리아 고온 현상이 자주 일어날 가능성이 매우 높다는 것입니다. 특히 2020년 시베리아 고온 현상을 초래한 주원인은 여름 내내 툰드라를 불태운 시베리아의 산불입니다. 최근 들어 시베리아 지역에 산불이 자주 일어나고 있는데 과학자들은 한동안 그 이유를 잘 파악하지 못했습니다. 최근 들어서야 학계에선 일련의 연구를 바탕으로 이 산불의 원인이 좀비 화재 Zombie Fires라는 새로운 현상에 따른 것임을 밝혀냈습니다.[20] 시베리아에는 수억 년 전 온도가 매우 높았던 시절 식물들이 땅속에 묻혀 형성된 토탄층이라는 유기 토양층이 형성되어 있습니다. 이 토탄층은 일종의 화석연료로 불이 붙기 쉬운데, 이런 특성으로 한번 산불이 나면 겉으로는 꺼진 듯 보여도 불씨가 땅속 깊은 토탄층에서 숨을 죽이고 살아남았다가 토양이 건조해지는 이듬해 봄에 지상의 초목으로 불이 옮겨붙죠. 즉 불이 좀비처럼 다시 살아나는 현상이 반복된 것입니다.

기후학자들은 현재 너무나 드라마틱하게 전개되는 북극권의 기후 변화를 보면서 티핑 포인트가 연쇄적으로 작동하기 시작한 것은 아닌지 의심했습니다. 티핑 포인트가 연쇄반응을 일으키다 궁극의 티핑 포인트라고 할 수 있는 메탄 폭탄이 한번 터지기라도 하면 이후 기후변화 양상은 통제 불가능한 상태로 갑자기 전이될 수 있습니다. 단순히 폭염이 반복되고 해수면이 상승해 해안가가 조금씩 침수되는 차원의 문제가 아니라 갑자기 급격한 변화 앞에서 손쓸 수 없는 순간이 올 수 있음을 염두에 두어야 합니다.

우리가 미래를 점칠 때 사용하는 기후 모델은 개별 티핑 포인트를 일정 수준 모델링하고 있습니다. 하지만 불행히도 티핑 포인트가 연쇄반응하며 폭발적으로 전이되는, 한마디로 극단적인 티핑 포인트가 시작되는 시점은 예측이 불가능합니다. 즉 아직까지 컴퓨터 시뮬레이션에 의존한 미래 예측은 점진적인 미래 변화까지는 가능하지만 급격한 기후변화를 예측하는 것은 불가능합니다. 따라서 우리 미래를 컴퓨터 시뮬레이션에만 맡기는 것은 위험한 일입니다. 2℃의 의미를 다시 한번 되새겨봐야 할 시점입니다.

제7장.

화석연료 없이 살아남기

우리는 결국 답을 찾을 것이다

〈인터스텔라〉는 심각한 기후변화로 완전히 망가진 미래 지구를 배경으로 한 영화입니다. 기후변화로 사람이 살 수 있는 땅 중 대부분이 사막으로 변했고, 사시사철 흙먼지 바람이 불어와 정상적인 생활이 불가능한 지구의 모습을 그리고 있습니다. 인류가 무분별하게 질소비료를 사용하면서 경작 가능한 땅이 상당 부분 망가져 작물을 생산하기 어려워지자, 사람들은 생명력이 가장 강한 옥수수를 키우며 근근이 살아갑니다. 영화에서 멸종 위기에 처한 인류를 대표해 지구 대신 새롭게 정착할 행성을 찾아 우주여행을 떠나는 주인공 쿠퍼는 나지막이 말합니다.

"우리는 답을 찾을 것이다. 늘 그랬듯이."

영화는 서서히 잊혀가지만 쿠퍼의 이 짧막한 대사는 머릿속에 깊이 자리 잡아 두고두고 회자되고 있습니다. 이 영화가 그리는 시대는 2050년입니다. 2050은 오늘날 세계 각국 정상이 앞다투어 외치는 숫자입니다. IPCC가 2018년 발간한 〈1.5℃ 특별 보고서〉는 지구 온도를 산업혁명 이전보다 1.5℃ 이상 상승하지 않게 하려면 늦어도 2050년까지는 탄소 배출량을 제로로 만들어야 한다고 이야기합니다.[1]

매년 500억 톤이 넘는 온실기체를 대기 중으로 뿜어대는 우리가 이어려운 일을 해낼 수 있을까요? 코로나19가 전 세계적으로 유행할 때도 고작 수십억 톤의 온실기체가 일시적으로 줄어들었을 뿐입니다. 십수 년이 넘는 동안 노력을 기울인 IPCC와 수많은 과학자, 환경 운동가, 정치인이 미래에 대해 강하게 우려를 표명했지만 모두 걱정만 할 뿐 세상은 바뀌지 않았습니다.

우리는 과연 답을 찾을 수 있을까요? 우리 앞에 펼쳐질 2050년은 〈인터스텔라〉에서 그리는 지구의 모습과 많이 다를까요? 우리는 지금 어떤 노력을 하고 있고 성공할 가능성이 얼마나 될까요? 이번 장에서 함께 고민해보겠습니다.

7-1 사진. 영화 〈인터스텔라〉 포스터.

코로나19도 인류의 화석연료 배출량 증가세를 꺾을 순 없었다 🌍

○　　　하루가 멀다 하고 들려오는 새로운 친환경 에너지 기술 개발 소식, 석유 회사들이 친환경 에너지 전환을 서두르고 있다는 소식, 세계 각국 정상이 그린 뉴딜을 선언하고 2050 탄소 제로를 외치고 있다는 소식, 앞다퉈 발표하는 유명 자동차 브랜드의 전기 차 출시 소식 등 요즘 인터넷 신문과 뉴스를 보면 나만 뒤처진 듯하고 세상이 곧 바뀔 것 같은 느낌에 조바심이 나곤 합니다. 그러나 이런 기분도 잠시뿐, 일상으로 돌아오면 주변에서 일어나는 일은 이런 기사들과는 동떨어진 듯한 느낌을 줍니다. 정말 무언가가 바뀌고 있기는 한 걸까요? 이런 기사에 우리가 살고 있는 세상의 모습이 얼마나 투영되어 있을까요?

다음 그래프를 통해 최근 수십 년간 인류가 어떤 에너지에 의존했는지 알 수 있습니다. 바로 화석연료입니다. 석탄 사용량은 2010년 이후 증가세가 둔화되었지만 석유와 천연가스는 전혀 그렇지 않습니다. 해마다 별다른 변화 없이 글로벌 경제 위기가 찾아왔을 때를 제외하고는 꾸준히, 안정적으로 끊임없이 증가할 뿐이었습니다. 세상에는 새로운 에너지에 대한 이야기로 넘쳐나는데 실상은 화석연료가 모든 것을 압

　　　우리는 결국 지구를 위한 답을 찾을 것이다

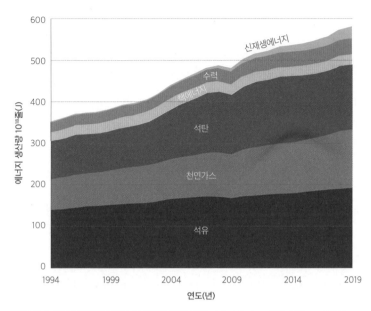

7-2 그래프. 에너지원별 연도별 에너지 생산량. 출처: BP Statistical Review of World Energy 2020

도하고 있습니다.

〈7-2 그래프〉맨 위쪽에 가느다랗게 얹혀 있는 녹색 커브와 그 면적을 유심히 살펴보세요. 바로 신재생에너지라고 부르는 태양광과 풍력, 수소에너지, 바이오에너지를 모두 합해놓은 에너지 양입니다. 신재생에너지는 2000년대 이후에나 인류를 먹여 살리는 에너지로서 겨우 첫걸음을 떼었습니다. 최근 10년간 괄목할 만한 성장세를 보이긴 했지만 여전히 인류가 생활하는 데 필요한 에너지의 5% 정도밖에 되지 않습니다.

이처럼 화석연료 사용량이 압도적으로 증가한 것은 무엇 때문일까요? 가장 큰 이유는 매우 간단합니다. 바로 일정한 속도로 꾸준히 증가하는 인구수 때문입니다. UN에서 발표한 바에 따르면 인류의 인구수는 2050년경 100억 명을 돌파할 것으로 예상하고 있습니다.[2] 다음 그래프를 보세요. 아프리카의 폭발적인 인구 증가는 아직 시작되지도 않았네요. 오늘날 세계 인구수 증가를 주도하는 지역은 아시아입니다. 중국, 인도, 동남아시아의 많은 국가에서 인구수가 폭발적으로 증가하고 있습니다. 2030년경부터는 아프리카가 바통을 이어받아 정체될 뻔한 세계 인구수를 다시 점진적으로 늘릴 것으로 보입니다. 기관마다 조금씩 차이는 있고, 여러 시나리오가 있겠지만 대체로 2050년경 인구수가 100억 명을 돌파할 것이라고 예상합니다.

6장에서 카야 항등식을 통해 온실기체 배출량을 조절하는 네 가지 요소 중 첫 번째가 인구수라고 이야기한 바 있습니다. 이렇게 인구수가 늘어나 온실기체 배출량에 큰 영향을 주기 때문에 현재 매년 500억 톤

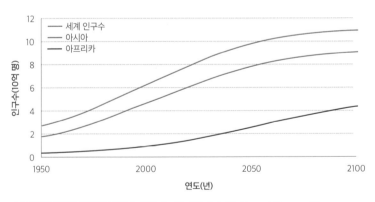

7-3 그래프. 연도별 세계 인구 증가 수. 출처: Our World in Data(World-population-growth)

7-4 그래프. 1900년 이후 이산화탄소 배출량 변화 추이. 출처: Global Energy Review 2020.

이 넘는 온실기체 배출량을 내년에도, 그다음 해에도 의미 있는 수준으로 줄여나간다는 것은 매우 어려운 일입니다. 내친김에 이산화탄소 연간 배출량을 한번 살펴볼까요●? 인류에게 큰 위기가 온 순간을 제외하고는 꾸준히 상승한 것을 알 수 있습니다. 그중에서도 코로나19가 얼마나 큰 재앙이었는지 드러납니다. 무려 7%나 감소했습니다. 석유파동, 소련 붕괴, 금융 위기 등과 비교해도 정말 엄청난 위력이지요? 그러나 그래 봤자 7%입니다. 코로나19 역시 전혀 증가 추세를 억제하지 못했습니다. 화석연료의 위력이, 그리고 그 뒤를 받치고 있는 인구 증가의 힘이 얼마나 꾸준한지 느껴지나요?

한편 이 그래프에는 조금 쓸쓸한 진실이 숨어 있습니다. 바로 교토

●　참고로 이산화탄소 배출량은 2019년 기준 약 350억 톤입니다. 온실기체 배출량 500억 톤은 여기에 다른 온실기체를 이산화탄소로 환산해 더한 수치입니다.

의정서와 파리기후협약 등 인류가 탄소 배출을 정치의 힘으로 줄여보려고 노력한 순간이 그래프에 새겨져 있습니다. 그러나 그럴 때마다 인류는 보란 듯이 더 많은 이산화탄소를 뿜어댔습니다. 저는 그래프를 통해 이 문제가 정치적인 노력으로는 해결하기 어려울 거라는 메시지를 읽었습니다. 여러분은 어떤가요?

우리는 결국 지구를 위한 답을 찾을 것이다

예고된 화석연료 시대의 종말

○　　　지금까지 인류의 미래를 이야기하면서 고려하지 않았던 중요한 요소가 하나 있습니다. 바로 화석연료의 고갈입니다. 사용 가능한 석유 양은 언제나 많은 사람들의 초미의 관심사였지만 과거 석유 시대의 종말을 예견한 예측이 번번이 틀리면서 남아 있는 석유 매장량은 국제적 미스터리가 되었습니다.[3] 그러나 이제 남아 있는 석유 매장량에 대해 학자들과 원유업계 종사자의 의견이 좁혀지고 있습니다. 제러미 리프킨은 2002년에 발간한 저서(국내에는 2003년 출간)《수소 혁명》에서 방대한 자료를 종합해 퍼즐과도 같은 석유 매장량을 날카롭게 추적했습니다.[4] 그는 2010년과 2020년 사이 원유 생산량은 정점을 찍고 감소하기 시작한다는 결론을 내렸습니다. 정점을 찍은 원유 생산량은 가파르게 하락하고 2070년경에는 원유를 생산해봤자 이윤을 남기지 못할 정도로 생산 효율이 떨어져 사실상 석유 시대의 종말이 올 것이라는 의견을 제시했습니다. 세계적인 석유 회사 영국 브리티시 페트롤리엄과 셸 등은 2020년 석유 생산의 정점을 지나고 있다고 선언했습니다.[5] 조금 다른 의견도 분명 있지만 현재 석유 시대가 내리막길에 접어

들었다는 것만큼은 분명한 사실입니다. 이는 천연가스도 마찬가지입니다. 석탄은 아직 많은 양이 매장되어 있는데, 석탄이 일으키는 여러 환경문제 때문에 전 세계적으로 사용량이 급감했습니다. 그렇다고 해도 석탄 역시 길게 잡아 100년 정도 사용할 양밖에 남지 않았습니다.[6] 따라서 만약 지금처럼 화석연료에 의존한다면 앞으로 20~30년 뒤에는 심각한 글로벌 에너지 위기가 닥칠 것은 불 보듯 뻔한 사실입니다.

더 중요한 점은 화석연료 시대의 종말은 더 이상 캐낼 석탄이 없을 때 혹은 전 세계 유정에 석유가 한 방울도 남아 있지 않을 때 찾아오는 것이 아니라는 사실입니다. 종말은 석유가 더 이상 매력적이지 않을 때 찾아옵니다.

사우디아라비아의 장관을 지낸 셰이크 아마니는 다음과 같이 석유 시대의 종말을 예고했습니다.

"30년 뒤에도 지하에는 엄청난 석유가 남아 있겠지만 아무도 사려고 하지 않을 것이다. 우리는 석기시대가 돌이 없어서 끝난 게 아님을 상기해야 한다."

그렇다면 그는 무엇이 석유 수요를 감소시킬 것이라고 봤을까요? 답은 간단합니다. 석유보다 값싸고 질 좋은 에너지의 등장입니다.

여러분은 태양광 패널 1장의 와트당 생산 가격이 1970년대 100달러에서 현재 50센트 아래로 떨어져 원가를 200배 절감했다는 걸 알고 있나요?[7] 인류세에서 50년은 매우 긴 시간이며, 이 기간 원가를 200배 절감했다는 것은 사실 별로 내세울 만한 일도 아닙니다. 그러나 석유 생산 가격을 고려하면 얘기가 달라집니다. 1970년대 배럴당 약 3달러

우리는 결국 지구를 위한 답을 찾을 것이다

이던 석유는 최근 코로나로 인한 석유 수요 감소로 많이 떨어지긴 했지만 2021년 4월 현재 60달러 수준을 유지하고 있습니다. 원가가 20배 상승한 것이지요. 석유 원가 상승을 염두에 두면 태양광 패널 생산에서 실질적인 원가절감은 무려 4,000배 수준입니다. 어마어마한 수치 아닙니까? 지금도 꾸준히 태양광 패널 생산 단가는 떨어지고 있습니다. 따라서 가격경쟁력 면에서 석유 시대는 급격히 종말로 내몰리고 있습니다. 여기에다 내연기관까지 종말을 맞이하면 석유 수요가 급격히 위축될 것입니다.

석유가 하루아침에 사라진다면 어떻게 될까요? 다큐멘터리 채널 내셔널 지오그래픽은 〈인류 재앙 가상 시나리오-석유가 사라진다면?〉이라는 다큐멘터리로 석유 고갈에 관련된 시나리오를 현실감 있게 제시한 바 있습니다. 픽션이지만 시사하는 바가 참으로 컸습니다. 석유가 사라지자마자 유류 제품 가격은 폭등하고 사람들은 주유소에서 사재기를 하며 비행기, 철도 등 교통수단이 모두 멈춰 섭니다. 전력이 공급되지 않아 도심에 대규모 정전 사태가 지속되고 수송이 원활하게 이루어지지 않아 식료품을 구하기 어려워지면서 식량 부족 사태가 일어납니다. 사우디아라비아같이 석유산업 의존도가 높은 나라는 경제가 완전히 붕괴되고 항공기 운항이 중단되어 국제무역 또한 전혀 이루어지지 못합니다. 세계 각국은 석유를 대체할 물질을 지속적으로 연구하고, 리튬 원산지인 볼리비아는 강대국으로 떠오릅니다. 해조류를 활용한 바이오 연료를 사용하는 방법을 알게 되고, 인류는 석유를 대체할 연료를 발견합니다. 식료품을 쉽게 구하지 못하면서 과거와 같이 직접 재배

하고 가축을 기르는 농경 사회로 돌아갑니다. 도심에서 농사를 짓는 것은 일반적인 모습이 됩니다. 장기간 석유를 사용하지 않자 대기 및 수질 오염이 사라지고, 차량은 전기 자동차로 대체되었으며 철도도 전기로 운행됩니다. 또 바이오 연료를 활용해 선박과 비행기가 다시 움직이기 시작합니다. 이를 통해 식량 공급과 무역이 점차 증가하고 전 세계가 다시 교류를 하는 것으로 다큐멘터리는 끝납니다.

비록 가상 시나리오지만 에너지 위기에서 인류가 답을 찾아가는 과정은 지금 우리가 처한 상황과 크게 다르지 않은 듯합니다. 문제는 역시 변화 속도입니다. 하루아침에 화석연료가 사라지면 인류가 감당해야 할 피해가 이루 말할 수 없이 클 것입니다.

2021년 2월 미국 전역을 강타한 혹한으로 전기 사용량이 급증했습니다. 그런데 텍사스주 일부 주민이 한 달 전기 요금으로 1,800만 원이라는 터무니없는 고지서를 받았다고 합니다.[8] 텍사스주는 국가가 개입하지 않고 민간 전력 공급 사업자가 수요와 공급에 따라 전기 가격을 책정해 서비스했는데, 평소에는 에너지 자원이 풍부해 전기 요금이 다른 지역에 비해 저렴한 편이었지만 기록적인 한파로 전력 수요가 폭증하자 도매가격이 수십 배 치솟은 것입니다.

의아한 것은 많은 사람이 기후위기에 대해서는 심각한 문제의식을 느끼는데, 원유 생산의 정점이 임박한 이 시점에서 언제라도 광풍처럼 전 세계를 휘몰아칠 가능성이 큰 에너지 위기에 대해서는 큰 위기의식을 못 느끼고 있다는 점입니다. 이는 에너지에 관한 한 매우 취약한 우리나라로서는 큰 문제가 아닐 수 없습니다. 우리나라가 산유국이 아니라는 사실을 잘 알고 있을 것입니다. 또 천연가스도 전량 수입하고 있습니다. 사실은 태양광발전을 하기에도 좋은 조건이 아닙니다. 광활한 토지가 필요한 태양광발전에서 좁은 국토 면적은 큰 걸림돌이 되기 때문입니다. 더 큰 문제는 우리나라의 1인당 에너지 소비량이 개발도상국 중에서 1위 수준이고 세계에서도 5위권 이내라는 사실입니다. 이러한 여러 조건을 따져볼 때 세계적인 에너지 위기가 닥쳤을 때 우리나라는 큰 피해를 볼 수 있습니다. 내셔널 지오그래픽 다큐멘터리는 기후위기에만 맞춰 정책을 설계하다가는 에너지 위기라는 더 큰 위기에 적절하게 대응하지 못할 수도 있다는 점을 시사합니다.

이러한 관점에서 볼 때 현재 우리나라의 탈원전 정책에 대해서는 진지하게 고민해야 할 시점이라고 생각합니다. 우리나라는 2011년 후쿠시마 원전 사태에 원전 소재지 경주에서 큰 지진까지 발생하자 정부에서 적극적으로 탈원전 정책을 펼쳐왔습니다.

2018년 10월 IPCC는 〈1.5℃ 특별 보고서〉에서 지구 온도 증가를 1.5℃ 이내로 제한하기 위한 방안 중 하나로 원자력 이용을 장려했습니다.[9] 원자력 에너지는 태양광이나 풍력에 버금갈 정도로 탄소를 적게 배출하는 에너지원이기 때문에 기후위기를 극복하는 데 적극 활용하라는 취지입니다. 운영 가능한 원자력발전 자원을 최대한 안전하고 효율적으로 활용하면 인류에게 도움이 될 수도 있습니다. 서서히 시작될 조짐이 보이는 화석연료 종말의 시대를 견디게 해줄 든든한 버팀목이 될 수도 있고, 안정적인 친환경 에너지 공급 체계를 구축하는 데 필요한 시간을 벌어줄 수도 있습니다. 그렇다고 원자력발전소를 새로 짓자는 이야기는 아닙니다. 원자력발전소를 짓거나 폐기할 때 나오는 탄소의 양은 어마어마하고 폐기물 처리, 모두를 공포에 떨게 하는 안전 문제 등을 고려할 때 원자력발전소를 추가로 짓는 것은 매우 신중하게 접근해야 할 문제임에 분명합니다. 그렇다면 대안이 있을까요?

최근에는 토륨을 핵분열 연료로 사용하는 새로운 형태의 소형 원자로를 개발하는 등 기존 원자력발전의 문제점을 해결하려는 기술적 시도가 활발히 진행되고 있습니다. 토륨의 장점은 우라늄과 달리 자체적으로 핵분열을 일으키지 않아 연쇄반응을 하지 않는다는 것입니다. 이로 인해 원자로 스위치를 끄면 즉시 핵분열을 멈춥니다. 따라서 후쿠시마 원전 사고같이 냉각장치 고장으로 인한 사고는 발생하지 않습니다. 빌 게이츠도 토륨을 이용한 소형 원전 개발을 적극 추진하고 있습니다.[10] 이에 더해 핵 폐기물(사용 후 핵연료)을 획기적으로 줄일 수 있는 방법도 활발히 연구되고 있습니다.[11]

서서히 다가오고 있는 화석연료 시대의 종말에 앞서 기후위기 극복과 국가적 에너지 대전환이라는 두 마리 토끼를 어떻게 잡느냐가 새로운 에너지 혁명 시대에 살아남는 관건이 될 것입니다. 지금으로서는 어떤 형태로 에너지가 전환될지, 어떤 기술이 핵심적인 자원이 될지는 아무도 정답을 알지 못합니다. 이럴 때일수록 국가는 다양한 기술이 서로 시너지를 내고 때로는 경쟁하면서 가장 효율적인 국가 에너지 체계에 자연스럽게 녹아들 수 있도록 유도해야 할 것입니다.

우리는 결국 지구를 위한 답을 찾을 것이다

재생에너지를 늘리는 것만이 답은 아니다 🌐

○   영국의 금융 싱크탱크 카본 트래커 이니셔티브는 "2028년이면 화석연료 문명이 붕괴한다. 태양·풍력 에너지(이하 친환경 에너지)가 전 세계 전력의 14%를 차지하게 되는 시점이다. 이후부터는 급속도로 에너지가 전환된다. 실제 기후변화에 대한 경각심으로 각국 정부가 친환경 에너지 생산 목표를 법령화하고 있고 생산 비용도 급락세다. 마이크로소프트, 구글, 애플 같은 글로벌 기업도 자사 데이터 센터를 100% 친환경 에너지로 가동하고 있다"고 언급한 바 있습니다.[12] 실제로 태양광, 풍력 설치 한계비용은 계속 떨어지고 있습니다. 한계비용은 쉽게 말해 이윤을 남기는 가격을 의미합니다. 즉 태양광, 풍력의 설치 비용이 해가 갈수록 기하급수적으로 떨어지고 있다는 뜻입니다. 국가마다 사정은 다르지만 이미 태양광발전 단가는 석탄보다 저렴해지고 있습니다.[13]

그렇다면 무조건 태양광과 풍력발전기 숫자만 늘려 에너지를 많이 생산하면 모든 문제가 해결될까요? 절대 그렇지 않습니다. 태양광과 풍력으로 생산한 전기는 그 즉시 사용하거나 미래를 위해 저장해두거나 아니면 전력망으로 다른 곳으로 이동시켜야 합니다. 화력이나 원자력보다 기교와 순발력은 뛰어나나 기복이 심하고 체력이 매우 약한 선수라고나 할까요?

유럽과 미국이 전 세계 시장에서 그린 뉴딜을 자신감 있게 추진하는 이유가 있습니다. 이미 태양광과 풍력의 허약한 체력에 대비할 방안을 마련해두고 장사를 시작한 거라고나 할까요? 예를 들어 유럽연합 소속 국가들은 전력망이 연계돼 풍력이나 태양광으로 생산한 전력을 어느 정도 나눠 쓸 수 있습니다. 또 장기적으로는 시장에서 퇴출되어야겠지만 온실기체 배출량에서는 석유나 석탄의 절반 수준인 천연가스도 적절히 활용하고 있습니다. 천연가스 역시 유럽연합은 최대 생산국인 러시아와 파이프라인을 통해 신재생에너지에 문제가 생기는 비상 상황에서 싼값에 즉시 쓸 수 있는 체계를 갖추었습니다. 미국은 셰일 가스로 에너지 독립국이 된 이래 엄청난 양의 천연가스를 보유하고 있습니다. 그린 뉴딜을 통해 공격적으로 신재생에너지 전환을 추진하다가도 폭염이나 한파, 폭설 등에 의해 신재생에너지가 멈춰 서는 순간에 즉시 이를 보완해줄 카드를 준비하고 있는 것입니다. 이들이 신재생에너지 전환에 그토록 자신 있어 하는 이유입니다.

우리나라는 어떨까요? 우리나라는 발전용 석탄을 99% 수입에 의존하고 있습니다. 탄소 배출량이 제로에 가까운 친환경 에너지이나 최악의 환경 재앙을 불러일으킬 수도 있는 극단의 양면성을 지닌 원자력발전의 경우 우리 정부는 탈원전을 선택했고 현재 기조를 이어나가고 있습니다. 대신 우리 정부는 2020~2034년에 신재생에너지 설비 용량을

우리는 결국 지구를 위한 답을 찾을 것이다

16%에서 40% 수준으로 빠르게 늘려나간다는 계획입니다. 우리나라 에너지 중 절반에 가까운 양을 15년 내 신재생에너지로 공급하겠다는 계획은 저 같은 에너지 비전문가가 들어도 대단한 계획처럼 느껴집니다.[14] 계획이 제대로 달성되려면 무엇이 제일 중요할까요?

최근 제주도 상황을 보면 중요한 것이 무엇인지 확연히 드러납니다. 제주도에는 현재 태양광과 풍력 설비가 수요에 비해 지나치게 많습니다. 제주도에서 쓸 에너지가 남아도는 것입니다. 따라서 쓰고 남은 에너지는 다른 곳에 팔거나 저장해서 다음에 쓸 수 있게 해야 합니다. 그러나 남은 에너지를 저장하는 기술은 전무하고, 결국 이를 다른 곳으로 보내야 하는데 제주도와 육지를 잇는 송전선은 단 하나뿐, 그마저도 위기 시 육지에서 에너지를 공급받는 용도로 설치한 단방향 송전선입니다. 에너지를 육지로 보낼 방법이 없는 것이죠. 결국 제주도는 태양광과 풍력발전을 수시로 멈출 수밖에 없는 상황입니다. 아무런 대책 없이 태양광·풍력발전을 늘리는 것이 얼마나 비효율적인 일인지 보여주는 예입니다. 더욱이 태양광과 풍력의 경우, 한번 보급하면 30년 정도를 쓰는데 놀라운 학습곡선 덕분에 설비 가격은 해가 갈수록 저렴해지고 있습니다. 따라서 꼭 필요한 양을 적재적소에 배치하는 것은 경제성 측면에서도 중요합니다.

문제는 여기서 끝이 아닙니다. 지금 우리나라의 임야나 농지는 친환경 에너지 생산이라는 미명 아래 여기저기 파혜쳐지고 있습니다. 〈7-5 사진〉을 보세요.

너무 아이러니하지 않습니까? 그린 뉴딜을 위해 아름다운 강산을 훼

7-5 사진. 2020년 8월 태양광발전 시설이 들어선 전북 장수군 인근 야산에서 흘러내린 토사가 도로로 쏟아져 내린 모습. 비가 많이 내린 2020년 여름 하루에 한 번꼴로 전국 각지에서 이 같은 태양광발전 관련 피해가 발생했다. © 조선일보(글 선정민, 사진 김영근)

손하는 건 상식적으로도 잘못된 것 같습니다. 이런 결과를 초래하는 데는 복잡한 문제가 얽혀 있어 하나만 콕 집어내긴 힘들지만 제가 파악한 가장 심각한 문제는 태양광으로 에너지를 생산하기만 하면 무분별하게 돈을 주는 정책이 아닌가 합니다. 생산된 에너지가 꼭 필요한 곳에 효율적으로 쓰이는 경우에만 보조금을 주었다면 유휴 농지나 임야에 태양광 인프라가 들어서기 어려웠을 것입니다.

더욱 심각한 문제는 임야가 토지로 바뀌는 순간 이산화탄소를 흡수하던 땅이 이산화탄소를 뱉어내는 땅으로 바뀐다는 것입니다. 아마존의 열대우림은 지금도 인간이 배출하는 이산화탄소를 자연으로 되돌려주는 데 일등 공신 역할을 한다고 알려져 있었습니다. 그런데 2020년 발표된 연구 결과에 따르면 아마존 열대우림 중 약 20%가 축산업을 위한 산림 벌목, 산불 등으로 훼손되어 이산화탄소를 뱉어내는 지경에 이르렀다고 합니다.[15] 태양광에너지를 생산하기 위해 산림을 훼손할수록 우리 땅이 지닌 탄소 흡수 능력을 떨어뜨려 탄소 제로 사회로 진입하는 데 큰 걸림돌이 될 수 있음을 꼭 알아야 합니다.

현재의 제도는 단순히 에너지를 생산하면 보조금을 받는 형태였기에 땅값이 가장 싼 지역에 투자하는 게 수익이 가장 컸습니다.° 그러다

° 정부가 보조금을 주는 제도는 2012년 폐지되었고, 지금은 발전 회사에 친환경 에너지 인증서를 팔아 추가 수익을 얻을 수 있습니다. 2012년 이후 정부가 대형 발전소에 발전량 일부를 반드시 친환경 에너지로 생산하도록 하는 법을 만들었고, 이것이 불가능할 경우 다른 민간 태양광발전업자가 생산한 전기를 대형 발전소가 사고 그 비용을 민간사업자에게 지불하는 방식입니다. 그러나 이 방법도 생산한 전기가 어디에 사용되는지 관리하기 어려운 것은 마찬가지입니다.

보니 민간사업자들이 정부의 적극적인 재생에너지 설비 사업 장려 정책을 발판으로 초록 들판을 검은 패널로 바꿔가고 있습니다.

우리가 초록 땅을 지켜야 할 이유는 또 있습니다. 앞으로 전개될 세상에서 기상 피해나 해수면 상승보다 더 큰 문제를 초래할 가능성이 큰 것은 인구 증가와 이에 따른 식량문제일 것입니다. 이를 가장 확실하게 보여준 것이 바로 영화 〈인터스텔라〉입니다. 지금은 인지하지 못하고 농지를 태양광으로 마구 바꾸고 있지만, 어느 순간 심각성을 깨닫게 될지도 모릅니다. 우리나라 식량자급률은 해마다 감소해 50% 미만으로 떨어졌고 곡물자급률은 20% 초반대입니다. 따라서 우리나라야말로 〈인터스텔라〉가 시사하는 식량 위기에 가장 취약한 국가라고 볼 수 있습니다.

정리해보겠습니다. 전 세계적 흐름인 그린 뉴딜에 동참하는 것은 시대적 요구지만 탄소 감축에만 정책의 초점이 맞추어져서는 안 됩니다. 우리나라 경제가 폭발적으로 성장한 데는 경부고속도로가 큰 역할을 했듯이, 신재생에너지원에서 생산된 전기를 효율적으로 저장하고 스마트하게 사용하기 위해서는 무엇보다 에너지 인프라의 확충에 신경 써야 합니다. 스마트 그리드 인프라 확대를 통한 전기 저장소와 전기에너지의 지능적인 분배, 그리고 재생에너지로 완전히 전환하기 위한 중간 단계를 버텨낼 수 있는 보완 에너지에 대한 고려가 태양광, 풍력 설비 인프라를 한없이 늘리는 것보다 중요할 수 있다는 이야기입니다. 그렇지 않으면 언제든 발생할 수 있는 극단적 기상 현상에 맥없이 무너지는 신재생에너지의 민낯을 보게 될 것이고, 한 방에 무너진 후 다시 시작하는 데 막대한 시간과 노력이 필요할 것입니다. 따라서 신재생에너지 설비 증량 위주 정책에서 탈피해 탈석탄 사회로 전환하기 위한 전기 인프라 확충에 힘쓰고, 전기를 저장하는 데 유용한 수소 연료전지 등 저장 인프라를 확대해야 합니다. 또 징검다리로서 원자력을 보다 안전하게 활용할 수 있는 방법은 없는지 등 전방위로 에너지 정책을 검토해야 할 시점입니다.

지구공학으로 지구를 지킬 수 있을까?

○　　　　　2013년에 개봉한 영화 〈설국열차〉의 배경은 미래의 빙하기입니다. 인류는 가까운 미래에 심각하게 뜨거워진 지구 온도를 낮추기 위해 성층권에 지구 냉각물질인 'CW-7'을 살포합니다. 영화에서는 CW-7이 정확히 어떤 물질인지 밝히고 있지는 않지만, 이 물질로 인해 지구는 예상을 뛰어넘은 온도 하강과 함께 갑작스레 빙하기로 돌아가버립니다. 영화는 빙하로 뒤덮인 산악지대를 달리는 열차를 주요 무대로 하여 이야기가 전개됩니다.

미래를 배경으로 한 영화나 상상 속에서만 가능할 것으로 여겨졌던 기후변화를 막기 위한 과학기술이 최근 진지하게 논의되고 있습니다. 바로 지구공학Geoengineering 또는 기후공학으로 불리는 기술입니다. 이 기술은 비교적 최근에 출현한 과학기술로 지구온난화를 막기 위해 인간이 기후를 정교하게 조절하고 통제할 수 있다는 생각으로 빠르게 퍼져나가고 있습니다.

지구공학 범주에 속하는 여러 기술들은 자연에 존재하던 온도 조절 원리, 즉 지구가 흡수하는 태양 빛의 양을 효과적으로 줄여주거나 대기 중 온실기체의 양을 줄여주는 방법 두 가지 중 하나를 택해 지구 온도를 조절합니다. 1장과 2장에서 과거 우리 지구의 온도가 조절되었던 원리와 큰 틀에서는 동일한 것이지요. 잘하면 이 기술 하나로 기후위기가 한방에 해결될 수 있지 않을까요? 그러나 간단한 문제가 아닙니다. 대부분의 지구공학 기술들은 격렬한 반대에 부딪치고 말았습니다. 왜 그럴까요?

지구공학의 여러 가지 기술들 중 진지하게 고민되었던 기술 몇 가지를 소개해드리고 어떤 문제점들이 있었는지 짚어보도록 하겠습니다.

첫 번째는 이산화황처럼 태양 빛을 반사하는 데 아주 효과적인 물질을 성층권에 에어로졸 형태로 주입하는 방법입니다. 〈설국열차〉의 CW-7과 거의 유사하지요? 이 아이디어는 인류가 화산 폭발로부터 얻어낸 아이디어입니다. 화산 폭발은 장기적으로는 이산화탄소를 대기 중으로 공급함으로써 지구의 온도를 올리지만 화산 폭발 직후에는 오히려 지구의 온도를 효과적으로 낮추어 버립니다. 이 때 화산 폭발로부터 분출되어 성층권에서 냉각을 주도하는 물질이 바로 이산화황이었습니다.

성층권은 대기가 너무 안정해서 한번 물질이 들어오면 대류권처럼 위아래로 마구 섞이는 것이 아니라 얇게 퍼지면서 지구 전체를 덮어 버립니다. 지구공학을 연구하는 과학자들은 바로 이 현상을 거의 흉내내는 아이디어를 냈습니다. 바로 특수 제작한 비행기가 이산화황(SO_2)이 포함된 물방울을 성층권에 올라가서 직접 살포하는 방법입니다. 살포된 이산화황 물방울은 성층권에서 일종의 짙은 황산 안개Haze를 만들어

냅니다. 황산 안개는 햇빛을 매우 효과적으로 반사*하는 성질이 있어서 효과적으로 지구 온도를 떨어뜨립니다. 이 방법의 가장 큰 장점은 비용이 저렴하다는 것입니다. 특별히 뭔가 새로운 기술을 개발하는 것도 아니고, 성층권 상공에 살포한 물질을 전 지구로 퍼뜨려주는 건 지구가 특별한 대기의 순환**을 통해 대신해 주었기 때문입니다. 특수 제작한 비행기들로 이루어진 소규모 비행단이 1년에 한 번씩 적도를 따라 에어로졸을 분사하며 비행하면 전 세계에 에어로졸을 살포할 수 있습니다. 예측에 따르면, 연간 5~8백만 톤의 에어로졸을 살포하면 지구온난화를 멈추게 하거나 늦출 정도의 충분한 햇빛을 반사할 수 있을 거라고 합니다. 너무 간단하고 좋은 방법 아닐까요?

그런데 많은 과학자들과 환경단체들은 이 방법을 격렬히 반대하고 있습니다. 안타깝게도 이 방법에는 여러 가지 심각한 부작용이 있을 수 있기 때문입니다. 먼저 우리가 살고 있는 지역의 기온과 강수 패턴이 크게 바뀔 수 있습니다. 문제는 아무리 정교하게 슈퍼컴퓨터로 시뮬레이션을 해본다 해도 아직까지의 기술로는 어떻게 기후가 바뀔지 정확하게 예상하는 것이 불가능하다는 것입니다. 또한 황산 에어로졸은 빗물에 녹아 산성비를 내리게 하여 산림이나 토양 산성화를 초래할 수도

- 1장에서 금성이 노란빛으로 반짝반짝 빛나는 것이 바로 이 황산 구름에 의해 햇빛이 반사되기 때문이라고 말씀드렸습니다.

●● 성층권 상공에는 적도에서 출발하여 극 지역까지 순환하는 브루어-돕슨(Brewer-Dobson) 순환이 존재합니다. 이 특별한 순환은 적도에서 만들어진 물질들을 중위도와 극지로 이동시켜 주는 역할을 합니다. 브루어와 돕슨이 발견하였습니다.

우리는 결국 지구를 위한 답을 찾을 것이다

있습니다. 무엇보다 가장 심각한 문제는 이 효과가 일시적이라는 데 있습니다. 따라서 매년 황산 물방울을 성층권에 다시 뿌려줘야 합니다. 한번 시작하면 멈출 수 없다는 것이지요. 여기다가 만약 인류가 황산 안개의 효과만 믿고 안이하게 대응해 대기 중 온실기체 농도를 낮추려는 노력을 하지 않는다면 어떻게 될까요? 바로 황산 에어로졸 살포를 멈추는 순간 지구는 전에 없던 속도로 급격하게 뜨거워질 것입니다. 우리가 다이어트할 때 가장 위험한 것이 바로 '요요 현상'이지요? 비슷한 일이 일어나버리는 것이지요. 50년 정도 걸린 기온 상승이 10년 만에도 일어날 수 있다는 뜻입니다. 아무래도 이 방법은 사용하기가 어려워 보입니다.

다음 두 번째 방법은 이산화탄소를 포집해서 재활용하거나 아예 지하에 묻어버리는 기술입니다. 이를 탄소 포집 기술CCUS; Carbon Capture, Utilization and Storage●이라 합니다. 이 기술은 크게 두 가지로 나뉘는데 하나는 화석연료 연소 시 나오는 이산화탄소를 포집하여 바로 저장Storage하는 기술과 포집된 이산화탄소를 저장하지 않고 다시 에너지 형태로 가공하여 활용Utilization하는 기술입니다. 이들 기술은 세부적으로 들어가면 종류가 너무 다양해서 이 책에서 소개하기는 어려운데요. 대표적인 한 가지만 소개해볼까 합니다. 바로 대기 중 이산화탄소를 돌로 만들어버리는 기술입니다. 이 기술 역시 자연에서 작동하는 원리를 이용합니다.

● 정확히는 '탄소 포집, 재활용 및 저장 기술'이지만 편의상 이 책에서는 탄소 포집 기술이라 명명하겠습니다.

7-6 그림. 탄산수와 현무암이 반응하여 현무암 사이사이로 탄소가 저장된다. 출처: https://www.bbc.com/news/world-43789527

바로 1장에서 얘기한 화학적 풍화작용의 원리와 유사합니다. 공장에서 배출되는 가스에서 이산화탄소를 걸러낸 후 물에 녹여 탄산수를 만듭니다. 이 과정은 우리가 집에서 탄산수를 만들어내는 원리와 별반 다르지 않습니다. 일단 탄산은 물에 매우 잘 녹는 기체이므로 이 과정에 특별한 기술이 필요하지는 않습니다. 그다음 이 탄산수를 현무암과 같은 구멍이 많이 뚫려 있는 암석을 통과하게 합니다. 특히 탄산은 현무암에 풍부하게 포함된 다량의 칼슘과 마그네슘 등을 만나면 바로 탄산칼슘 혹은 탄산마그네슘과 같은 미네랄 형태로 굳으면서 현무암의 구멍을 메우게 됩니다. 〈7-6 그림〉처럼 말입니다.

이렇게 굳어진 암석은 땅속 깊은 곳에 저장됩니다. 별로 어렵지 않지요? 유엔환경계획UNEP은 2050 탄소 중립 계획에 탄소 포집 기술의 적

우리는 결국 지구를 위한 답을 찾을 것이다

극 활용이 꼭 필요하고 2050 탄소 중립 달성 이후에도 탄소 포집 기술을 활용해 1년에 80억 톤 정도의 이산화탄소를 대기 중에서 포집해야만 파리기후협약에서 제시된 2℃ 목표를 달성할 수 있다고 보고 있습니다.[16] 앞에서 얘기한 황산 물방울 살포 작전에 비해 이 계획은 훨씬 현실성이 높아 보이고 실제로 우리나라에서도 화력발전소 등에서 사용되고 있는 기술이라 성공 가능성이 커 보입니다.

　그러나 역시 이 기술도 환경단체의 큰 반발이 있었습니다. 왜 환경단체들이 이 친환경 포집 기술을 반대하는 걸까요? 간단합니다. 그 이유는 빨리 퇴출되어야 할 석탄 화력 발전소에 탄소 포집 기술이 인공호흡기를 달아준다고 생각하기 때문입니다. 가장 적극적으로 이 기술에 반대하는 단체는 바로 그린피스Greenpeace입니다. 그린피스는 2015년에 발간한 〈탄소포집기술의 사기Carbon Capture SCAM〉라는 보고서에서 이 기술로 탄소를 포집하고 저장하는 수많은 단계에서 이산화탄소들이 더욱 많이 발생하기에 이 기술은 현실성이 없다고 비판한 바 있습니다. 그러나 사실 탄소 포집 기술은 해가 거듭할수록 효율이 좋아지며 점점 더 활용도가 높아지고 있습니다. 한 가지 활용법은 저개발 국가들이 이 기술을 활용하게 하는 것입니다. 최근 발표된 논문에 따르면 파리기후협약에도 불구하고 아프리카의 탄소 배출량은 인구 증가 속도와 최근 경제 성장에 비추어봤을 때 현재보다 약 30% 정도 늘어날 것으로 예상됩니다. 또 만약 에너지의 탄소 의존도를 줄이지 않을 경우 이보다 훨씬 큰 폭으로 늘어날 것으로 보았습니다. 따라서 아프리카 지역은 인류의 전 지구적인 탄소 배출 감소 노력에 큰 걸림돌이 될 가능성이 큽니다. 하지만 여기에서 우리가 간과하지 말아야 할 것은 아프리카는 전 세계에서 산업혁명 이후 가장 화석연료를 적게 사용한 지역이라는 점입니다. 이런 아프리카의 여러 국가들에게 화석연료를 좀 더 사용하여 빠른 경제성장을 이룰 기회를 주고, 대신 선진국들이 이들 국가에게 저렴한 비용으로 탄소 포집 기술 장치를 제공하는 것은 인류가 지구공학으로 선택할 수 있는 가장 합리적인 선택이 아닐까요?

한편 바다에 이산화탄소를 묻어버리자는 아이디어도 있습니다. 1988년 미국의 한 환경학회에서 모스랜딩해양연구소의 존 마틴 소장은 "유조선 반척 분의 철가루만 있다면 지구온난화로 고통받는 지구를 빙하시대로 되돌릴 수도 있다"는 파격적인 주장을 하였습니다. 철가루로 지구온난화를 막을 수 있다니 참으로 기괴한 주장같이 들리지 않나요? 하지만 저명한 해양학자인 마틴 소장의 주장은 상당히 과학적으로 근거가 있는 주장으로, 바로 식물성 플랑크톤의 광합성에 따른 이산화탄소 흡수 능력을 이용하자는 것이었습니다. 식물성 플랑크톤이 성장하려면 질소나 인과 같은 영양소에 더해 철 성분이 반드시 필요한데, 대부분의 영양소가 풍부한 바다이지만 유독 철 성분은 항상 부족했기 때문입니다. 달리 얘기하면 바다에 부족한 철가루를 인공적으로 살포하면 식물성 플랑크톤을 폭발적으로 증식시킬수 있고, 이들이 대기 중의 이산화탄소를 흡수해서 결국 바닥으로 가라앉아 탄소를 제거함으로써 지구가 뜨거워지는 것을 막는 데 큰 도움을 줄 수 있다는 게 마틴 소장의 생각이었습니다. 그의 생각에 자극을 받아 많은 과학자들은 바다에 철분을 뿌려보기 시작했고, 식물성 플랑크톤 주변의 공기에 포함된 이산화탄소 농도가 줄어드는 결과를 보고 과학자들은 고무되기도 했습니다. 그러나 성공은 오래가지 않았습니다. 지역에 따라 이 방법이 효과가 거의 없는 해역들이 나타나기 시작한 것입니다. 더 큰 문제는 바닷물에 철분을 뿌리면서 생물의 신경계를 손상시키는 독성 물질을 만들어내는 식물 플랑크톤이 크게 성장했다는 것입니다. 이를 섭취한 조개나 게를 인간이 먹으면 설사나 구토, 복통을 일으킬 수 있고, 최악의 경우 사망에 이를 수도 있었습니다. 이산화탄소를 효과적으로 없앨 거라 믿었던 철분 투척 실험 역시 이로써 실패로 끝나버렸습니다.

살펴본 바와 같이 지난 수십 년 동안 지구공학에 대한 논란은 매우 컸고 대부분 환경단체들과 신중한 과학자들에 의해 그 시도가 저지되어 왔습니다. 아직 잘 이해되지 않은 지구공학이 초래할 부작용이 많은 이들이 반대하는 표면적인 이유였지만, 더 근본적인 이유는 효과적인 지구공학 기술이 나타나면 이 기술에 인류가 미래를 맡긴 채 화석연료 사용을 줄이지 않을 것이라는 우려 때문이었습니다. 실제로 과거 트럼프 미국 정부 때 이런 일이 벌어졌습니다. 파리기후협약을 탈퇴할 정도로 온실가스 감축에 부정적이었던 트럼프는 오바마 정부 때까지 부정적이었던 정부의 기조를 뒤집고 하버드 지구공학 연구팀이 성층권에 황산염 입자를 뿌려보는 실험을 하도록 승인하였습니다. 적은 비용으로 지구온난화를 방지하고 미국의 화석연료 산업을 이어가는 방안을 실험해보려고 했던 것이지요. 그러나 하버드 연구팀의 시도는 주민들의 반대로 결국 중단되었습니다.

빠르게 상승하고 있는 지구의 온도에도 불구하고 세계 각국의 탄소 감축 노력이 기대에 못 미치자 최근에는 지구공학에 대한 부정적인 시각들이 조금씩 바뀌고 있습니다. 인류가 지구온난화에 대해 적절한 해결책을 찾지 못하는 경우 최후의 방법으로 지구공학이 필요하다는 생각이 점점 공감을 얻어가고 있는 것입니다. 따지고 보면 이미 우리는 가장 대규모의 지구공학을 하고 있는 것 아니겠습니까? 매년 500억 톤이 넘는 온실기체를 대기 중으로 강제로 주입시키는 실험 말입니다. 앞으로는 과학자들이 소규모의 지구공학을 연구해서 어떤 부작용이 있는지, 그리고 그 파급효과가 얼마나 큰 지 조금씩 테스트해나갈 필요가 있다고 생각합니다. 물론 위험한 지구공학 기술을 실제로 사용해야만 하는 절박한 상황이 인류에게 일어나서는 안 되겠지만요.

산업혁명을 넘어 에너지 혁명으로

○　　　　화석연료 시대의 종말을 넘어 새로운 에너지 대전환 시대는 어떻게 준비해야 할까요? 다시 한번 6장에서 다룬 카야 방정식을 중심으로 생각해보겠습니다. 이산화탄소 배출은 다음 네 가지 요인으로 결정됩니다.*

1. 인구수
2. 1인당 소득
3. 에너지 효율
4. 탄소 발자국

네 가지 요인 중 예정된 인구수 증가와 경제가 발전하면서 자연히 이루어지는 1인당 국민소득 증가에 따른 이산화탄소 배출량을 줄이는 것이 어려운 일이라는 사실을 말씀드린 바 있습니다.

───────

●　　6장 2절에 나오는 배출량을 결정하는 마법 공식 '카야 방정식'의 네 가지 요인입니다.

따라서 현실적으로 미래를 준비하기 위해서는 3번과 4번, 즉 에너지 효율을 높이는 방법과 에너지를 생산할 때 탄소 발생량을 줄이는 방법을 찾는 데 집중해야 합니다.

먼저 에너지 효율에 대해 얘기해보겠습니다. 자동차 연비가 가장 쉬운 예라고 생각합니다. 세계적인 명차는 하나같이 연비가 낮다는 것을 알고 있나요? 세계 3대 고급 차로 꼽히는 벤틀리, 마이바흐, 롤스로이스 등은 연비가 가장 안 좋은 차로 유명합니다. 높은 배기량과 무거운 차체 때문에 리터당 4.7~5.2km라는 낮은 연비를 보입니다. 어떻게 보면 낮은 연비가 미덕인 차라고 할 수 있죠. 2번 요소, 즉 1인당 국민소득이 왜 탄소 배출량과 직결되는지 극명하게 보여주는 대목입니다. 부자일수록 많은 에너지와 탄소를 소비하는 것이죠. 화석연료 시대의 민낯입니다. 반대로 요즘 하이브리드 자동차는 리터당 20km의 연비가 쉽게 나옵니다. 좀 더 효율적인 기술을 개발하는 것과 사회를 좀 더 효율적으로 구성하는 것은 현대사회의 이산화탄소 의존성을 줄이는 데 필요한 방법 중 하나입니다. 인공지능을 활용해 전력 소비를 줄이는 것을 비롯해 이동 수단과 산업에 쓰이는 전력 수급, 지속 가능한 콘크리트 생산까지 모든 분야에서 에너지 효율을 향상시킬 수 있습니다.

그러나 무작정 효율만 높이는 것은 또 다른 문제를 야기합니다. 첫째로 사람들이 더 효율적인 것을 찾으면서도 의식의 변화가 없다면 전체적으로 효율이 높아져도 기대한 만큼 큰 배출량 감소로 이어지지 못할 가능성이 높습니다. 즉 높은 에너지 효율이 빛을 보기 위해서는 절제된 에너지 사용이 따라와야 하는 것입니다. 따라서 개인이 에너지를 적게

우리는 결국 지구를 위한 답을 찾을 것이다

쓰는 것이 미덕이 되는 사회적인 공감대가 형성되어야 합니다. 예를 들어 비행기 엔진의 연료 효율이 높아지자 항공 티켓 가격이 저렴해졌고 전 세계적으로 여행 붐이 일어났습니다. 세계 여행이 나쁘다는 게 아니라 항공 운항이 늘어나면서 탄소 배출이 심화되었다는 이야기입니다. 결국 무언가를 효율적으로 개선하는 것은 전체 에너지 사용량을 줄이지 못할 가능성이 큽니다. 두 번째 문제점은 효율을 높이기 위해 최적화할수록 효율적이 되기가 점점 어렵고 비용이 높아진다는 점입니다. 따라서 비용 대비 효율 증가는 시간이 지날수록 점점 작아집니다. 탄소 배출을 줄이기 위해 효율에만 목매면 안 되는 또 하나의 이유입니다.

탄소 배출을 줄이기 위한 가장 직접적인 방안은 사용되는 단위 에너지당 이산화탄소 배출량인 탄소 발자국을 줄이는 일입니다. 여기에는 석탄 화력발전소 폐쇄, 탄소 배출권 거래 외에도 에너지 생산에서 차지하는 신재생에너지 비율을 법으로 정한다든가 이산화탄소 포집 기술을 개발해 직접적으로 이산화탄소를 수집해 땅에 묻는다든가 하는 매우 다양한 방법이 있습니다.

창의적인 아이디어도 실험해야 합니다. 소를 위한 메탄 백팩에 관련된 아이디어를 예로 들 수 있습니다. 다음 절에서 자세히 말씀드리겠지만 소의 방귀나 트림은 전 세계 메탄 방출량의 25%를 차지할 정도로 어마어마한 방출원입니다. 아르헨티나 국립 농업기술 연구소[INTA]의 연구원들은 풍선과 비슷하게 생긴 백팩을 소의 소화관에 부착하고 가스가 대기로 방출되기 전에 메탄을 수집합니다.

메탄 백팩은 아직 개발 중이지만 연구진은 이 방법에 대해 진지합니

7-7 그림. 젖소에 메탄 백팩을 부착해 메탄가스를 수집하는 모습.

다. 백팩이 소 한 마리당 하루에 약 300L의 메탄을 수집한 후 이를 응축해 바이오 에너지로 변환하면 소규모 농장의 추가 전원으로 활용할 수 있습니다. 사실 실용화하기엔 시간이 오래 걸리겠지만 앞으로 펼쳐질 새로운 재생에너지 세상을 앞당기기 위해 창의력을 발휘해 다양한 분야에 적용하는 기술을 시험해보고 효율이 좋은 기술을 찾아내야 합니다.

그렇다면 에너지 효율도 높이고 탄소 발자국도 동시에 줄일 묘안은 없을까요? 앞에서 살펴본 제주도 태양광발전 대란이 우리나라 친환경 에너지 정책이 지향해야 할 방향을 정확히 알려줍니다. 핵심은 초연결 에너지 네트워크에 있었던 것입니다.

유명한 미래 학자 제러미 리프킨의 말입니다.

"인프라를 구축하지 않고 개별 시설에만 집중하면 안 된다. 현재 '글

우리는 결국 지구를 위한 답을 찾을 것이다

로벌 기후 에너지 시장 협약'에 9,000여 개 지방정부가 참여하고 있다. 이곳 소속 시장들이 가장 많이 하는 실수가 있다. 그린 뉴딜 '런드리 리스트(해야 할 일을 잔뜩 모아놓은 목록)'를 만들고선 만족하는 경우다. 시장에게 그린 뉴딜을 보여달라고 하면 수소 버스 10대, 친환경 빌딩 10동을 보여주고 사진을 찍는 보여주기식 행사를 진행한다. 정작 이들을 연결하고 관리하는 플랫폼이 없다."[17]

초연결 에너지 네트워크를 실험할 최적의 장소는 농촌이 아니라 대도시입니다. 우리나라같이 땅이 부족한 나라에서는 토지에 대규모 태양광을 만드는 것보다는 도심의 건물을 적극 활용하는 방법이 최선입니다. 건물 옥상에 태양광 패널을 설치하는 방법, 유리창이나 벽 외장

7-8 사진. 서울시 종로구 94빌딩에 설치된 태양광 패널. © 서울시 보도 자료

재를 태양광 패널로 대체하는 방법 등 최근 다양한 기술이 개발되고 있습니다. 이를 건물 일체형 태양광Building Integrated Photo Voltaics: BIPV이라고 합니다. 태양전지를 건축 재료로 사용하는 기술이지요.

이 사진에서 태양광 패널이 어디에 설치되어 있는지 눈치챘나요? 바로 창문입니다. 조금 늦은 감은 있지만 우리나라에서도 이런 시도가 이루어지고 있습니다. 최근 서울시가 건물 일체형 태양광 보급에 나선 것은 매우 바람직한 시도입니다. 무엇보다 태양광은 에너지의 성질상 수요가 많은 도심에서 즉시 사용하는 것이 가장 효율적이기 때문입니다. 최대한 즉시 사용하고 남으면 배터리에 저장해 부족할 때 사용하거나 가까운 곳에 팔아 수익을 남기는 에너지 선순환을 도심을 중심으로 확대해나가야 합니다. 또 이 과정에서 정부는 개인이 프로슈머prosumer*가 되어 직접 생산한 전기를 사고 팔아 낭비되는 전기 없이 최적의 에너지 효율을 달성할 수 있도록 제도를 마련하고 기술 혁신을 이뤄내야 합니다.

이러한 측면에서 볼 때 탄소 감축 목표를 무리하게 설정하는 것은 적지 않은 부작용을 초래할 수 있습니다. 가시적 성과를 위해 직접적인 배출량 감소에만 지나치게 많은 국가 자원이 투자될 수 있기 때문입니다. 제주도 태양광 에너지 생산 중단 사태와 우리의 농촌과 임야가 태

---

* 프로슈머는 producer(개발자)+consumer(소비자)의 합성어입니다. 이는 미래학자 앨빈 토플러가 《제3의 물결》이라는 책에서 처음 사용한 용어로, 미래 사회(이미 다가온)에서는 개인이 생산과 소비를 동시에 하면서 경제활동에 보다 주체적으로 참여할 것임을 예견한 바 있습니다. 이는 적중했고 현재 많은 분야에서 개인은 프로슈머로 활약하고 있습니다.

우리는 결국 지구를 위한 답을 찾을 것이다

양광 패널로 온통 뒤덮인 사례는 에너지 효율을 무시한 채 탄소 감축에만 집중하면 앞으로 어떤 일이 벌어질지를 보여주는 전형적인 예라고 생각합니다.

　다시 한번 강조하지만 에너지 사용의 효율성을 높이는 것은 현 시점에서 탄소 배출량 감소만큼 우리에게 중요한 과제입니다. 국가 차원의 초연결 에너지 네트워크가 완성되는 데에는 막대한 국가 예산과 오랜 시간이 걸릴 것입니다. 보다 거시적인 안목에서 미래를 준비해야 할 때입니다.

세상을 바꾸기 위한 우리의 역할

국가와 기업이 할 수 있는 거창한 일이 아닌, 개인이 새로운 시대를 주도할 방법은 없을까요? 매우 중요한 것이 있습니다. 직접적으로 개인이 탄소 배출을 줄일 수 있는 방법은 육식, 특히 소고기 섭취를 줄이는 일입니다. 농담이 아니라 진지하게 하는 말입니다.

전 세계 탄소 배출량에서 식량 생산이 차지하는 비중은 약 30%나 됩니다. 주로 농사를 짓거나 가축을 사육할 때 필요한 농지나 숲을 개간하면서 나오는 이산화탄소, 음식물 쓰레기 처리, 비료 생산, 쉴 새 없이 되새김질하며 메탄을 뿜어대는 소의 트림과 방귀, 농업과 축산에 관련된 교통 등을 모두 포함한 비율입니다.

권위 있는 과학 잡지 〈사이언스〉에 실린 논문에서 마이클 클락과 동료들은 인류가 화석연료를 당장 내일부터 쓰지 않는다고 하더라도 현재와 같이 극도로 육식에 의존하는 생활을 유지한다면 식품 생산 과정에서 배출되는 온실기체만으로도 금세기 말까지 파리기후협약에서 약속한 1.5℃ 상승을 피하기 어렵다고 보았습니다.[18] 여러분은 현재 가축 사육에서 발생하는 온실기체가 모든 교통수단, 즉 자동차, 배, 비행기

우리는 결국 지구를 위한 답을 찾을 것이다

등이 배출하는 양보다 더 많다는 사실을 알고 있었나요? 가축이 상당 부분 메탄을 뿜어내기 때문입니다.

소 한 마리가 트림이나 방귀로 1년 동안 배출하는 메탄가스의 양은 약 85kg에 달합니다. 전 세계에서 사육되는 소의 수는 약 13억 마리로 추정되는데, 이를 모두 합치면 전 세계 소가 1년에 약 1,105억kg의 메탄가스를 배출하는 셈이 됩니다. 이는 전 세계 메탄가스 배출량의 약 25%에 해당하고, 소 외에 양이나 염소 등 모든 가축이 발생시키는 메탄가스까지 합하면 전 세계 메탄가스 배출량의 약 37%를 차지합니다.[19]

메탄은 온실기체로 이산화탄소보다 28배나 강한 온실효과를 유발한다고 말씀드렸습니다. 더 심각한 것은 가축의 사료를 만드는 데 필요한 질소비료는 아산화질소를 대기 중에 만들어내는데, 현재 대기 중 아산화질소의 65%가 축산업에서 생산된다고 합니다.[20] 아산화질소는 이산화탄소에 비해 296배 강한 온실기체입니다. 이 사실만 봐도 인류의 과도한 육식 섭취가 얼마나 심각한 기후변화를 일으키는지 감이 오지요? 더 중요한 것은 축산업에 따른 온실기체 증가는 인구 증가 커브와 거의 비례해서 증가한다는 사실입니다. 빠른 인구 증가 속도에 따라 점점 더 늘어날 것이 자명하죠. 또 축산업은 여러 가지로 지구 온도 상승을 부추깁니다. 탄소를 배출할 뿐 아니라 농지를 파괴하지요. 아마존 열대우림이 감소하는 데 가장 큰 영향을 미친 것도 축산업입니다.

논문의 공저자 제이슨 힐 미국 미네소타 대학교 교수는 "식량 생산은 기후변화에서 숨어 있는 복병"이라며 "세계 모든 사람들이 채식주의자가 돼야 한다고 말하는 것이 아니다. 식물 위주의 건강한 식단처럼 현실적 목표를 세우자는 것"이라고 말했습니다. 그렇습니다. 오랫동안 익숙해진 식습관을 하루아침에 고치는 것은 불가능하겠지만, 개인이 좀 더 균형 잡힌 건강한 식단을 선호하는 것만으로도 기업을 움직이고 지구온난화 문제를 해결하는 데 큰 역할을 할 수 있다는 사실은 희망을 갖게 하는 부분입니다.

소고기를 덜 먹는 일이 개인이 실천할 수 있는 옵션이라면, 새로운 시대에 개인이 수행해야 할 중요한 임무가 있습니다. 개인은 항상 소비자로서 국가의 산업이 발전하는 데 큰 역할을 해왔습니다. 전 세계적으로 그린 뉴딜 열풍이 불고 있습니다. 개인은 그린 뉴딜이 성공하고 선순환의 생태계가 자리 잡을 수 있도록 현명한 소비를 통해 기업을 자극해야 합니다.

RE100[Renewable Energy 100%]이라는 단어를 들어보았나요? RE100은 기업 활동에서 필요한 전력을 100% 재생에너지로 사용하겠다는 기업들의 자발적인 캠페인을 의미합니다. 현재 전 세계에서 300개가 넘는 기업이 캠페인에 참여하고 있으며 2050년까지 RE100 달성을 목표로 합니다. RE100을 선언한 기업 중 구글, 애플을 비롯한 30여 개 기업은 이미 100% 전환을 달성했습니다. 기업들이 RE100에 동참하는 이유는 사회 공헌을 위해서이기도 하지만, RE100 가입 여부가 기업 매출에 직간접적 영향을 주기 때문입니다. 예를 들면 폭스바겐과 BMW 등 RE100에 가입한 기업은 목표를 달성하기 위해 완성 차 부품을 만드

우리는 결국 지구를 위한 답을 찾을 것이다

는 거래 업체에 재생에너지 사용을 압박하고 있습니다. 영세 거래 업체에는 고통스러운 일이겠지만, 재생에너지 확대를 위한 선순환이 시작되고 있는 것입니다. 여기서 소비자의 역할이 중요합니다. 기업을 좋은 방향으로 유도해 선순환이 일어나도록 하는 것입니다. 물건을 구매할 때나 주식 투자를 하고 펀드를 이용할 때 RE100 기업에 적극 투자해야 합니다. 물론 돈은 잃지 말아야겠지요? 그러나 개인이 RE100 기업에 돈을 많이 투자할수록 재생에너지 전환에 노력을 기울이는 기업은 힘을 얻을 것이고, 이들 기업의 주가가 오르면 개인은 더 많은 돈을 벌게 될 것입니다. 선순환의 고리가 완성되는 것이지요. 무늬만 친환경 기업이 아닌 옥석을 가려내는 일도 투자자이자 소비자로서 개인이 해야 할 일입니다.

반대로 화석연료를 많이 사용하는 기업을 가려내 이들에 대한 투자 철회를 선언함으로써 새로운 에너지 혁명을 앞당기는 데 큰 역할을 할 수 있습니다. 실제로 이런 일이 일어나고 있습니다. 영국 케임브리지 대학교의 예를 들어보겠습니다. 그동안 케임브리지 대학교는 우리 돈으로 5조 원이 넘는 규모의 기부금 펀드를 운영하면서 브리티시 페트롤리엄, 로열 더치 셸, 엑슨모빌 등 메이저 화석연료 기업에 투자해왔습니다. 그런데 지난 2020년 10월 "지구를 오염시키는 기업에 대한 투자를 중단해달라"며 지난 5년간 시위를 벌여온 학생들의 요구를 받아들여 2030년까지 화석연료에 대한 직간접 투자를 중단하고 2038년까지 탄소 중립을 실현하겠다고 선언했습니다.[21] 이처럼 개인의 의식이 바꾸어 보다 적극적인 행동으로 ESG 경영*을 실천하고 친환경 에너지 전환에 집중하는 기업에 투자할 때 새로운 에너지 혁명은 더욱 빨리 다가올 것입니다.

'청소년들의 기후 소송' 사건을 아십니까? 미국 워싱턴주에 사는 청소년 8명이 미국 연방 정부를 상대로 소송을 제기했습니다. 이 소송에서 원고는 연방 정부가 기후변화 대응에 실패함으로써 '건강한 기후'에 접근할 수 있는 길을 차단하고 '누구라도 정당한 법의 절차에 의하지 아니하고는 생명, 자유 또는 재산을 박탈당하지 아니할 권리'를 빼앗았다고 주장했습니다. 또 이는 미국 수정 헌법 제5조의 '동일하게 보호받을 권리'를 위반했으며 청소년을 차별하고 있다고 주장했습니다. 이 소송이 접수된 워싱턴주 킹 카운티 고등법원은 최종 원고 승소 판결을 내렸으며 재판부는 워싱턴주 생태부Department of Ecology에 탄소 배출 저감과 관련한 규정을 새로 마련할 것을 지시했습니다.

이 사건을 계기로 청소년은 더욱 활발하게 활동하며 우리 사회를 바꾸는 실질적인 주체로 부각했습니다. 미국의 트럼프 전 대통령과 날카롭게 대립한 그레타 툰베리를 비롯해 세계를 무대로 활동하는 청소년 활동가가 생겨나고 있습니다. 우리나라에서도 많은 변화가 일어나고

● ESG란 환경보호Environment·사회공헌Social·윤리경영Governance의 약자로, ESG 경영이란 기업이 환경보호에 앞장서며, 사회적 약자에 대한 지원 등 사회공헌 활동을 하며, 법과 윤리를 철저히 준수하는 경영 활동을 말한다. ESG 경영은 기업의 지속적 성장을 평가하는 비재무적 성과를 측정하는 방법으로 유럽연합이나 미국 등에서는 이미 기업을 평가하는 데 중요한 기준으로 자리잡고 있다. (한경 경제용어사전)

우리는 결국 지구를 위한 답을 찾을 것이다

7-9 사진. 2016년 5월 기후 재판에서 승소한 워싱턴주 학생들이 고등법원 앞에서 기자회견하는 장면. © Clayton Aldern

있습니다. 청소년도 SNS와 유튜브 같은 매체를 통해 얼마든 자신의 생각을 표현하고 인류가 세대를 걸쳐 공유해야 할 에너지 자산과 안정된 기후를 유지하기 위해 해야 할 일에 대해 정치적인 목소리를 낼 수 있는 시대가 되었습니다.

분명한 것은 지금 이 시대 청소년은 기후변화와 에너지 대전환기 인류의 방향성을 결정하는 논의를 하는 데 빼놓아서는 안 될 이해 당사자라는 점입니다. 청소년들이 그릇된 기후 정보에 현혹되지 않고 지구와 인류를 위한 답을 찾는 여정에 함께할 수 있도록 도와주어야만 하는 이유입니다.

마치며

보이지 않는 것, 이해하지 못하는 것은 지나친 공포를 낳습니다. 그래서 우리는 보려고 노력해야 하고, 이해하려고 노력해야 합니다. 미래를 합리적으로 준비하기 위해서는 말입니다.

RCP8.5 시나리오가 그리는 미래인 2100년 5℃ 지구 온도 상승은, 지금으로 봐서는 일어나기 어려운 비현실적인 미래입니다. 이 시나리오는 인류가 앞으로 미래에 석탄 사용량을 현재보다 5배나 늘려 나갈 것을 가정하고 있기 때문입니다. 그러나 많은 사람들이, 심지어는 과학자들조차 이 시나리오의 비현실적인 가정에 대해 잘 이해하지 못한 채미래에 대한 불필요한 공포를 재생산하고 있습니다. 마크 라이너가 쓴 《6도의 멸종》에서 5℃가 상승한 지구의 모습은 이렇게 기술되고 있습니다.

"북극과 남극의 빙하가 모두 사라지고 자본시장이 붕괴되며 시베리아 영구동토층의 메탄 폭탄이 터지면서 온도 증가가 더욱 가속화되고,

우리는 결국 지구를 위한 답을 찾을 것이다

쓰나미가 발생하고 사람들은 부족한 식량 확보를 위해 도처에서 전쟁이 일어납니다. "

　얼마나 공포스러운 미래인가요? RCP8.5 시나리오가 그리는 현실성 없는 미래 모습은 우리가 지구를 위한, 아니 우리 인류를 위한 답을 찾아가는 여정에 도움을 주지 못합니다. 과학자들마다 다양한 견해가 있지만, 이 책《우리는 결국 지구를 위한 답을 찾을 것이다》에서 저는 합리적인 미래 온도 상승 폭을 3℃ 수준으로 제시하였습니다. 우리가 적절하게 대처하지 못했을 때의 온도 상승 폭으로, IPCC에서 내다보고 있는 미래와 거의 유사합니다. 온도가 3℃ 상승했을 경우에도 역시 무서운 결과들이 우리를 기다리고 있겠지만, 문명이 파괴되는 정도까지는 아닐 것입니다. 물론 제가 온도 상승 폭을 3℃ 수준으로 보고 있다고 해도, 5℃가 상승한 미래를 완전히 배제할 수는 없습니다. 아직 제대로 이해하지 못하고 있는 자연의 원리인 티핑 포인트의 연쇄 반응이 실제로 일어나면, 언제 온도 5℃가 상승한 세상이 갑작스레 찾아올지 모르기 때문입니다. 이것이 바로 1.5℃ 혹은 2℃ 상승 수준에서 인류가 자행한 화석연료 대소동을 마무리해야 하는 중요한 이유가 될 수 있습니다.

　기후위기를 대응하는 과정은 고통스럽지만, 그 답을 찾아나가는 과정은 우리에게 새로운 기회를 가져다 줄 수 있습니다. 화석연료 시대의 끝자락으로 접어들고 있는 현 시점에서 인류가 기후위기 대응에 힘을 기울이지 않고 이대로 살아간다면 가까운 미래 인류의 가장 큰 고민은 기후위기가 아닐지도 모릅니다. 화석연료 고갈과 심각한 에너지 위기가 닥칠 수도 있으니까요. 이제 문제는 기후만이 아닙니다.

　인류의 화석연료 사용으로 인해 기후와 에너지는 인류에게 있어 동떨어진 이슈가 아닌 하나의 이슈가 되어버렸습니다. 즉, 기후위기 대응은 에너지 위기 대응으로 바로 연결되죠. 우리는 이제 기후위기 극복을 글로벌 이슈인 탄소 중립의 관점에서만 생각해선 안 됩니다. 기후위기 극복을 고민하는 동시에 우리나라 상황에 맞는 가장 효과적인 에너지 대전환 방법이 무엇인지에 대해서도 모든 것을 열어놓고 고민해봐야 합니다. 이 책이 이러한 고민을 시작하는 데 작은 주춧돌이 되었으면 하는 바람입니다. 레이스는 시작되었습니다. 여기서 승리하는 국가는 새로운 에너지 혁명 시대의 패권국가가 될 것입니다. 우리는 결코 이 기회를 놓쳐서는 안 됩니다. 더 큰 프레임에서 새로운 세상을 준비해야 할 때입니다.

우리는 결국 지구를 위한 답을 찾을 것이다

참고문헌

제1장. 지금보다 10℃ 더 뜨거운 세상이 있었다

1. Heiko Pälike et al., "A Cenozoic record of the equatorial Pacific carbonate compensation depth", *Nature*, Aug 30, 2012
2. Marianne Lavelle, "Crocodiles and Palm Trees in the Arctic? New Report Suggests Yes.", *National Geographic*, May 24, 2016
3. Georg Feulner, "The Faint Young Sun Problem", *Reviews of Geophysics*, May 25, 2012
4. Brent Dalrymple, "The Age of the Earth", *Stanford University Press*, 1991, in 492p.
5. LJ Pesonen et al., " Palaeomagnetic configuration of continents during the Proterozoic ", *Tectonophysics*, Nov 6, 2003
6. Carl Sagan and George Mullen, "Earth and Mars: Evolution of Atmospheres and Surface Temperatures", *Science*, Jul 7, 1972
7. Roberto Rondanelli and Richard S. Lindzen, "Can thin cirrus clouds in the tropics provide a solution to the faint young Sun paradox?", *Journal of Geophysical Research Atmospheres*, Jan 26, 2010
8. "Snowball Earth", *Wikipedia,* https://en.wikipedia.org/wiki/Snowball_Earth
9. Robert E Kopp et al., "The Paleoproterozoic snowball Earth: a climate disaster triggered by the evolution of oxygenic photosynthesis", *PNAS*, Aug 9, 2005
10. "Weathering", *Wikipedia,* https://en.wikipedia.org/wiki/Weathering
11. Andewp P. Ingersoll, "The Runaway Greenhouse: A History of Water on Venus.", *Journal of Atmospheric Sciences*, Nov 1, 1969
12. J.William Schopf et al., "SIMS analyses of the oldest known assemblage of microfossils document their taxon-correlated carbon isotope compositions", *PNAS*, Jan 2, 2018
13. Catherine F.Demoulin et al., "Cyanobacteria evolution: Insight from the fossil record", *Free Radical Biology and Medicine*, Aug 20, 2019
14. 문희수, "돌 속에 숨겨진 진실", 연세대학교, 2012, chapter : 인류를 위한 준비 호상철광상

15. David Shiga, "Did Venus's ancient oceans incubate life?", *New Scientist*, May 22, 2016

16. David Archer, "Checking the thermostat", *Nature Geoscience*, May , 2008

17. James C. G. Walker et al., "A negative feedback mechanism for the long-term stabilization of Earth's surface temperature", *Journal of Geophysical Research Atmospheres*, Oct 20, 1981

18. Carl Sagan and George Mullen, "Earth and Mars: Evolution of Atmospheres and Surface Temperatures", *Science*, Jul 7, 1972

19. A. T. Basilevsky et al., "The surface of Venus as revealed by the Venera landings: Part II", *Geological Society of America Bulletin*, Jan 1, 1985

20. Paul Voosen, "Project traces 500 million years of roller-coaster climate", *Science Magazine*, May 24, 2019

21. Birger Schmitz et al., "Accretion Rates of Meteorites and Cosmic Dust in the Early Ordovician", *Science*, Oct 3, 1997

22. Gillian R. Foulger, "Plates vs Plumes: A Geological Controversy", *Wiley-Blackwell*, Oct, 2010

23. Yadong Sun et al., "Lethally Hot Temperatures During the Early Triassic Greenhouse", *Science*, Oct 19, 2012

24. "Extreme global warming of Cretaceous period punctuated with significant global cooling", *Goethe-Universität Frankfurt am Main*, May 28, 2015

25. "Chicxulub crater", *Wikipedia*, https://en.wikipedia.org/wiki/Chicxulub_crater

26. Gabriel J. Bowen et al., "Two massive, rapid releases of carbon during the onset of the Palaeocene – Eocene thermal maximum", *Nature Geoscience*, Dec 15, 2014

27. Joost Frieling et al., "Thermogenic methane release as a cause for the long duration of the PETM", *PNAS*, Oct 25, 2016

28. Francesca A. McInerney and Scott L.Wing, "The Paleocene-Eocene Thermal Maximum: A Perturbation of Carbon Cycle, Climate, and Biosphere with Implications for the Future", *Annual Review of Earth and Planetary Sciences*, Mar 1, 2011

우리는 결국 지구를 위한 답을 찾을 것이다

1. Paul N. Pearson and Martin R. Palmer, "Atmospheric carbon dioxide concentrations over the past 60 million years", *Nature*, Aug 17, 2000

2. William F. Ruddiman, "Earth's Climate: Past and Future: 2nd (second) Edition", *Freeman, W. H. & Company*, Oct 12, 2008

3. William F. Ruddiman, "Earth's Climate: Past and Future: 2nd (second) Edition", *Freeman, W. H. & Company*, Oct 12, 2008

4. William F. Ruddiman, "Earth's Climate: Past and Future: 2nd (second) Edition", *Freeman, W. H. & Company*, Oct 12, 2008

5. Colin P. Summerhayes, "Earth's Climate Evolution", *Wiley-Blackwell*, Oct, 2015

6. "Remains of 10,000-year-old woolly mammoth pulled from Siberian lake", *The Guardian*, Aug 4, 2020,

7. Louis Agassiz, "Études sur les glaciers", *Jent et Gassmann*, 1840

8. Christopher J. Campisano, "Milankovitch Cycles, Paleoclimatic Change, and Hominin Evolution", *Nature Education*, 2012

9. William W. Hay and E Zakevich, "Cesare Emiliani (1922-1995): the founder of paleoceanography.", *International Microbiology*, Apr, 1999

10. "How does present glacier extent and sea level compare to the extent of glaciers and global sea level during the Last Glacial Maximum (LGM)?", *USGS*, https://www.usgs.gov/faqs/how-does-present-glacier-extent-and-sea-level-compare-extent-glaciers-and-global-sea-level?qt-news_science_products=0#qt-news_science_products

11. Milankovitch, "Canon of Insolation and the Ice-age Problem", *Königlich Serbische Akademie*, 1941

12. "MILANKOVITCH CYCLES", *Climate Data Information*, Figure.2, http://www.climatedata.info/forcing/milankovitch-cycles/

13. McCrea JM, "On the Isotopic Chemistry of Carbonates and a Paleotemperature Scale", *Journal of Chemical Physics*, 1950

14. Cesare Emiliani, "Pleistocene Temperatures", *The Journal of Geology*, Nov, 1955

15. Nicholas Shackleton, "Oxygen isotope analyses and Pleistocene temperatures re-

assessed", *Nature*, Jul 1, 1967

16. E C Anderson et al., "Radiocarbon From Cosmic Radiation", *Science*, May 30, 1947

17. Alfred O.Nier, "A mass spectrometer for routine isotope abundance measurements", *Review of Scientific Instruments, 1940*

18. Hans Oeschger et al., "The Dilemma of the Rapid Variations in CO2 in Greenland Ice Cores", *Annals of Glaciology*, Jan, 1998

19. Karl Stein et al., "Timing and magnitude of Southern Ocean sea ice/carbon cycle feedbacks.", *PNAS*, Mar 3, 2020

20. Wallace S. Broecker, "The Great Ocean Conveyor", *Oceanography*, 1991

21. Eva K. F. Chan et al., "Human origins in a southern African palaeo-wetland and first migrations," *Nature*, Oct 28, 2019

제3장. 인류, 지구에 무슨 짓을 하고 있는 걸까?

1. William F. Ruddiman et al., "Late Holocene climate: Natural or anthropogenic?", *Reviews of Geophysics*, Dec 29, 2015

2. William F. Ruddiman, "The early anthropogenic hypothesis: Challenges and responses", *Reviews of Geophysics*, Oct 31, 2007

3. J. Zalasiewicz et al., University of Leicester, "Research finds Earths technosphere now weighs 30 trillion tons", *University of Leicester*, Nov 30, 2016

4. Yinon M. Bar-On et al., "The biomass distribution on Earth", *PNAS*, Jun 19, 2018

5. "Anthropocene", *Wikipedia*, https://en.wikipedia.org/wiki/Anthropocene

6. David Shulman, "The Goldilocks Economy: Keeping the Bears at Bay", *Unknown article*, 1992

7. Lewis Dartnell, "Origins: How the Earth Shaped Human History", *Bodley Head*, Jan 31, 2019

8. "Great Smog of London", *Wikipedia*, https://en.wikipedia.org/wiki/Great_Smog_of_London

9. Jos Lelieveld, "Paul J. Crutzen (1933 – 2021)", *Nature*, Feb 24, 2021

10. Geoffrey Parker, "The Times history of the world", *Harpercollins*, May 1, 1995

11. Steven Pinker, "The Better Angels of Our Nature", *Penguin Books*, Sep 25, 2012

우리는 결국 지구를 위한 답을 찾을 것이다

12. "Anthropocene", *Wikipedia*, https://en.wikipedia.org/wiki/Anthropocene

13. Simon Lewis and Mark Maslin, "Defining the Anthropocene", *Nature*, Mar 11, 2015

14. Will Steffen et al., "The trajectory of the Anthropocene: The Great Acceleration", *Review Article*, Jan 16, 2015

15. Jillian Ambrose, "Carbon emissions from fossil fuels could fall by 2.5bn tonnes in 2020", *The Guardian*, Apr 12, 2020

16. Appl, M., "The Haber – Bosch Process and the Development of Chemical Engineering". *A Century of Chemical Engineering*, 1982

17. "The Cooling World", *Newsweek*, Apr 28, 1975

18. "Global warming hiatus", *Wikipedia*, https://en.wikipedia.org/wiki/Global_warming_hiatus

19. Gerardo Ceballos et al., "Accelerated modern human – induced species losses: Entering the sixth mass extinction", *Science Advances*, Jun 19, 2015

20. Gerardo Ceballos et al., "Vertebrates on the brink as indicators of biological annihilation and the sixth mass extinction", *PNAS*, Jun 16, 2020

21. "Passenger pigeon", *Wikipedia*, https://en.wikipedia.org/wiki/Passenger_pigeon

22. 에드워드 윌슨, 《생명의 다양성》, 도서출판 까치, 1995

제4장. 우리가 정말 지구온난화의 범인일까?

1. Carl Zimmer, "An Ominous Warning on the Effects of Ocean Acidification", *The Yale School of the Environment*, Feb 15, 2010

2. Fred Pearce, "Climate: The great hockey stick debate", *New Scientist*, Mar 15, 2006

3. Raphael Neukom et al., "Consistent multi-decadal variability in global temperature reconstructions and simulations over the Common Era", *Nature Geoscience*, Jul 24, 2019

4. Laure Zanna et al., "Global reconstruction of historical ocean heat storage and transport", *PNAS*, Jan 7, 2019

5. 원호섭, "1초마다 원자탄 터지는 수준으로, 바다가 열받아 왔다", 매일경제, Feb 15, 2019

6. Jeremy Rifkin, "The Hydrogen economy", *Tarcher*, Sep 16, 2002

7. Svante Arrhenius, ",On the Influence of Carbonic Acid in the Air upon the

Temperature of the Ground", *Philosophical Magazine and Journal of Science* , Apr, 1896

8. Yoichi Kaya et al., "The uncertainty of climate sensitivity and its implication for the Paris negotiation", *Sustainability Science*, Sep 23, 2015

9. Roger Revelle and Hans E. Suess, "Carbon Dioxide Exchange Between Atmosphere and Ocean and the Question of an Increase of Atmospheric CO2 during the Past Decades", *Scripps Institution of Oceanography*, Sep 4, 1956

10. Euan Nisbet, "Cinderella science", *Nature*, Dec 5, 2007

11. Owen Mulhen, "Carbon Sinks: A Brief Review", *Earth.Org - Past | Present | Future*, Dec 2, 2020.

12. Kevin E. Trenberth and Lesley Smith, "The Mass of the Atmosphere: A Constraint on Global Analyses", *Journal of Climate*, Mar 15, 2005

13. Bill Gates, "How to Avoid a Climate Disaster", *Large Print*, Feb 23, 2021

14. Piers M. Forster et al., "Current and future global climate impacts resulting from COVID-19, *Nature Climate Change*, Aug 7, 2020

15. Karina Von Schuckmann et al., "An imperative to monitor Earth's energy imbalance", *Nature Climate Change*, Jan 27, 2016

16. IPCC, "Climate Change 2001: Synthesis Report"

17. IPCC, "IPCC 5th report, Summary for policy makers", https://www.ipcc.ch/site/assets/uploads/2018/02/WG1AR5_SPM_FINAL.pdf

18. Yoichi Kaya et al., "The uncertainty of climate sensitivity and its implication for the Paris negotiation", *Sustainability Science*, Sep 23, 2015

19. 최용상, "기후는 이산화탄소 증가에 얼마나 민감한가?", *한국지구과학회*, Apr, 2011

20. Ivy Tan et al., "Observational constraints on mixed-phase clouds imply higher climate sensitivity", *Science*, Apr 8, 2016

21. Hiroki Tokinaga et al., "Early 20th-century Arctic warming intensified by Pacific and Atlantic multidecadal variability", *PNAS*, Jun 23, 2016

22. Fred Pearce, "Why Clouds Are the Key to New Troubling Projections on Warming", *The Yale School of the Environment*, Feb 5, 2020

23. S. C. Sherwood et al., "An Assessment of Earth's Climate Sensitivity Using Multiple Lines of Evidence", *Review of Geophysics*, Jul 22, 2020

1. Michael E. Mann and Phillip D. Jones, "Global surface temperatures over the past two millennia", *Geophysical Research Letters*, Aug 14, 2003

2. "Hubert Lamb", *Wikipedia*, https://en.wikipedia.org/wiki/Hubert_Lamb

3. Nicolás E. Young et al., "Glacier maxima in Baffin Bay during the Medieval Warm Period coeval with Norse settlement", *Science Advances*, Dec 4, 2015

4. Raphael Neukom et al., "No evidence for globally coherent warm and cold periods over the preindustrial Common Era", *Nature*, Jul 24, 2019

5. Dennis T. Avery and S.Fred Singer, "Unstoppable Global Warming: Every 1,500 Years", *Rowman & Littlefield Publishers*, Sep 13, 2006

6. Michael E. Mann et al., "Global-scale temperature patterns and climate forcing over the past six centuries", *Nature*, Apr 1, 1998

7. Michael E. Mann, et al."Northern hemisphere temperatures during the past millennium: Inferences, uncertainties, and limitations", *Geophysical research letters*, Mar 15, 1999

8. Andrew W. Montford, "The Hockey Stick Illusion", *Stacey International*, 2010

9. Stephen McIntyre and Ross McKitrick, "Hockey sticks, principal components, and spurious significance", *Geophysical research letters*, Feb 12, 2005

10. Willie Soon and Sallie Baliunas, "Proxy climatic and environmental changes of the past 1000 years", *Climate Research, Jan 31, 2003*

11. Stephen McIntyre and Ross McKitrick,"Hockey sticks, principal components, and spurious significance", *Geophysical research letters*, Feb 12, 2005

12. Gerald North et al., "Surface temperature reconstructions for the last 2,000 years", *National Academies Press*, Jun 22, 2006

13. IPCC, "Climate Change 2001: Synthesis Report"

14. Richard Lindzen et al., "Does the Earth Have an Adaptive Infrared Iris?", *Bulletin of the American Meteorological Society*, Mar, 2001

15. Laura Snider, "NCAR'S NEW CLIMATE MODEL IS RUNNING HOT", *NCAR&UCAR News*, Aug 5, 2019

16. Fred Pearce, "Why Clouds Are the Key to New Troubling Projections on

Warming", *The Yale School of the Environment*, Feb 5, 2020

17. Katarzyna B. Tokarska et al., "Past warming trend constrains future warming in CMIP6 models", *Science Advances*, Mar 18, 2020

18. Isaac M.Held and Brian J. Soden, "Water Vapor Feedback and Global Warming", *Annual Review of Energy and the Environment*, Nov , 2000

19. Jeane Camelo et al., "Projected Climate Change Impacts on Hurricane Storm Surge Inundation in the Coastal United States", *Frontiers in Built Environment*, Dec 03, 2020

제6장. 미래 예측

1. Zeke Hausfather and Glen P. Peters, "Emissions – the 'business as usual' story is misleading", *Nature*, Jan 29, 2020

2. Matt McGrath, "Climate change: Worst emissions scenario 'exceedingly unlikely", *BBC News*, Jan 29, 2020

3. Matt McGrath, "Climate change: Worst emissions scenario 'exceedingly unlikely", *BBC News*, Jan 29, 2020

4. Yoichi Kaya and Keiichi Yokobori, "Environment, energy, and economy: Strategies for sustainability", *United Nations University Press*, 1997

5. Hannah Ritchie, "How long before we run out of fossil fuels?", *Our World in data*, Aug 08, 2017, https://ourworldindata.org/how-long-before-we-run-out-of-fossil-fuels

6. "World Population Prospects 2019", *United Nations Department of Economic and Social Affairs Population Dynamics*, https://population.un.org/wpp2019/Download/Standard/Interpolated/

7. "Statistical Review of World Energy 2020", *bp*

8. Syukuro Manabe, "CLIMATE AND THE OCEAN CIRCULATION", *Monthly Weather Review*, Nov 1, 1969

9. Wallace S. Broecker, "Climatic Change: Are We on the Brink of a Pronounced Global Warming?", *Science*, Aug 8, 1975

10. Manabe S. and Bryan K., "Climate Calculations with a Combined Ocean-

Atmosphere Model", *Journal of Atmospheric Sciences*, Jul 1969

11. Jule Charney et al., "Carbon dioxide and climate: A scientific assessment", *National Academy of Sciences*, Aug 13 2011

12. IPCC, "IPCC 5th report, Summary for policy makers", https://www.ipcc.ch/site/assets/uploads/2018/02/WG1AR5_SPM_FINAL.pdf

13. James Hansen et al., "Global climate changes as forecast by Goddard Institute for Space Studies three-dimensional model", *Journal of Geophysical Research*, Aug 20, 1988

14. William Nordhaus, "Can We Control Carbon Dioxide?" *American Economic Review*, 1975

15. Thomas Schelling, "Dynamic models of segregation", *Journal of Mathematical Sociology*, 1971

16. Rasmussen et al., "A new Greenland ice core chronology for the last glacial termination", *Journal of Geophysical Research*, 2006

17. Will Steffen et al., "Trajectories of the Earth System in the Anthropocene", *PNAS*, 2018

18. James Hansen and Makiko Sato, "Global Warming Acceleration", 2020, http://www.columbia.edu/~jeh1/mailings/2020/20201014_AcceleratedWarming.pdf, 2020

19. Susan Natali et al., "Large loss of CO2 in winter observed across the northern permafrost region", *Nature Climate Change*, 2019

20. Rebecca Scholten et al., "Overwintering fires in boreal forests Jul 2020", *Nature, 2020*

제7장. 화석연료 없이 살아남기

1. IPCC, "Global warming of 1.5℃", 2018

2. UN, "World Population Prospects 2019: Highlights", *United Nations*, Jun 17, 2019

3. "Peak oil", *Wikipedia*, https://en.wikipedia.org/wiki/Peak_oil

4. Jeremy Rifkin, "The Hydrogen economy", *Tarcher*, Sep 16, 2002

5. Carbon Brief, "Analysis: World has already passed 'peak oil', BP figures reveal",

2020, https://www.carbonbrief.org/analysis-world-has-already-passed-peak-oil-bp-figures-reveal

6. Our World in Data, "Years of fossil fuel reserves left", https://ourworldindata.org/grapher/years-of-fossil-fuel-reserves-left

7. 토니 세바, 《에너지 혁명 2030》, 교보문고, 2015

8. 박예나, "美 텍사스 역대급 한파에 1,800만원 전기요금 '폭탄'", *서울경제*, Feb 22, 2021

9. IPCC, "Global warming of 1.5℃", 2018

10. Bill Gates, "How to Avoid a Climate Disaster", *Large Print*, Feb 23, 2021

11. John Parnell, "Bill Gates' Nuclear Reactor Company Adds Molten Salt Storage to Its SMR System", *Greentech media News*, Aug 28,2020

12. Jonathan Sims, "South Korea must take opportunity to end coal power and accelerate renewables build-out by 2028", *Carbon tracker initiative*, 2021

13. 토니 세바, 《에너지 혁명 2030》, 교보문고, 2015

14. 정성욱, "2034년 신재생에너지 40% 확대…9차 전력계획 최종확정", *뉴스토마토*, Dec 28, 2020

15. "Brazilian Amazon released more carbon than it absorbed over past 10 years", *The Guardian*, Apr 30, 2021

16. "The Emissinos Gap Report 2017", *UNEP*, Nov, 2017

17. Jeremy Rifkin, "The Hydrogen economy", *Tarcher*, Sep 16, 2002

18. Michael A. Clark et al., "Global food system emissions could preclude achieving the 1.5° and 2℃ climate change targets", *Science*, Nov 6, 2020

19. 이성규, "소의 트림, 방귀가 온실가스의 주범?", *The Science Times*, Sep 24, 2010

20. Matthew Christopher, "Livestock a major threat to environment", FAONewsroom, 2006

21. "Cambridge University to cut fossil fuel investments by 2030", *BBC News*, Oct 1, 2020

그래프 출처

1-5 그래프: Pesonen et al.(2003), "Palaeomagnetic configuration of continents during the Proterozic", *Tectonophysics*, vol. 375, no. 1-4, pp. 289-324

우리는 결국 지구를 위한 답을 찾을 것이다

1-6 그래프: Getashum(wikimedia), https://en.wikipedia.org/wiki/Faint_young_Sun_
paradox

1-7 그래프: Walker(2009), "Snowball Earth: The story of the global catastrophe that
spawned life as we know it", e-book, 2019

1-11 그래프: Voosen(2019), "Project traces 500 million years of roller-coaster climate",
Science Magazine, May 24, 2019

2-3 그래프: Zachos et al.(2008), "An early Cenozoic perspective on greenhouse
warming and carboncycle dynamics", Nature 451,279-283

2-12 그래프: 미국해양대기청 고기후자료센터, https://www.ncdc.noaa.gov/data-
access/paleoclimatology-data

2-15 그래프: McCrea(1950), "On the Isotopic Chemistry of Carbonates and a
Paleotemperature Scale", *Journal of Chemical Physics*, 1950

2-16 그래프: Emiliani(1955), "Pleistocene Temperatures", *The Journal of Geology*, Nov,
1955

2-23 그래프: 미국해양대기청 고기후자료센터, https://www.ncdc.noaa.gov/data-
access/paleoclimatology-data

3-1 그래프: 미국해양대기청 고기후자료센터, https://www.ncdc.noaa.gov/data-access/
paleoclimatology-data

3-4 그래프: Lewis and Maslin(2005), "Defining the Anthropocene", *Nature*, Mar 11, 2015

3-5 그래프: Steffen(2015), "The trajectory of the Anthropocene: The Great
Acceleration", *Review Article*, Jan 16, 2015

3-6 그래프: Our World in Data, https://ourworldindata.org/natural-disasters

3-7 그래프: Our World in Data, https://ourworldindata.org/grapher/temperature-
anomaly?country=~Global (지구온도), https://ourworldindata.org/atmospheric-
concentrations (이산화탄소 농도)

3-8 그래프: Our World in Data, https://ourworldindata.org/grapher/temperature-
anomaly?country=~Global (지구온도), https://ourworldindata.org/atmospheric-
concentrations (이산화탄소 농도)

4-1 그래프: Bereiter(2014), "Revision of the EPICA Dome C CO2 record from 800 to
600 kyr before present", *Geophysical Research Letters*, Dec 15, 2014

4-2 그래프: Wei(2009), "Evidence for ocean acidification in the Great Barrier Reef of

Australia", *Science Direct*, Apr 15, 2009

4-3 그래프: Pages 2k 컨소시엄, "Consistent multidecadal variability in global temperature reconstructions and simulations over the Common Era", *Nature Geoscience*, July 2019

4-6 그래프: Keeling(2001), "Exchanges of atmospheric CO2 and 13CO2 with the terrestrial biosphere and oceans from 1978 to 2000" *SIO Reference Series*, No. 01-06

4-10 그래프: Global Carbon Project(2018), "Global Carbon Budget 2018", https://essd.copernicus.org/articles/10/2141/2018/

4-24 그래프: Hansen and Sato(2020), "Global Warming Acceleration", http://www.columbia.edu/~jeh1/mailings/2020/20201214_GlobalWarmingAcceleration.pdf

6-4 그래프: Bolt and van Zanden(2020), "Global Carbon Project", Maddison Project Database 2020

6-9 그래프: Broecker(1975), "Climatic Change: Are We on the Brink of a Pronounced Global Warming?", *Science*, Aug 8, 1975

6-12 그래프: Hansen et al.(1988), "Global climate changes as forecast by Goddard Institute for Space Studies three-dimensional model" *J. Geophys. Res.*, 93, 9341-9364

6-14 그래프: Hansen and Sato(2020), "Global Warming Acceleration", http://www.columbia.edu/~jeh1/mailings/2020/20201214_GlobalWarmingAcceleration.pdf

7-2 그래프: BP Statistical Review of World Energy 2020, https://www.bp.com/content/dam/bp/business-sites/en/global/corporate/pdfs/energy-economics/statistical-review/bp-stats-review-2020-full-report.pdf

7-3 그래프: Our World in Data, https://ourworldindata.org/world-population-growth

7-4 그래프: Global Energy Review 2020, https://www.iea.org/reports/global-energy-review-2020

우리는 결국 지구를 위한 답을 찾을 것이다